21世纪大学生素质教育丛书

管理心理学

主　编　唐春勇

中国水利水电出版社
www.waterpub.com.cn

内 容 提 要

管理心理学，综合运用心理学、社会学、人类学、生理学、生物学、经济学和政治学等知识，研究一定组织中人的心理和行为的规律性，从而提高对组织中人的行为的预测和引导能力，以便更有效地实现组织预定的目标。

管理心理学主要研究工作环境中个体、群体和组织等层面的人的行为及其影响因素,它强调人的因素在管理环境中的作用。从管理心理学的理论体系来讲，根据对象组织化程度，划分为3个层次：

（1）对组织的心理及行为规律的研究，并应用这一理论对组织设计、组织变革和组织发展进行研究。

（2）对个体行为的研究，个体是构成组织的最基层的单位，是组织的细胞。从人自身的角度看，人又是组织的主体，每个人都具有其独立的人格。认识个体是了解组织行为的基础。对个体行为的研究，包括对人性的认识，对个体心理因素中知觉、价值观、个性和态度的认识，以及对人的需要的认识及有关激励理论的研究。

（3）对群体行为的研究。群体是组织的基层单位，在组织中存在着大量的非正式组织。群体行为对组织行为有着重大影响，管理心理学要对群体的功能、分类、压力、规范、冲突、竞争等方面做专题研究。

本书提供免费电子教案，读者可以从中国水利水电出版社网站上下载，网址为：http://www.waterpub.com.cn/softdown/。

图书在版编目（CIP）数据

管理心理学／唐春勇主编．—北京：中国水利水电出版社，2008

（21世纪大学生素质教育丛书）

ISBN 978-7-5084-5887-8

Ⅰ．管…　Ⅱ．唐…　Ⅲ．管理心理学－高等学校－教材　Ⅳ．C93-05

中国版本图书馆CIP数据核字（2008）第139495号

书　　名	21世纪大学生素质教育丛书 管理心理学
作　　者	主　编　唐春勇
出版 发行	中国水利水电出版社（北京市三里河路6号　100044） 网址：www.waterpub.com.cn E-mail：mchannel@263.net（万水） sales@waterpub.com.cn 电话：（010）63202266（总机）、68367658（营销中心）、82562819（万水）
经　　售	全国各地新华书店和相关出版物销售网点
排　　版	北京万水电子信息有限公司
印　　刷	北京市天竺颖华印刷厂
规　　格	184mm×260mm　16开本　11.5印张　275千字
版　　次	2008年9月第1版　2008年9月第1次印刷
印　　数	0001—4000册
定　　价	20.00元

前　　言

组织在社会中分布的广泛性以及在社会运行与发展上所发挥的作用，对我们每个人的一生都产生了深刻的影响，在组织管理中越来越强调“以人为本”，注重员工心理特征和心理需求的分析，从而提高管理水平。

作者多年来从事管理心理学的教育工作，深切感受到让没有实践经验的学生理解组织中人与人之间、人与组织之间的关系绝不是一件简单的事情，编写一本概念性的教材是一个挑战。本书力求内容面面俱到，对管理心理学的核心概念包括3个层次：组织水平（组织结构、人力资源、企业文化、工作压力）、个体水平（传统特征、价值观、知觉、学习、动机）和群体水平（群体吸引、团队设计、沟通和引导、权力和冲突）。全书以管理心理学追求和了解的概念如生产率、缺勤率、流动率、工作满意度作为组织结果，全面分析和介绍了产生和影响以上结果的原因。

由于管理心理学研究对象的复杂性，在管理心理学领域中人们对许多问题的看法存在着分歧。本书特别为此编写了案例，用案例向学生说明管理心理学的概念如何应用于真实世界。在案例的讨论中，让学生有机会阐述不同的观点，了解不同观点如何互相补充，运用权变的思想看待问题，从而发现解决问题的方法。希望读者从对案例的分析和争论中得到启发。

本书由唐春勇任主编，杨秋玲、张玉峰、向倩雯、陈禹、马华、潘燕等参与了大量的工作，马伴春、陈荟羽帮助收集了有关案例。

由于本书涉及的内容和概念较多，书中难免出现差错，恳请广大读者和学界同仁给予批评指正。

作　者

2008年7月

目　　录

第二篇　个体

第三篇　群体

第一篇　组织

第一章　组织理论

在现代社会中，我们每个人的学习、工作、娱乐等几乎都是在组织中进行的。组织是社会存在的基础。它们纵横交错，互相关联，构成了整个社会。在人类社会的发展过程中，组织无疑起着十分重要的作用。人类的生存、发展离不开组织，现代社会是组织化的社会。

美国学者理查德·达夫特说，组织理论不是事实的汇集，而是对组织的一种思考和思维方式。组织与人类相生相伴，人类文明的开端亦是组织的开端。

《圣经》中记载过古犹太人创建社会组织的故事。摩西带犹太人走出埃及前往迦南，其岳父叶太罗来看望摩西，发现百姓早晚围着摩西左右，百姓之间发生的争端事无巨细都需要找摩西来评判，于是叶太罗向摩西建议"你要在百姓中选择敬畏上帝的有才能的诚实的人，指派他们担当千夫长、百夫长、五十夫长、十夫长，具体管理百姓的事情，叫他们判断是非，解决纠纷，小事由他们自己作主，只把其中的大事呈到你这里来。"由于这一建议被采纳，从而结束了以色列人有史以来的无组织状态。这则圣经故事告诉我们，组织同人类一样古老，组织是人类存在与发展的必然形式。

而组织设计与管理的实践是随着整个社会在历史进程中的变化而相应地发展演变的。20 世纪以来，工业生产的协作化，经济交往的频繁化，科学发展的综合化，人际关系的紧密化，人的心理的复杂化，这一系列的社会变化，催生了组织行为学及组织理论的创新与演进。

第一节　古典组织理论

古典的管理学派是组织理论的奠基者，主要代表人物有泰勒、法约尔、韦伯、厄威克等。

一、泰勒的组织理论（1856－1915）

泰勒在 22 岁进入米德维尔钢铁公司，从一名普通的劳工升至领班、厂长、总工程师。1903 年发表《车间管理》，1912 年出版《科学管理原理》，主要研究工厂内部生产管理方面的问题。在人类历史上第一次把管理当作一门科学来研究，创立了科学管理理论，被人们称为"科学管理之父"。泰勒的织织理论主要体现在：

（1）根据劳动分工的原理，把计划的职能和执行的职能分开，改变了凭经验的工作方法，而代之以科学的工作方法，以确保管理任务的完成。

（2）主张实行职能工长管理制，即根据工人的具体操作过程对分工进行细化，实行专业化、标准化的职能管理，职能人员只承担 12 种管理职能。这种职能制由于一个工人接受多头领导而无所适从，因而在实际工作中未能得到推广。

（3）在组织管理上提出了一个极为重要的原则——例外原则，即企业的高级管理人员把一般日常事务授权给下属管理人员负责处理，而自己保留对例外事项一般也是重要事项的决策权和控制权。这为分权化和事业部等组织原则提供了理论基础。

二、法约尔的组织理论（1841－1925）

法国的亨利·法约尔在 1916 年发表了其代表著作《工业管理与一般管理》，该书比较完整地形成了古典组织理论的基本内容，主要包括以下方面：

（1）把管理职能与其他活动分开，提出计划、组织、指挥、协调、控制是管理过程的 5 个职能，这一思想成为管理过程学派和组织理论的重要基础。

（2）提出著名的组织管理 14 项原则：劳动分工、权力和责任、纪律、统一指挥、统一领导、个人利益服从集体利益、合理的报酬、集权与分权、等级制、建立秩序、公平、保持人员稳定、主动性、集体精神。

（3）设计提出“法约尔”跳板。为了解决由于等级制贯彻指挥统一性而导致信息传递迟缓的问题，法约尔设计了一种“跳板”联系方法，以便使组织中的不同等级线路中相同层次的人员能在有关上级同意的情况下直接联系。

（4）改进管理机构的组织形式，提出了直线职能制。

三、韦伯的组织理论（1864－1920）

德国著名社会学家韦伯是现代社会学的奠基人，他研究了工业化对组织结构的影响，主要著作有《社会和经济组织的理论》等，提出了理想的行政组织体系是建立在法律关系和职权等级划分、规章制度、权责分明的基础上的，组织的基础是合法规定的权力。在传统的权力、个人崇拜式的权力、合理和法定的权力这 3 种权力中只有合理和法定的权力是保证组织健康发展的最好的形式。

四、厄威克的组织思想（1891－1983）

林德尔·厄威克是英国著名的管理史学家，他出版了许多管理著作，主要贡献在于系统总结了泰勒、法约尔等人提出的组织理论，归纳出其认为适用于一切组织的 8 项原则：

（1）目标原则：所有的组织都应当规定出一个目标。

（2）相符原则：权力和责任必须相符。

（3）职责原则：上级对直属下级的工作绝对负责。

（4）组织等级原则：组织中必须划分若干等级，上级领导下级。

（5）控制幅度原则：每一个上级所管辖的相互之间有工作联系的下级人员不应超过 5 人或 6 人。

（6）专业化原则：每个人应干一种单一职能的工作。

（7）协调原则：组织各层次、各部门行动应协调一致。

（8）明确原则：对于每项都要有明确的规定。

第二节　现代组织理论

20 世纪 30 年代以来，随着西方国家的科技进步和经济发展，管理学进入了现代发展阶段，管理理论流派纷呈，推陈出新。相应地，各学派在组织理论方面也有新的成就。

一、社会系统学派

社会系统学派从社会学的观点来研究管理，把企业组织中人们的相互关系看成是一种协作系统。这一学派的代表人物是美国的切斯特·巴纳德，他的代表作《经理人员的职能》是组织理论的经典著作之一。巴纳德的主要观点如下：

（1）组织是两个或以上的人有意识协调活动和效力的合作系统。

（2）正式组织的协作系统，不论规模大小或级别高低，包含 3 个要素：协作意愿、共同目标、信息沟通。

（3）权力成立观点。权力是否有效施行并得以成立，由下级是否接受决定。只有当行政命令被下级理解，并相信它符合组织目标和个人利益时，下级才会接受并执行，这时权力才能成立。

（4）组织对个人的诱因和个人对组织的奉献是平衡的。

（5）信息沟通原则。3 个基本要素中，信息沟通是实现协作意愿和共同目标的条件和基础，非正式群体是信息沟通的重要渠道。

二、行为科学学派

20 世纪 50 年代，美国的梅奥·马斯洛等人利用心理学的知识来研究人的行为，形成了管理学中的行为科学学派。行为科学学派在组织理论方面的新贡献主要有以下两方面：

（1）管理应考虑人的行为规律。例如职工参与管理和更好地进行信息交流这些利用员工行为的措施，有助于解决内部组织结构冲突。对于劳动分工的原则，行为科学学派在肯定分工能提高效率的同时，根据人的行为规律着重指出分工过细带来的不良后果，并指出劳动分工越细，就越需要激励和协调等。

（2）根据工作者需要和特点进行组织结构设计。通过人性化的组织结构设计使个人感到对工作有兴趣，从而充分发挥他们的知识和才能，为组织创造更好的工作绩效。

三、经验主义学派

经验主义学派又称为经理主义学派，以总结企业管理的实践经验为主要任务，从中概括出理论和原则，向西方大企业的经理提供管理企业的成功经验和科学方法。代表人物有彼德 德鲁克等。主要思想观点如下：

（1）关于组织结构的任何工作应从目标和战略出发。目标和战略决定结构，设计一个组织结构并不是第一步，而是最后一步。

（2）企业组织结构的 5 种基本类型：集权的职能性结构、分权的联邦式结构、模拟性分权结构、矩阵结构、系统结构。其中集权的职能性结构和矩阵结构是以工作和任务为中心的组织设计，分权的联邦式结构和模拟性分权结构是以成果为中心的组织设计，系统结构是以关系为中心的组织设计。

（3）提出组织结构设计的7条原则：明确性、经济性、远景方向、理解本身的任务和其目的任务、决策科学性、稳定性和适应性、永存性和自我更新。

（4）推行目标管理方法。目标管理最早是德鲁克于1956年在《管理的实践》中提出来的。它的基本精神是把以工作任务为中心和以人为中心的管理方法结合起来，使管理人员和广大职工在工作中实行自我控制并实现工作目标的一种管理技能和管理制度。组织中上级和下级管理人员一起制定共同的目标，使每一个人的应有成果相联系，规定他的主要职责范围，并用这些措施作为经营一个单位和评价其每一个成员的贡献的指导方针。

四、系统管理学派

这一学派盛行于20世纪60年代，将贝塔朗菲的“一般系统论”应用于管理，形成了系统管理学派。在组织理论上的主要观点有：

（1）组织是一个人造的开放系统。传统的组织是一个高度结构化的闭合系统，系统管理学派把组织看成一个开放的社会技术系统，由目标和价值子系统、技术子系统、结构子系统、社会心理子系统、管理子系统组成，它们都是整个组织不可缺少的部分。组织为了生存和发展的需要，它同周围环境之间存在着动态的相互作用，并具有内部和外部的信息反馈网络，能够不断地自动调节，以适应环境和自身的需要。

（2）组织本身也是一个由相互联系而共同合作的各个要素（子系统）所组成的，以便达到一定目标的系统。组织要实现优化必须使整个系统优化，而不仅是各个子系统的优化。

五、权变理论学派

权变理论学派是在20世纪70年代在西方形成的，该学派认为，在企业管理中要根据企业所处的内外环境和条件的变化而随机应变，没有一成不变、普遍适用的最好的管理理论与管理方法。在组织理论方面的观点有：

（1）每个企业都有其独特的组织模型和管理原则，没有一成不变的、最优的组织设计，不同的企业或者处在不同发展阶段的同一企业，应当根据当时的实际情况设计与其适应的组织构架。

（2）组织机构设计要考虑外部环境影响。组织是一个受外界环境影响而又对外界环境施加影响的开放系统，因此，企业组织设计应当是开放式的，组织机构既要有稳定性又要有适应性，才能保证组织的生存和发展。

（3）组织形式和管理方法要与工作性质和人们的需要相适应。

六、新组织结构学派

以加拿大的明茨伯格为主要代表的一些学者，主张企业应在全面吸收各学派关于组织方面的学说和主要成果的基础上，根据自身需要建立一个适合的新的组织构型，形成了新组织结构学派。明茨伯格的代表作《“五字型”组织结构》代表了该学派关于组织理论的主要思想，其观点如下：

（1）组织结构的实质是人们在组织内进行劳动分工协调的方式，通常具有5种协调机制：直接监督、互相调整、工作标准化、产品标准化、技能标准化。

（2）组织结构由 5 个基本部分构成，即操作核心层、战略顶层、中间层、技术专家、支持人员。组织结构的 5 种基本部分在组织的若干情境要素的影响下汇集成 5 种组织构型：简单结构、机械官僚制、专业官僚制、分部制和专家控制结构。

（3）组织结构具有 5 种流程系统：正式权力系统，即行政指挥系统；规章制度系统，即企业中的生产工艺流程和管理工作流程形成的组织流程系统；非正式沟通系统，即组织成员间灵活的相互联系和交流而形成的组织流程系统，包括信息的交流和感情上的交流；工作群体系统，即小集团和沟通网之间的交往关系而形成的组织流程系统（凡是在一起工作或工作位置接近而且有共同兴趣的人，往往彼此不拘形式地沟通和交往，形成沟通网或小集团，成为组织流程系统的一部分，明茨伯格称其为工作群体流程）；特殊决策系统，即由于组织的特殊的非程序决策而引起的工作上的联系或人际交往的流程系统。

复习题

1．古典组织理论的代表人物有哪几位？
2．泰勒组织理论的具体体现是什么？
3．法约尔的组织理论的内容是什么？
4．厄威克所认为的适用于一切组织的 8 项原则是什么？
5．现代组织理论的代表学派都有哪些？它们的代表人物都是谁？
6．社会系统学派的主要观点是什么？

【案例讨论】

杨利平糯米美食厂

杨利平本是莹县杨家村的一位普通农民，不过人们早就知道他有一种祖传绝招——烹制一种美味绝伦的糯米甜品——杨家八宝饭。他称是这一绝技的第五代传人，早在清朝道光年间，他祖宗所创的这种美食就远近闻名，而且代代在本村开有一家专卖此种八宝饭的小饭馆。他的父亲直到解放初期还经营着这祖传的小饭馆，那时才十来岁的杨利平已时常在店前店后帮忙干活了。后来合作化，跟着又公社化，他父亲又病死，饭馆不开了，他成了一名普通的公社社员，人家似乎已不知道他居然还保留了那种绝技。

20 世纪 80 年代，改革之风吹来，杨利平丢了锄把，又办起了“杨家店”，而他做的八宝饭绝不亚于他的祖上。由于生意兴隆，他很快发了。开头是到邻村去开分店，后来竟把分店开到了县城乃至省城去了。1987 年，不知是他自己出的还是别人给他出的主意，他就在本村办起了利平糯米美食厂，开始生产“老饕”牌袋装和罐装系列糯米食品了。由于其风味独特、品质优良，牌子很快打响。不说本县，连省里许多市县都很畅销，出现了供不应求之势。杨利平厂长如今已在经管着这家 450 多名职工的美食厂和分布很广的甜品小食店网。

奇怪的是，杨厂长似乎并未注意利用这个大好形势去扩大纵深，他似乎并未想到要去满足还在扩大着的对他那独特产品的需要。外省市买不到这种美食，连本省也不是处处都有供应。原因是杨利平固执地要保持产品的独特风味与优秀质量。小食品店服务达不到规定标准，职工的培训未达到应有水平，宁可不设新点，不渗入新区。杨利平强调质量是生命，绝不允许采取任何措施危及产品质量。他说顾客们期待着高质量，而他们知道他们所得到的杨家美食一定是高质量的。

杨利平糯米美食厂里的主要部门是质量检验科、生产科、销售科和设备维修科。当然还有一个财会科以及一个小小的开发科。其实这个厂的产品很少有什么改变，品种也不多。杨利平坚持就凭杨家一绝这种传统产品，服务的对象也是“老”主顾们，彼此都很熟悉。杨家美食厂里质检科要检测进厂的所有原料，保证必须是最优质的。每批产品都一定抽检，要化验构成成分、甜度、酸碱度。当然最重要的是检控产品的味道，厂里高薪聘有几位品尝师，他们唯一的职责是品尝本厂生产的美食。他们经验丰富，可以尝出与要求的标准的微小偏差。所以杨家美食始终在努力保持着它固有的形象。

不久前，杨利平的表哥汤正龙回村探亲。他原在县城念中学，文革中回乡，80 年代初便只身南去深圳闯天下。大家知道他聪明能干，有文化，敢冒险。他一去二十年来，只听说他靠两头奶牛起家，如今已是千万元户了。汤正龙来访表弟杨利平，对美食厂的发展称赞一番，还表示想投资入伙。但他指出杨利平观点太迂腐保守，不敢开拓，认为牌子已创出，不必僵守原有标准，应当大力扩充品种与产量，向省外甚至海外扩展。他还指出这个厂目前这种职能型结构太僵化，只适合于常规化生产，为定型的稳定的顾客服务，适应不了变化与发展，各职能部门的眼光只限在本领域内，看不到整体和长远，彼此沟通和协调不易。他建议杨利平彻底改组本厂结构，按不同产品系列来划分部门，才好适应大发展的新形势，千万别坐失良机。但杨利平对表哥的建议听不进去，遂生反感。他说他在基本原则上绝不动摇。两人话不投机，语句转激烈。最后汤正龙说杨利平是“土包子”、“死脑筋”、“眼看着大财不会赚”。杨反唇相讥说：“有大财你去赚得了，我并不想发大财，损害质量和名声的事坚决不做。你走你的阳关道，我过我的独木桥！”，汤听罢拂袖而去，不欢而散。

厂里干部和职工对此反应不一，有人说杨厂长有原则性，有人则认为他认死理、顽固不化。

第二章 组织结构

第一节 组织结构的概念和要素

一、组织结构的概念和作用

组织结构是关于组织在运作中的目标、任务、权力、操作以及相互关系的系统。组织结构可以说是组织活动的一种形式或功能，也可以说是一个组织被分为几个有机部分，通常以组织图来表示。组织图是对组织的一整套基本活动和过程的形象化的表现。它不仅说明了组织的各构成部分和相互关联的方式，也展现了各职位、部门如何整合为一个整体。

组织结构必须起到两点作用：

（1）必须提供一个关于责任、报告关系和组合的框架。

（2）必须提供一套联系和协调组织要素使其成为和谐整体的机制。

二、组织结构的要素

组织结构由 6 个关键要素组成，即工作专门化、部门化、命令链、控制跨度、集权与分权、正规化。管理者在进行组织结构设计时，必须考虑这 6 个要素，如表 2-1 所示。

表 2-1 在设计适当的组织结构时需要回答的 6 个关键问题

关键问题	答案
把任务细分为独立的工作应细化到什么程度	工作专门化
对工作进行分类的基础是什么	部门化
员工个人和工作群体向谁汇报工作	命令链
一个管理者可以有效地指导多少个员工	控制跨度
决策权应该放在哪一级	集权与分权
应该在多大程度上利用规章制度	正规化

（一）工作专门化

工作专门化是指为完成目标把任务和工作计划分成许多部分，通过分工使各项工作由专人来做。“资本主义之父”亚当·斯密在他的《对国家财富本质与原因的调查》（1776 年首版）一书中认识到了这种观念的重要性。斯密认为，一般来说，组织中分工程度越大，组织效率越高，创造的财富也就越多。20 世纪初，亨利·福特通过利用装配线制造汽车而一举闻名。每一个福特公司的工人都被分配了一项特定的重复性的任务。例如，一个人只负责安装汽车的右前轮，另一个人只负责安装右前门。通过将工作细分为小的标准化任务，每个任务可以一遍遍重复，福特公司实现了每十秒钟就生产出一辆汽车，而所使用的员工只需具备相对有限的技能。

福特的事实证明，对员工进行专门化的任务分配可提高生产效率。

对于20世纪上半叶的许多管理者来说，他们将工作专门化作为提高生产率的无限源泉，在一定程度上可能是正确的。由于在当时专门化还未被广泛实践，它的引入几乎无一例外地带来了高的生产率。然而到了60年代，越来越多的证明表明对工作的持续的分工会带来负面的效果，出现了下述不利情形：员工的厌倦、疲劳、紧张、低生产率、产品质量差、旷工增加、高离职率等，使得人的非经济因素的影响超过了专门化带来的经济影响。

在这种情况下，通过扩大而不是缩小工作活动的范围来提高生产率。另外有些公司也发现，通过使员工工作内容丰富化，允许他们做完整的工作，让他们加入到需要相互交换工作技能的团队中，使得他们的产出大大提高，工作满意度也增强。

（二）部门化

部门化是指把任务细分后，再把工作任务分派给工作群体以便协调完成的一种方法。工作分类的基础是部门化。部门化的方法通常有如下几种：职能型、过程型、产品型、服务型、客户型、地域型和混合型。

（1）职能型部门化。这是根据活动的职能对工作活动分类进行部门化。制造业的经理通过把工程、会计、制造、人事、采购等方面的人员划分成共同的部门来组织其生产。职能型部门化适用于所有组织，主要优点在于把同类人员集中在一起，能够提高工作效率。

（2）过程型部门化。这是根据生产过程进行部门化。例如，某工厂的生产过程由5个部门组成：铸造部、锻压部、制管部、成品部、检查包装运输部。在生产过程中，由每个部门负责一个特定生产环节的工作。由于不同的环节需要不同的技术，因此这种部门化方法对于在生产过程中进行同类活动的归并提供了基础。

（3）产品型部门化。这是根据组织生产的产品类型进行部门化。通用汽车公司最先采用这种分部结构，发展了5个独立的汽车分部：雪佛兰、庞迪亚克、奥兹莫比尔、别克和卡迪拉克。金百利－克拉克公司的消费品分部也反映了产品型部门化，包括女性卫生用品、家庭用品、商业用品等。在每一个产品单元内，产品的销售、生产和运输等与此产品有关的所有活动都由同一主管指挥。以产品为基础的组织形式促进了创新和自主性，使分部的管理者有足够的资源实现利润目标，但这样的分部结构包含一定程度的冗余，因为每个分部都希望拥有自己需要的研究、工程、市场、生产以及所有有关的其他功能。因此，部门常常拥有大量的技术人员和专业人员，这种结构的成本可能是很大的。

（4）服务型部门化。这是根据组织提供的服务种类进行部门化。某宾馆由餐饮部、客房部、文娱部、会议部、综合部组成，每个部门负责提供相应的服务。服务型部门化主要适用于服务行业的企业。

（5）客户型部门化。这是根据顾客的类型进行部门化。例如，一家销售公司办公设备的公司可下设3个部门：零售服务部、批发服务部、政府部门服务部；比较大的律师事务所可根据其服务对象是公司还是个人分设部门。根据顾客类型来划分部门的理论假设是，每个部门的顾客存在共同的问题和要求，因此通过为他们分别配置有关工作人员来更好地满足他们的需要。

（6）地域型部门化。这是根据地域进行部门化。一个国内的不同地区可能会有不同的口味和需要。每个地区单位可以包括该地区产品生产和销售所需的所有职能；跨国公司经常在世界不同国家或地区设立自主经营、自我包容的单位。

（7）混合型部门化。这是大型组织进行部门化时，综合利用上述各种方法，以取得较好的效果。例如，一家大型的日本电子分公司在进行部门化时，根据其职能类型来组织其各分部，根据其生产过程来组织其制造部门，把销售部门分为 7 个地区的工作单位，又在每个地区根据其服务类型分为 4 个顾客小组。

部门化自 20 世纪 90 年代以来有两种倾向。一种是以顾客为基础进行部门化，越来越受到青睐。为了更好地掌握顾客的需求，并有效地对顾客需要的变化做出反应，许多企业更多地强调以顾客为基础划分部门的方法。另一种是固定的职能性部门被跨越传统部门界限的工作团队所替代。随着工作内容日益复杂，所需要的技术日益多样化，管理人员开始将注意力转向多功能型团队。

（三）命令链

命令链是组织不间断的权力链条，它们按照一条明晰、连续的直线流动，从组织最高层扩展到最基层，它能够回答员工提出的这种问题：“我有问题时，去找谁”、“我对谁负责”。组织设计一般对命令链强调两个基本观点：首先在梯状的命令链中，职权和责任是按等级排列的，方向明确是命令链的基础；其次，强调命令的统一性，命令统一性有助于保持职权链条的连续性。

现在由于信息技术的发展，以及充分授权的流行，命令链、职权、命令的统一性等概念的重要性已大大降低。计算机技术的发展日益使组织中任何位置的员工都能同其他任何人进行交流，而不需要通过正式渠道，职权和命令链的维持越来越无关紧要。此外，随着自我管理团队、多功能团队和包含多个上司的新型组织设计思想的盛行，命令统一性概念也越来越无关紧要了。当然，仍有不少组织坚持认为通过强化命令链可以使组织的生产率最高，但这种组织今后只会越来越少了。

（四）控制跨度

控制跨度是指直接向 名经理报告的员工人数。当控制跨度很宽时，组织最高层与最低层之间就存在相当少的层级。相反，跨度窄时，同样多的员工要求有更多的层级。尽管对于一个经理能监督多少下属没有一个“正确”的数目，但是管理者和员工的能力、被监督的任务的相似性、规则和操作标准的范围都影响管理者的控制跨度。

随着管理实践的发展，现在的趋势是加宽控制跨度。加宽跨度，与各个公司努力降低成本、加速决策过程、增加灵活性、缩短与顾客的距离、授权给下属等趋势是一致的。为了避免因控制跨度加宽而使员工绩效降低，各公司都大大加强了员工培训的力度和投入。管理人员已认识到，自己的下属充分了解工作后，或者有问题能够从同事那里得到帮助时，他们就可以加宽控制跨度。例如，通用汽车公司通过这些方法使控制跨度已达 10～12 人，是 17 年前的两倍。

（五）集权与分权

集权是指组织中的决策集中程度。一般来讲，如果组织中的高层管理者不考虑或很少考虑基层人员的意见就决定组织的主要事宜，则这个组织的集权化程度较高。相反，基层人员参与决策程度越高，或他们越能自主做出决策，则组织的分权程度越高。在分权式组织中，采取行动、解决问题的速度较快，更多的人为决策提供建议，这与使组织更加灵活和主动地做出反应的管理思想是一致的。

现代组织发展的趋势是从集权走向分权，下属参与决策的程度越来越高，基层管理者的决策越来越重要。在环境变化日益复杂的今天，越是基层人员越接近客户和市场，越能了解问题的症结所在，让他们参与决策有利于企业适应飞速变化的环境。

（六）正规化

正规化是指组织中的工作实行标准化的程度。在高度正规化的组织中，有明确的工作说明书，有繁杂的组织规章制度，对于工作过程有详尽的规定。而正规化程度较低的组织和工作，相对来说，工作执行者和日程安排比较灵活，员工对自己工作的处理权限就比较宽。由于个人权限与组织对员工行为的规定成反比，因此工作标准化程度越高，员工决定自己工作方式的权力越小。

根据以上6个要素，我们可以把组织结构划分为两种成鲜明对比的形态：一种是经典的、正式的、官僚的、机械的组织结构；另一种是非正式的、扁平的、有机的组织结构，如表2-2所示。

表2-2 机械式组织与有机式组织

组织形态	分工专业化	部门化	命令链	控制跨度	权力决策	正规化
机械式组织	高	同一	等级化	窄	集权	高
有机式组织	低	异质	沟通性	宽	分权	低

第二节 组织结构的形式

组织结构是由组织的目标和任务以及环境的情况所决定的，它是组织各部分之间的关系模式。组织结构有3个关键特点：组织结构决定了正式的报告关系，包括层级数和管理者的管理跨度；组织结构确定了如何由个体组成部门，再由部门构成组织；组织结构包含了一套协调系统，以保证跨部门的有效沟通、合作与整合。因此，恰当地认识和设计组织结构，对于实现组织目标是十分重要的。

一、企业组织结构的主要形式

（一）直线结构

直线结构的组织形式是沿着指挥链进行各种作业，每个人只向一个上级负责，必须绝对地服从这个上级的命令。直线结构适用于企业规模小、生产技术简单，而且还需要管理者具备生产经营所需的全部知识和经验，这就要求管理者应当是“全能式”人物，特别是企业的最高管理者，如图2-1所示。

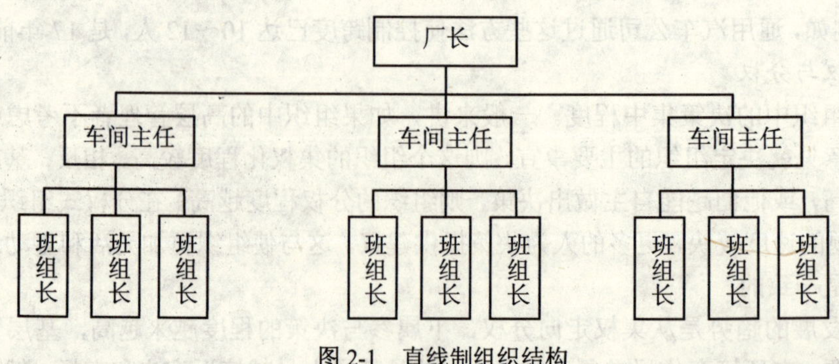

图2-1 直线制组织结构

（二）职能结构

职能式结构是泰勒首先提出的，他主张“在整个管理领域里，必须废除军队式的组织而代之以职能式的组织”。职能结构是按职能实行专业分工的管理办法来取代直线结构的全能式管理，下级既要服从上级主管人员的指挥，也要听从上级各职能部门的指挥。职能结构较能适应管理活动复杂化的需要，但也易造成管理上的混乱，实际上很少用，如图 2-2 所示。

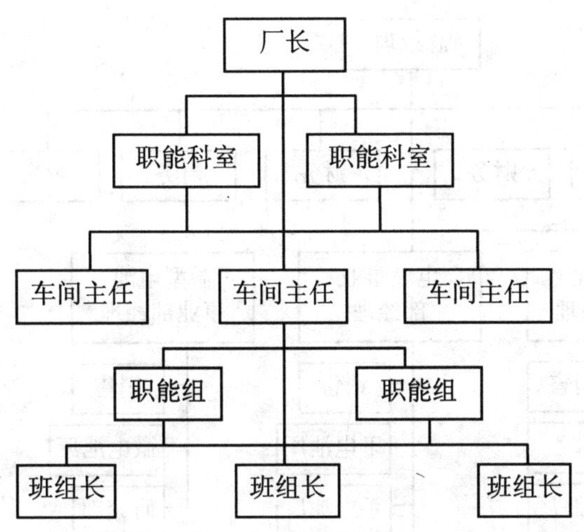

图 2-2　职能制组织结构

（三）直线职能制

直线职能制结构形式能保证直线统一指挥，充分发挥专业职能机构的作用。从企业组织的管理形态来看，直线职能制结构是相对以上两种结构更好的管理构架，因此被广泛采用，如图 2-3 所示。

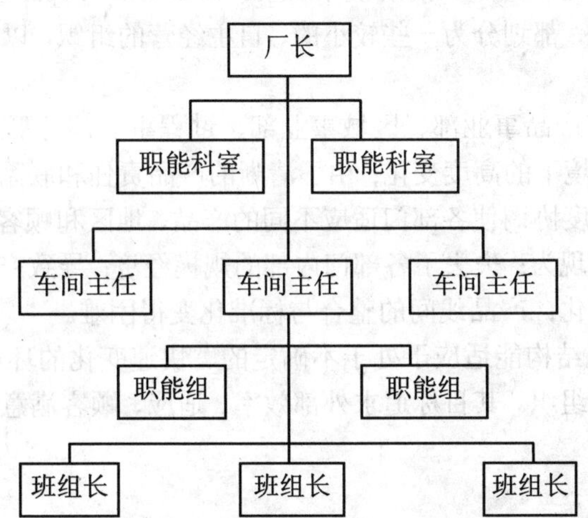

图 2-3　直线职能制组织结构

直线职能结构只能在企业规模不大、经营单一、外部环境相当稳定的情况下，才能发挥其优势。随着企业规模的不断扩大，经营领域的拓展和日趋复杂，这种“集权式”组织结构的缺点就逐渐暴露出来，并将越来越突出。“集权式”管理势必转化为“分权式”管理。

（四）事业部制

是以销售收入或利润等最终成果形成的内在联系为依据，将研究开发、生产、采购、销售、财务等部门结合成相对独立的利润中心，实行分权管理的结构形式。通过这种结构可以针对单个产品、服务、产品组合、主要工程或项目、地理分布、商务或利润中心来组织事业部。事业部型结构的显著特点是基于组织产出的组合。代表性的事业部组织结构如图 2-4 所示。

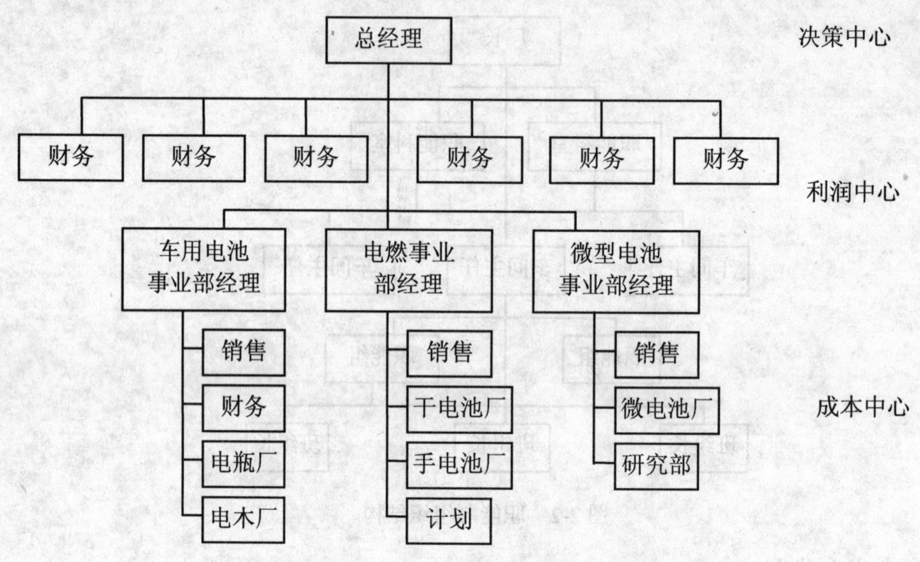

图 2-4　事业部制组织结构

事业部型组织结构鼓励灵活性和变革，因为每个单元变得更小，能够适应环境的需要。此外，事业部型组织结构实行决策分权，因为权力在较低的层级聚合。

事业部型组织结构也常常与较大的规模相联系。诸如 GE、Pepsi 以及 Johnson & Johnson 这类组织复杂的大型公司，都划分为一些较小的、自主经营的组织，以便于实现更佳的控制与协调。

事业部型结构一般有产品事业部、区域事业部、过程事业部等形式。事业部型组织结构的优点有：适应不确定环境下的高度变化；由于清晰的产品责任和联系环节，从而实现使顾客满意的目标；跨职能的高度协调使各部门适应不同的产品、地区和顾客的需要；决策分权。事业部型结构的不足主要表现为：失去了各部门内部的规模经济；导致产品线之间缺乏协调；失去了深度竞争和技术专门化；产品线间的整合与标准化变得困难。

可见，事业部型组织结构能适应于处于不确定的、快速变化的环境，非例行的技术，以及部门间较高相互依存的组织。其目标追求外部效率、适应、顾客满意。计划和预算是基于成本和利益的中心。

（五）矩阵型结构

矩阵型组织结构是对职能部门化和产品部门化（或基于工程/项目）的融合，一种实现横向联系的有力模式。矩阵型组织结构的产品经理和职能经理在组织中拥有相同的职权，员工向两位经理负责和汇报。

有的企业同时有几个项目需要完成，每个项目要求配备不同专长的技术人员或其他资源。为了加强对项目的管理，每个项目在经理或厂长领导下由专人负责。因此，在直线职能型结构的纵向领导的基础上，又出现了一种横向项目系统，形成纵横交错的矩阵型结构。其中，工作小组或项目小组一般是由不同背景、不同技能、不同知识、分别选自不同部门的人员所组成的。组成工作小组后，人们为某个特定的项目而共同工作，其一般组织结构如图 2-5 所示。

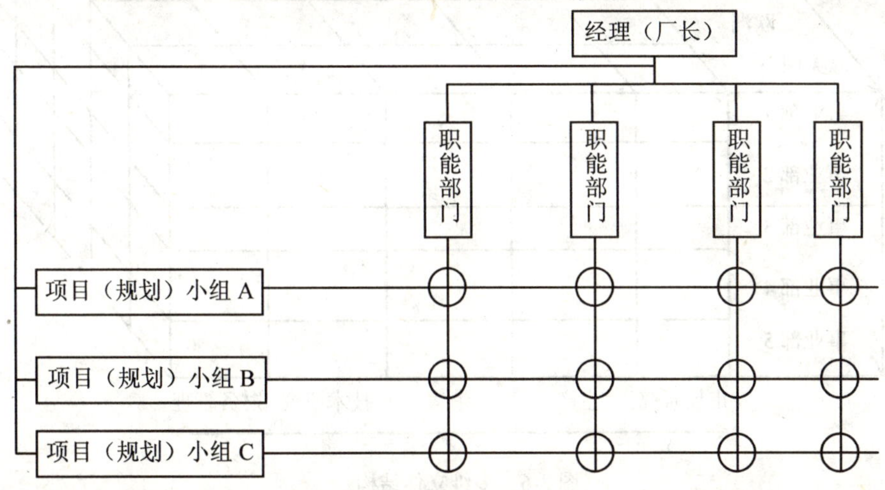

图 2-5　矩阵制组织结构

矩阵型组织结构的优点主要表现为：获得适应环境双重要求所必需的协作；产品间实现人力资源的弹性共享；适合在不确定环境中进行复杂的决策和经常性变革；为职能和生产技能改进提供了机会；在拥有多种产品的中等组织中效果最佳。

矩阵型组织结构的不足主要表现为：导致员工卷入双重职权之中，降低员工的积极性并使之迷惑；意味着员工需要良好的人际关系技能和全面的培训；耗费时间，包括经常的会议和冲突的解决。

因此，矩阵型组织结构适合在需要对高度不确定性环境变化作出迅速而一致反应的组织中使用。如咨询公司和广告代理商就经常采用矩阵型组织结构设计，以确保每个项目按计划要求准时完成。在技术非例行、环境复杂的情况下，由于采取了人员组成灵活的产品管理小组形式、追求的目标是双重核心——产品创新和技术专门化，大大增强了企业对外部环境变化的适应能力。

（六）多维立体结构

多维立体组织结构主要包括 3 类管理机构：一是按产品划分的事业部，是产品利润中心；二是按职能划分的专业参谋机构，是专业成本中心；三是按地区划分的管理机构，是地区利润中心。通过多维的立体组织结构，可使这 3 方面的机构协调一致、紧密配合，如图 2-6 所示。

二、新型组织结构

传统组织结构大多自上而下地统一划分管理层次和管理幅度，是具有等级分明的金字塔式的内部结构。但是，随着知识经济的到来、信息技术的发展和全球化趋势的加剧，使得传统组织面临着巨大的挑战。现代社会的发展要求组织结构多样化，从集权向分权，以确保组织正常有效地运行。未来的组织结构将在权力结构、信息结构、沟通结构等方面出现新的重要变化。我们将描述 3 种新的组织结构设计方案：团队结构、虚拟组织、无边界组织。

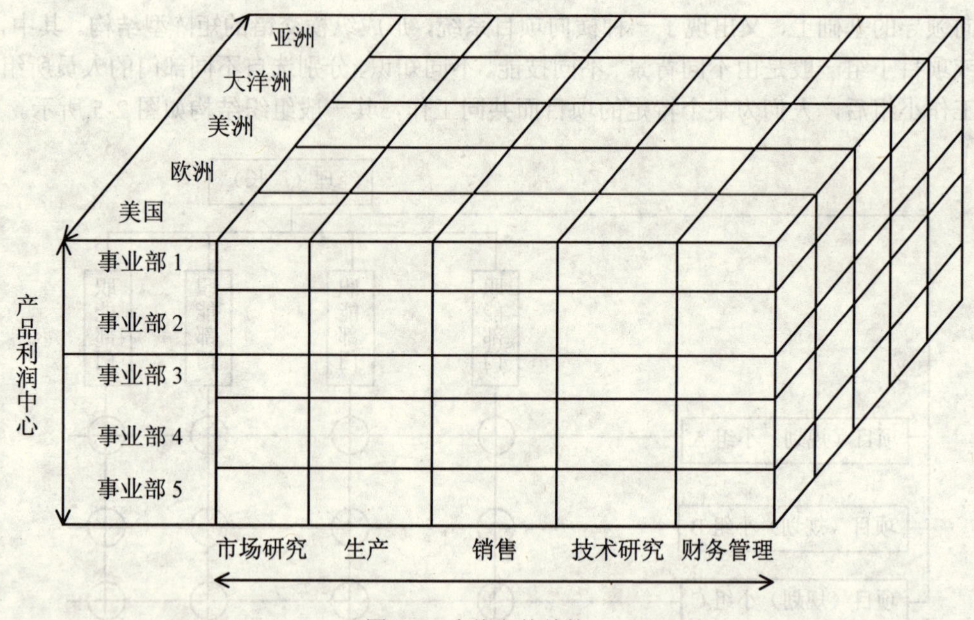

图 2-6　多维立体结构

（一）团队结构

团队在目前已经成为组织工作活动的最流行的方式。当管理人员动用团队作为协调组织活动的主要方式时，其组织结构即为团队结构（Team Structure）。这种结构方式的主要特点是打破部门界限，并把决策权下放到工作团队结构作为整个组织形式。例如，一个 30 人的市场销售公司，就可以按团队形式进行组织，团队对日常的大多数操作性问题和客户服务问题负全部责任。在大型组织中，团队结构可以作为典型的官僚结构的补充，这样，组织既能得到官僚结构标准化的好处，提高运行效率，又能因团队的存在而增强灵活性。

（二）虚拟组织

虚拟组织（Virtual Organization）是一种规模较小，但可以发挥主要商业职能的核心组织，用理论术语来讲，虚拟组织决策集中化的程度很高，但部门化程度很低或者根本就不存在。组织的核心是一小群管理人员，管理人员把公司基本职能都移交给了外部力量，他们的工作是直接督察公司内部的经营活动，协调为本公司进行生产、分配及其他重要职能活动的各组织之间的关系。实质上，虚拟组织的主要管理人员是通过计算机网络联系的方式，把大部分的时间用于协调和控制外部联系上。

虚拟组织与官僚组织截然不同。官僚组织垂直管理层次较多，控制是通过所有权来实现的，研究开发工作主要在实验室中进行，生产环节在公司的下属工厂中完成，销售工作由公司自己的员工去做。与之相反，虚拟组织从组织外部寻找各种资源来执行上述职能，而把精力集中于自己最擅长的业务上，以追求最大的灵活性。这些虚拟的组织创造了各种关系网络，管理人员如果认为别的公司在生产、配送、营销、服务方面比现在的更好或成本更低，就可以把自己的有关业务出租给它们。

虚拟组织的主要优势在于其灵活性，这种结构的主要不足是公司主管人员对公司的主要职能活动缺乏强有力的控制。

（三）无边界组织

无边界组织的特点是减少命令链，对控制幅度不加限制，取消各种职能部门，代之以授权的团队。通过取消组织的垂直界线而使组织趋向扁平化，这在事实上使得等级作用下降到最低限度，个人身份与头衔在组织中的作用相应降低。美国通用电气公司总裁杰克·韦尔奇最早创造了无边界组织（Boundaryless Organization）这个词。

由于组织的水平界线是由职能部门的存在而形成的，因此消除这种界线的方法一是以多功能团队取代职能性部门，围绕公司的工作流程来组织活动，例如美国施乐公司现在通过跨功能团队参与整个工作流程的工作，而不是围绕狭窄的职能任务来开发新产品；二是进行各部门间的人员横向调动或在不同职能领域进行工作轮换，这样有助于专长变成全才。

充分发挥无边界组织的职能，有助于打破组织与客户之间的外在组织界线及地理障碍。取消外部界线的方法：一是经营全球化，实行公司间的战略联盟或合伙关系；二是建立顾客与组织之间的固定联系，这些方式都有助于清除组织的外部界线。由于员工都是在为共同的项目而工作，因此这些联盟也就模糊了各组织之间的界线。

第三节　影响组织结构的因素

影响企业在组织结构方面相差别有若干重要的情景因素，包括企业的目标和战略、规模、技术、环境、组织文化等。权变理论认为，组织结构必须配合各个情景因素，配合得宜，企业可以发挥优势，提高效能。因此，管理人员需要明确这些情景因素与不同结构之间的关系，从而合理地设计组织结构。

一、企业战略

战略是指组织在与竞争性环境相互作用而实现预定目标的计划。组织的结构是帮助管理者实现其组织目标的手段，因此结构应当遵循战略。

按照迈克尔·波特的观点，公司需要把自己和竞争对手区分开来，放在一个不同的定位上，以构建和保持竞争优势。他通过大量企业的研究提出了描述 3 种竞争战略的分析框架。这 3 种战略是：成本领先战略、差异化战略和集中化战略。

采用成本领先战略的组织，竭力通过高效的设施、低廉的成本以及严密的控制，使产品的生产效率高于竞争对手。成本战略主要关注稳定性，而不是冒险或寻求创新和成长的新机会。

采用差异化战略的组织，试图使其产品或服务与同行业中其他组织的产品或服务相区别。组织可能利用广告宣传、产品特色、附加服务或新技术等，使产品在顾客看来具有独特性。这种战略一般是面向那些不十分关心价格的顾客。梅塔格（Maytag）的小家电、英特尔奔腾（Intel Pentium）的机芯等产品就是运用差异化战略的实例，星巴克公司（Starbucks）也通过差异化战略取得了成效，使得试图与星巴克竞争的公司发现难以跟他抗衡。差异化战略由于使顾客忠诚于公司的品牌，降低了行业内对手的竞争，并抵御替代品的威胁，但追求差异化的公司需要有较强的营销能力，并需要花费时间和精力去寻求产品的创新。

采用集中化战略的组织仅仅将目标集中在一个特定的区域市场或消费群体。在选定的较窄范围的市场上，公司可以努力地取得成本优势或差异化优势。

根据战略选择相应的组织结构，采用成本领先战略的管理者是从提高效率的角度设计组织，而差异化战略则要求考虑学习能力。成本领先战略是与高强度的集权、严密的控制、标准化的操作程序以及高效率的采购和分销系统相联系的，员工通常在紧密的监督和控制下执行常规的任务，不能自主决策或采取行动。与之相反，差异化战略要求员工不断尝试和学习，直接面对顾客，并鼓励员工的创造力和创新精神。

二、环境

组织是一个开放的社会系统，涉及多种外界因素，环境领域的变化和复杂性对组织结构设计和行动具有重要意义。组织结构实质上是组织的外部环境与其内部子系统之间的纽带。组织结构的设计与所处环境的不确定程度关系密切。一般来说，环境较为确定的组织与部门，可以采取较为稳定的机械结构；而环境较不确定的组织与部门，则应采取有弹性的有机结构。

三、技术

技术指的是一个组织如何将其输入转化为输出。每个组织至少拥有一种技术将财力、人力和物力转化为产品或服务。对技术性质进行区分的一个常用标准是其常规性程度，即技术是常规性的还是非常规性的。如果一家企业的营运情况简单而重复，很少有不可预测的处境，并且生产过程是根据既定程序进行的，则该企业采用的是“常规技术”，与常规技术配合的组织结构的特点包括：高度形式化、标准化、中央集权及较低的专业化程度。与此相反，如果一家企业的营运过程既有高的多元化，难以预测，且分析性低，工作活动变化万千，无章可循，则企业应采用一个具有弹性的有机组织结构，下放权力，提高专业化程度，降低形式化程度，使企业变得更为灵活。

四、组织规模

组织规模对组织结构有一定影响。一般来说，组织规模是以雇员人数多寡来显示的。规模小的企业，往往是一个员工担任数职，内部虽有一定分工，但不是很细，内部层级不多，管理跨度较大，企业管理一般是集权式的。相反，一个大企业，人数众多，内部分工也较细，往往以一种标准化，甚至常常机械化的方式运作，为了方便对员工的监管，大企业会多设层级和部门，也会较多采用规章条文来影响员工行为及工作进度。此外，在大规模的企业内，决策众多，多层管理人员未能处理全部决策，因此出现分权式管理的趋势。

五、组织文化

组织文化是企业成员所共享的基本价值观、规范与信念组成的集合。企业文化的关键功能是整合员工以使他们知道该如何共处并帮助企业适应外部环境。同前述各影响因素一样，组织文化也需要组织结构互相配合，方可发挥其效用。例如，强调企业对外界环境随机应变的“适应性文化”，企业便需要一个宽松而且弹性的结构，降低形式化、标准化及集权程度。相反，若企业采用一个重视内部稳定的“官僚制文化”，则组织结构倾向紧密，以较高的形式化、标准化及中央集权去加强内部控制，保持内部的稳定状态。

第四节　组织设计

一、组织设计的概念

组织设计是对组织的结构和正式的沟通体系、分工协调机制、权力以及责任进行评估和选择，把组织内的任务、权力和责任进行有效组织协调，使组织保持灵活和适应性，以实现组织目标的过程。一个健全的组织必然要求动态的组织设计。组织实际上是某种“再组织”，因而组织设计是滚动式的持续规划过程。

组织设计的决策常常包括对多个因素的诊断，这些因素包括组织的文化、权力、政治行为以及工作设计等。组织设计要使信息流通、决策通畅，以满足消费者、供应商及代理商的需求；使各岗位、部门以及分部权责分明；并在各岗位、团队、部门以及分部之间创造一种积极的协作。这样，公司能对环境中的变化做出迅速反应。

二、组织设计的思路

首先，必须明确组织目标并确定相应的基本职能。

其次，再以职能细分和归类为依据，设置相应的机构和相关职务。

进而，以必要的职位与各种职务相对应，按职位配置人员。

循此思路，即为“因事设人”。反之，以人员定职位，又以职位定职务，再以职务设机构，然后是职能、目标，即为“因人设事”。显然，“因事设人”通常是合理的，然而在实际工作中，组织活动往往陷入“因人设事”的误区。

三、组织设计的程序

（一）确定组织目标

组织设计首先应该依据组织宗旨确定组织的基本目标。每个组织最初都是为实现某种目标而建立的。组织的宗旨是组织存在的理由，它取决于外部环境的需要。例如，对企业来说，它的宗旨取决于顾客的需要。

组织目标是组织自我设计和自我保持的出发点，也是衡量组织成功与否的标志。组织目标必须满足具有重要性的社会需求。同时，组织成员必须了解组织目标的内容。

（二）明确基本职能

所谓组织的基本职能就是组织系统在特定的环境中保持正常运转，保证组织生存和发展所必须具备的功能。例如，对于一个企业来说，它的基本职能可以按管理专业分工来划分，可以分为生产管理、技术管理、营销管理、人力资源管理、财务管理。每一类还可以再进行细分，例如技术管理还可以分为设备管理、工艺管理等。

明确组织基本职能必须解决 3 个重要问题：

（1）组织中应该具备哪些基本职能。

凡是实现组织目标和战略任务所需要的职能均不能遗漏，以便进一步在组织上确定落脚点，即确定承担各项职能的部门，同时基本职能之间不能有重复，以避免往下的组织结构设计时出现两个或更多的部门承担同一职能，那就会产生职责不清、互相推诿等问题，降低管理工作的效率和效果。

（2）各种职能之间相互联系、相互制约的关系是怎样的。

这个问题是部门设计科学的基础。因为紧密联系的职能应置于同一管理子系统内，不宜分开；相互制约的职能则不能由同一部门或子系统承担，必须分开，否则就会影响企业组织的横向协调与监督控制，造成管理工作的混乱。

（3）在各种职能中，什么是关键职能。

这也是为以下的组织结构设置奠定基础，因为分工承担关键职能的部门是关键部门，应配置在组织结构的中心地位，其他部门的工作与之配合，以保证组织出色地履行职能，否则各部门争当主角，形成多个中心，就会妨碍组织目标的实现。

（三）职能分解

职能分解就是对组织的基本职能给予细分和归类，体现相对集中，并进一步确定各职能的纵向层次的横向跨度，从而确定组织的部门机构。职能分解主要包括两个步骤的工作：

（1）将某些基本职能进行细分。“细分”的原因是由于组织的基本特性，使得某些基本职能的业务活动极为烦琐，而且差别较大，所以虽然都属于这一职能管理工作，但适宜进一步实行专业化分工，从而形成若干细分职能。例如，现代钢铁联合企业的生产过程，涉及原料、能源、运输、冶炼、轧制、综合利用、成品出厂和外部协作等多项复杂的管理工作，仅能源就包括水、电、风、汽等十几种能源介质的生产、输送和供应；各种原料和成品的年吞吐量高达数百万吨甚至上千万吨；厂内外运输方式和运输设备多，工作量很大；外协范围广，单位多。在这种条件下，生产管理职能只有细化，才能适应生产过程复杂性的要求。因此，原料管理、运输管理、能源管理、设备管理、外协管理等领域适宜独立成为同生产紧密相关的几个细分职能。

（2）对各职能进行归类。如果某一职能的业务工作较为简单，工作量也很少，那么这一阶段的管理职能就可以考虑并入与其紧密关联的其他职能中去；或者某些职能密切相关、不可分割，也可以考虑合并为同一职能。最为典型的例子就是发电厂，它的产出是电能，通过电网直接输送给用户，不像其他行业那样，必须经过市场推销和激烈的竞争才能实现产品的价值。因此，电力生产企业的销售职能尽管依然存在（这是因为它不能无偿地为用户提供电力），但同那些市场营销工作既重要又繁重的企业相比，已经萎缩得比较简单而且次要了，故可将其业务工作并入生产（如为用户服务）、财务（如电价管理）等直接相关的基本职能之中去。

在职能细分归类之后，就可以确立负责每一职能的相应的职能部门，同时综合考虑横向的管理跨度和纵向的组织层次，最后形成完整的组织结构。

（四）分解组织目标

分解组织目标就是将组织的总目标分解为各职能部门和任务单位的具体目标，并进行目标之间的协调，从而形成组织目标体系化。通过目标分解，可以组织和协调各部门共同努力去实现组织目标，同时各具体目标又为评估各部门单位的业绩提供了具体的衡量标准。

（五）职务分析

在分解目标、划分职能的基础上，确定相应职能机构并设置职务。

职务分析又称为工作分析，是全面了解一项职务的管理活动，也是对该项职务的工作内容和职务规范（任职资格）的描述和研究过程，即制定职务描述和任职资格的系统过程。具体地讲，职务分析就是全面收集某一职务的有关信息，对该工作从6个方面开展调查研究：工作内容（what）、责任者（who）、工作岗位（where）、工作时间（when）、怎样操作（how）以及为什么要这样做（why）等，然后再将该职务的任务要求进行书面描述，整理成文的过程。

职务分析的结果是一套职务说明书和职务规范，它是确定职务升迁以及进行职务考评等工作的重要基础条件之一，也是职务设计的最终成果。职务说明书，也称为职务描述书，是说明某一职务的职务性质、责任、权力关系以及资格条件等情况的书面文件，它应该具体、明确，特别是在有关职务的责任和义务方面，从而便于安排适当的人选。职务规范，也叫任职资格说明，是对任职责任和条件的具体说明。二者结合起来，构成了针对某一职务的完整、全面、详细的职务说明。相对而言，职务说明书侧重于反映工作定向分析的结果，而职务规范则更集中于对任职人员的分析。

职务说明书除了具体说明职务的责任和义务之外，还应说明该职务与外界应保持怎样的关系，比如说，某职务是否需要与各种各样的人保持经常的接触？与该职务经常联系的对象性质，是下级单位的主管还是同级的职能人员？对象的不同，也会直接影响该职务的人选。有的职务需要的是原则性强的人员，而有的也许更需要一些灵活性的人员。

同时，对于例外情况处理的性质，应该说明该职务的主动权和授权的程度如何，需要有怎样的创新能力，应更多地具有开创能力还是应保守一些等。此外，职务说明书还应包括其他必要的说明，例如需要什么特别要求的技能和管理技术等。

（六）管理控制过程

管理控制过程是指为了保证整个组织机构能够按照设计要求正常运行所进行的对管理过程的控制。

管理控制过程主要从 3 个方面进行：

（1）组织设计过程的管理控制以组织目标为导向。整个过程控制标准必须按是否有利于实现组织的总体目标来加以确定。对于偏离了组织目标的组织机构设计必须马上加以修正。只有这样，才能使整个组织设计紧紧围绕目标的需要进行，从而更有效地实现组织目标。

（2）建立组织的标准工作规程，即组织正常运行时的标准程序和方法。这是指导组织活动的重要依据，也是保证组织机构能够按照设计要求正常运作的重要前提。

（3）制定采取纠正行动的程序。当组织运作与标准程序及方法出现偏差时进行相应调整所应遵循的程序。这些程序的确立必须客观，必须排除主观随意性因素。只有这样，才能对偏差进行客观公正的纠正。

以上程序的运作是一个动态的、滚动式的持续规划过程。

四、组织文件

组织文件是组织结构表明组织原则，便于开发组织资源和了解组织的资料，具体包括以下形式：组织图、组织手册、标准工作规程。

（一）组织图

组织图是指对组织的层次、职能单位、职务间的联系、沟通关系以及控制范围等用图示的方法进行显示的示意图，其中最常用的是组织结构图。组织结构图因其清楚、简明、标准、易懂而被广泛采用。绘制组织结构图可以参照以下主要原则：

（1）结构图应写明企业名称、制图日期、制图部门。

（2）长方形框表示组织的一个单位或人员。

（3）直线单位通常画在比职能参谋机构低一层的水平线上。

（4）实线表示直线权力，虚线表示职能权力。

（5）将主管人员的职务名称列在框内，职务名称应显示出他的职能，如财务副总经理等。

（6）结构图应尽可能地简单。如有需要，对所用的专门标志应加注解说明。

（二）组织手册

组织手册是用于说明组织机构目标、权责关系和职务说明等的文字工具。不同的组织有不同的组织手册，并且格式各不相同，但通常包括以下各种资料：部门职责范围、部门人员定编资料、职务说明书和职务规范、组织和管理的原则。

（三）标准工作规程

标准工作规程是指组织正常运作时的各项工作标准。对企业来说，其标准工作规程一般包括技术标准、技术规程、定额标准和管理标准。

（1）生产技术标准。它是对企业产品或工程施工在质量、技术规格等方面所作的规定。

（2）生产技术规程。它是按照生产技术过程客观规律的要求，对产品设计、生产操作、设备使用与维修、安全技术、质量检验等方面所作的规定，是有关程序和方法方面的标准。

（3）定额标准。它是企业在一定生产技术组织条件下，对人力、物力、财力、时间的占用和消耗应当遵守的标准，也叫做技术经济定额。

（4）管理标准。这是为了更好地行使计划、组织控制等管理职能，对各项管理工作（主要是各项专业管理工作）所作的各种详细规定，主要包括管理业务标准、管理工作标准、管理方法标准和管理岗位定员标准等。

复习题

1. 什么是组织结构？它有哪些作用？
2. 组织结构的构成要素有哪些？
3. 组织结构的3个关键特点是什么？
4. 组织结构的主要形式有哪些？它们各有什么特点？
5. 组织结构的影响因素有哪些？
6. 简述组织设计的程序。

【案例讨论】

英国钢铁公司：从职能组织到多分部专业化

英国钢铁公司成立于1967年，由14个国有化钢铁生产商组成。在此之前的几十年内，公司尝试过多种组织形式——按地区或者按产品构造，但为了整合其凌乱的业务，一直在加强中央的控制。到1983年，英国钢铁公司拥有了“事业部”，但权力仍牢固地保留在总部，贸易、购买和工业关系职能都是集中化的。在事业部缺乏对投入或产出政策控制的情况下，英国钢铁公司实际是以职能模式组织的。1988年，公司进行了私有化，因而转向一种更注重盈利的组织形式。1990年该公司收购了英国主要的钢铁批发商WalkerGroup，随之组成了批发事业部。1992年英国钢铁公司发动了名为“组织、深度变革、风格”的重组。该计划旨在大幅度地削减总部职能和成本，并将管理责任分散到12个业务单位。其中关键的一条是业务领导不再在董事会任职，而是向相对独立的执委会成员报告。

第三章　工作设计和工作压力

第一节　工作设计

一、工作设计概述

（一）概念

所谓工作设计是管理者用于确定工作内容（任务、责任和权力等）的方法以及构建和修改工作的过程。工作设计的目的是如何最大限度地提高组织效率和工作效率，提高员工的工作满意度和绩效。只有明确了工作任务的性质和对员工的技能要求，才能做好工作设计，因此工作分析是工作设计的前提和基础。

（二）作用

（1）工作设计改变了员工和职务之间的基本关系，使工作由高度专一化向多样化、丰富性发展。

（2）工作设计推进了员工工作的积极态度。工作设计不是试图首先改变态度，而是假定在工作得到适当的设计后，积极的工作态度就会随之而来。

（3）工作设计重新赋予员工工作的乐趣，一定程度上避免了员工对单一工作的厌烦感。

（4）工作设计有利于改善人际关系，扩大员工人际交往的范围。

（三）要求

（1）提高组织效率。工作设计是说明工作应该怎样才能高效地完成，其目的是提高组织的效率。

（2）符合组织的总目标。组织的总目标是提高劳动生产率，满足组织、员工、社会各方的发展需要，因此工作设计要围绕这一总体目标进行。

（3）工作与人相适应。工作设计关注员工在工作中的满意度与绩效，因此工作设计要有助于发挥员工个人才能，提高工作积极性。

（四）工作设计需要考虑的因素

（1）环境因素，包括人力供应和社会期望。

（2）组织因素，包括专业化技术水平、工作流程和工作习惯。

（3）行为因素，包括组织行为多样性、整体性、重要性、自主性和反馈度。

（4）管理者必须意识到工作的设计是在整个组织环境中进行的，而不是孤立产生的。在设计工作开始前，对来自其他组织系统的影响和对其他组织系统产生的影响，都要仔细地判断和衡量。有效的工作设计对员工的满意度、积极性、责任感、出勤率和工作绩效影响很大。但是不切实际地滥用工作设计方法或者修改工作计划，则会导致失败和各方的不满。同时，还要认识到无论是何种工作设计技术（工作轮换、工作扩大化还是工作丰富化）都不应看做是解决员工不满的灵丹妙药，必须在人员配置、绩效评估、劳动报酬及其他管理策略方面进行系统考虑，以便使组织需求与员工个人需求获得最佳组合，从而最大限度地激发员工的积极性，有效地达到企业目标。

二、工作设计方法

一般来说，工作设计有 3 种主要方法：工作轮换、工作扩大化和工作丰富化。工作轮换和工作扩大化是横向工作扩展，而工作丰富化是纵向工作扩展。

（一）工作轮换

工作轮换是为减轻对单一工种的厌烦感，在短时间内把员工从一个岗位换到同一水平、技能要求相近的另一个岗位。比如在一家快餐店，同一名员工一周工作安排如下：周一、周二负责洗菜，周三、周四负责配菜，周五、周六负责炒菜，周日当服务生。

这样做有 4 个方面的优势：

（1）比员工日复一日地重复做同样的工作更能激发他们对工作的兴趣；员工从事一项新的工作，往往具有新鲜感，能激励员工做出更大的努力。提高了员工对每项工作的敏感性，失误降低，工作绩效提高，离职率降低。

（2）扩大员工所掌握技能的范围，使员工从原先只能做一项工作的专业人员转变为能做许多工作的多面手。

（3）这种方法并不改变工作设计本身，而只是使员工定期从一个工作转到另一个工作。这样，使得员工具有更强的适应能力，为工作提升打下了基础。日本的企业广泛地实行工作轮换，对于管理人员的培养发挥了很大的作用。

（4）在很大程度上，工作轮换只是一种解决员工对过分专业化的单一重复性工作所产生厌烦感的权宜之计。因为它只能在短期内解决员工工作的厌烦感，最终每一个工作任务都会变得和其他专一化任务一样枯燥无味。

工作轮换法的缺点在于：

（1）工作效率可能下降。员工轮换到一个新的工作岗位初期，需要熟悉新的工作环境、任务，对其生产效率可能有所影响。

（2）提高了组织培训费用。岗位轮换的前提是员工能胜任每一个轮换的岗位，因此需要加强培训，从而会提高组织培训成本。

（3）增加了管理复杂性。员工和岗位之间处于一种动态变化之中，这带来一系列协调、组织、控制方面的管理问题。

（二）工作扩大化

工作扩大化是对工作进行横向扩展，增加员工的工作内容，使工作本身更加多样化，使员工有更多的工作可做，即增加员工的工作类型和数量，丰富工作内容。通常新工作同员工原先所做的工作有时间上、工序上的联贯性。这种工作设计导致高效率的原因是不必把产品从一个人手中传给另一个人，从而节约时间。此外，由于完成的是整个产品而不是在一个大项目上只从事某一件工作，就要求员工掌握更多的知识和技能，从而提高员工的工作兴趣。例如，一位销售职员通过工作设计之后，需要负责客户服务、签定合同、协助信用证申请、安排货物运输等工作，相对他从前单一的客户服务任务而言，他的工作扩大化了。

研究报告表明，工作扩大化的主要好处是增加了员工工作的多样性和挑战性，使员工感到工作更有意义，从而增加了员工的工作满意度和提高了工作质量。有些公司则报告工作扩大化导致工资支出和设备检查的增加，但因质量改进、职工满意度提高而抵消了这些费用；美国梅泰格（Maytag）公司声称通过实行工作扩大化提高了产品质量，降低了劳务成本，工人满意度提高，生产管理变得更有灵活性。

尽管工作扩大化在克服专业化过强、工作多样性不足方面成绩显著，但是可能会降低任务完成的效率，减缓工作速度。工作扩大化还可能增加员工的工作负担和工作压力，从而影响其工作绩效。

（三）工作丰富化

工作丰富化是指使员工工作任务向纵深方向扩展，可以增强员工对工作计划、执行、控制和评估的参与程度。工作丰富化与工作扩大化的根本区别在于，后者是扩大工作的范围和数量，而前者是工作责任的深化，使员工承担更多的职责和义务。工作丰富化的理论基础是赫茨伯格的双因素理论。也就是说，为了激励员工，其所从事的工作必须围绕提供成就感、责任感和职业发展机会为目的而进行设计。它鼓励员工参加对其工作的再设计，这对组织和员工都有益。在工作设计中，员工可以提出对工作进行某种改变的建议，以提高他们的工作满意度，当然他们还必须说明这些改变是如何更有利于实现整体目标的。运用这一方法，可使每个员工的贡献都得到认可，而与此同时，也强调了组织使命的有效完成。

工作丰富化的核心是体现激励因素的作用，因此实现工作丰富化的条件包括以下几个方面：

（1）增加员工责任。比如，对于制造企业来说，不仅要增加员工生产的责任，还要增加其控制产品质量，保持生产的计划性、连续性及节奏性的责任，使员工感到自己有责任对一个完整的工作项目负责。当然，增加员工责任意味着降低管理控制的程度。

（2）赋予员工一定的工作自主权和自由度，给员工充分表现自己的机会。当员工感到所做的工作主要依靠自身的努力和控制，从而认识到成败与其个人职责息息相关时，工作对员工就有了重要的意义。实现这一良好工作心理状态的主要方法是给予员工工作自主权。工作自主权的大小也是人们选择职业的一个重要考虑因素。

（3）反馈。将有关员工工作绩效的数据及时地反馈给员工。了解个人工作绩效是形成工作满足感的重要因素，如果一个员工看不到自己的劳动成果，就很难得到被认可的满足感。反馈来自于工作本身、管理者、同事或顾客等方面。例如，销售人员可以从设备的正常运转以及生产管理人员和设备操作人员那里得到反馈。

（4）考核。报酬与奖励系统要与员工实现工作目标的程度相联系。

（5）培训。要为员工提供学习的机会，以满足员工成长和发展的需要。

（6）成就感。通过提高员工的责任心和决策的自主权来提高其工作的成就感。

工作丰富化的工作设计方法与常规性、单一性的工作设计方法相比，虽然要增加一定的培训费用、更高的工资以及完善或扩充工作设施的费用，但却提高了对员工的激励和工作满意程度，进而提高了员工的生产效率和产品质量，降低了员工离职率和缺勤率。

若一位管理者希望通过增加工作的多样性、完整性、重要性、自主性、反馈性来丰富工作的内容，他可以采取以下一些举措：

（1）确定自然的工作单元。这意味着尽可能让集体工作构成一个完整和有意义的整体。工作单元可以根据地理位置、产品或生产线、业务或顾客来划分。

（2）合并任务。即尽可能把独立的和不同的工作合并成一个整体。

（3）建立和顾客之间的联系。这意味着使生产者和他的产品的使用者（其他生产部门、顾客、销售团体等）相联系，这样可以让生产者知道产品被认可的程度。

（4）直接分派任务。即尽可能地给生产者计划、参与、控制自己工作的权力。

（5）公开信息反馈渠道。这意味着尽可能使生产者获得更多的有关生产结果的信息，如成本、产量、质量、组织结构、消费者的抱怨等。

第二节　工作压力

一、压力模型及其定义

压力是由多种压力源引起的。不同的压力源作用于个体，激起不同的心理、生理反应。强烈、持久的压力最终将导致严重的结果。压力模型如图 3-1 所示。

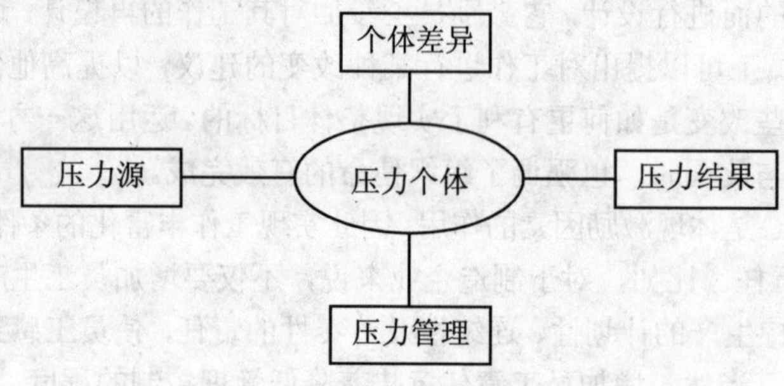

图 3-1　压力模型

压力（stress）首先由坎农（Cannon）于 1925 年使用。他观察了在实验条件下暴露于寒冷、缺氧、失血中的个体表现出来的战斗—逃避反应（fight flight reaction），认为此时个体处于压力之下。杰出的生理学家谢尔耶率先系统地研究了压力过程，指出压力是内外环境中各种因素作用于有机体所产生的非特异反应。所谓非特异反应是指各种因素，如冷热、缺氧、情绪冲突、水及电解质失去平衡等都可引起同一反应。谢尔耶认为，非特异反应的发生包括 3 个阶段，即一般适应综合征（General Adaptation Syndrome），如图 3-2 所示。

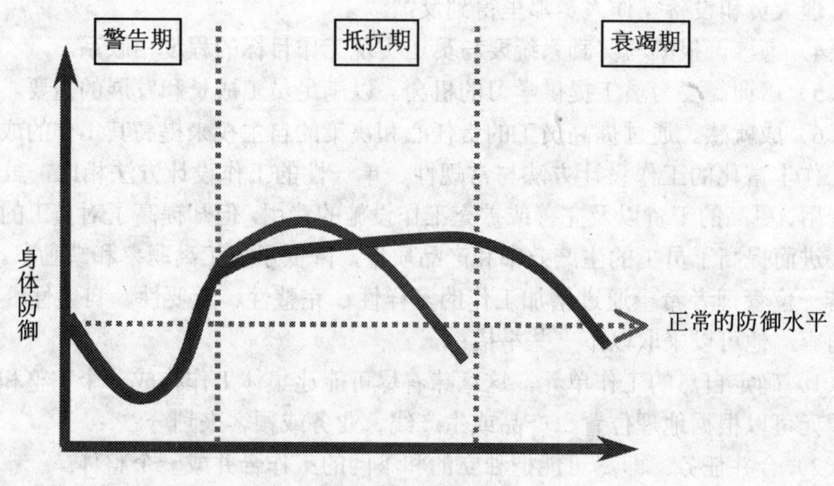

图 3-2　一般适应综合征

第一个阶段称为警告反应，是为了唤起体内的防御能力，与坎农所说的战斗－逃避模式很相似。为了对付应激性的处境，人体或者准备战斗，或者准备逃避。

如果持续暴露于有害刺激之下，在产生过警告反应之后，机体就转入第二个阶段，即适应或抵抗阶段。此时以对应激源的适应为特征，机体对应激源抵抗程度增强。

如果继续处于有害刺激作用之下，或者有害刺激过于严重，机体会丧失所获得的抵抗能力而进入第三个阶段，称为衰竭期。此时，警告反应期的症状可再次出现。如果应激源不能消除，这些症候将成为不可逆的，甚至造成死亡，除非机体能重新取得适应技巧或找到对付这种应激性处境的新方法。

综上所述，压力是个体对某一没有足够能力应对的重要情境的情绪与生理反应。第一，压力首先是指个体感知到的、体验到的情绪反应（如焦虑、忧愁）和生理反应，如血压升高、呼吸加快。第二，压力是个体对某一不能较好地应对情境的反应。如果个体能够从容应对，则某一情境不会使人产生压力。第三，压力是个体对某一重要情境的反应。所谓重要是指如果处理不好，可能会给个体带来危害或使目标不能实现。例如，失业不仅会给人带来严重的情绪困扰，而且因涉及个体的生活安定与事业发展，会使人处于过度压力状态。对那些由于能力、学历、知识等问题而一时找不到工作的人来说，失业引起的压力反应将极为强烈。

二、压力源

导致压力反应的情境、刺激、活动等叫做压力源。压力源有多种形式，图 3-3 显示了 3 种类型的潜在压力：来自环境的、来自组织的和来自个人的。

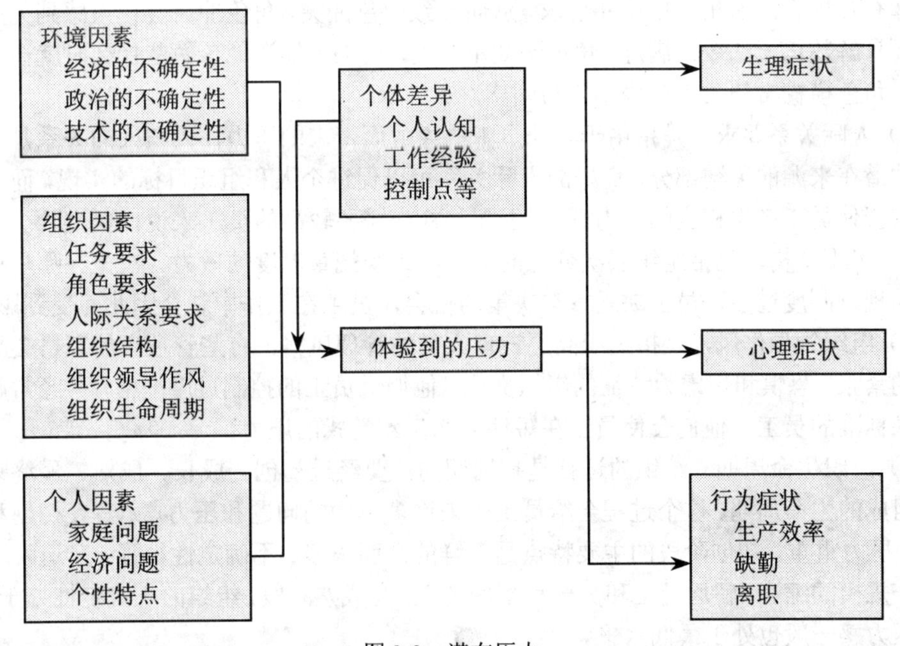

图 3-3　潜在压力

下面我们逐个分析潜在的压力因素。

（一）环境因素

环境的不确定性不仅会影响组织结构的设计，还会影响组织中员工的压力水平。

商业周期的变化会造成经济的不确定性。经济紧缩时，人们会为自己的安全保障而备感压力。20 世纪 30 年代经济大萧条时期，自杀率明显上升。与经济的下滑相伴随的，往往是劳动力减少、临时解雇人员增多、薪水下调、工作时间缩短等后果。

政治的不确定性在伊拉克、阿富汗这样的国家中会给工人带来较大压力，但在发达国家则不会。因为发达国家的政治体制比较稳定，即使有变化，通常也是有秩序地进行。不过，即使这样，政治的不确定性也会给发达国家带来压力感，美国的“9·11”恐怖事件就是一个很典型的例子，它的发生使美国的经济雪上加霜，使在美国工作的人们压力感增强。

新技术的革新也会引发压力感，它使一个员工的技术和经验在很短的时间内过时，电脑、自动化、机器人及其他形式的技术创新会威胁到许多人，从而使他们产生压力感。

（二）组织因素

组织中有许多因素能引发压力感，如车间噪音太大、工作负担过重、同事令人讨厌等都会给员工带来压力。下面我们从任务要求、角色要求、人际关系要求、组织结构、组织领导作风、组织生命周期几个方面来进行分析。

（1）任务要求，是指与个人所从事的工作有关的因素，包括个人的工作设计、工作负担、工作条件等。如果有太多太多的工作需要完成，则被称为工作超载，这是导致压力产生的重要因素之一。自动生产线速度过快时，会给员工带来压力；个人工作与其他人的工作之间相互依赖性越强，个人越可能产生压力；工作条件越差（如太热太冷、噪音过高、照明不足、空气污染等）越容易使人处于压力状态。

（2）角色要求，是指个人在组织中扮演的特定角色给他（她）带来的压力。不同的人对某一个体有各种不同的角色期待和要求，从而导致角色冲突，角色冲突会使人感到无所适从或虽使出浑身解数仍无法令人满意；角色预期不清楚，员工不知道他该做些什么时就会产生角色模糊感，角色模糊常使员工产生不安与困惑。

（3）人际关系要求，是指由于其他员工的缘故而带来的压力，人与人的关系是组织生存和压力的潜在来源的关键部分，良好的人际关系可以促进个人和组织目标的实现，而不好的人际关系就会使员工产生相当的压力感，对于那些社交需要较高的员工来说，这种情况尤为普遍。

（4）组织结构，包括组织层次分化的水平、组织规章制度的效力、决策在哪里进行等。如果组织规章制度过多，员工缺乏参与决策的机会，员工在工作中就会因此而受到影响。

（5）组织领导作风，是指组织高层管理人员的管理风格。有些管理者的风格会导致一种以员工的紧张、恐惧和焦虑为特征的组织文化，他们对员工的控制过度严格，并经常解雇达不到其要求标准的员工，他们会使员工在短期内产生幻觉式的压力。

（6）组织生命周期，组织的运行是有周期的，要经过初创、成长、成熟、最终衰退 4 个阶段所组成的生命周期。这个过程会给员工带来许多不同的问题和压力。尤其在初创和衰退阶段，更是压力重重。初创阶段的主要特点是新鲜的东西很多、不确定性很强；衰退阶段一般伴随着生产规模的缩小、解雇员工和另一种不确定性；在成熟阶段，组织的不确定性处于最低点，员工的压力感一般也处于最低水平。

另外，工作场所的暴力、性骚扰正在变成日益严重的压力问题。例如，美国管理协会调查发现，近 25%的组织承认曾经发生过暴力事件；《纽约时代》调查发现，高达 30%的女员工曾经是性骚扰的对象。

（三）个人因素

员工工作之外的非工作经历也会影响到员工的工作，所以在考虑工作压力时，应考虑到员工的个人生活因素。这些因素主要有家庭问题、经济问题、员工人格特点等几个方面。

调查表明，人们把家庭和人际关系的地位看得很重。婚姻困境、某种亲密关系的破裂，以及管教孩子中的麻烦事，这些问题都会给员工带来压力感，影响员工的工作。员工开支过大而出现的经济问题也会给他们带来压力感，并使他们工作时分心。最近的研究还发现，影响工作压力的一个重要因素是个人的基本性格。也就是说，工作时呈现的压力症状可能源自员工的人格特点。美国著名精神病学家赫姆斯（Holmes）根据对 5000 多人的社会调查，列出了 43 种生活危机事件，并以生活变化单位（LCU）为指标对每一生活危机事件进行评分，编制了社会再适应评定表，如表 3-1 所示。

表 3-1　社会再适应评定表

排序	生活事件	生活转变值
1	配偶去世	100
2	离婚	73
3	分居	65
4	入狱	63
5	亲密的家人去世	63
6	自己受伤或生病	53
7	结婚	50
8	被老板解雇	47
9	婚姻的调和	45
10	退休	45
11	家人健康的转变	44
12	怀孕	40
13	性功能障碍	39
14	新生儿诞生	39
15	工作变动	39
16	经济状况的改变	38
17	好友去世	37
18	从事不同性质的工作	36
19	与配偶吵架的次数改变	35
20	贷款超过 1 万美元	31
21	丧失贷款抵押品的赎取权	30
22	工作职责的转变	29
23	子女离家	29
24	吃官司	29
25	个人杰出的成就	28

续表

排序	生活事件	生活转变值
26	配偶开始或停止工作	26
27	学业的开始或结束	26
28	生活水平的改变	25
29	个人习惯上的修正	24
30	和上司相处不好	23
31	工作时数或工作条件的改变	20
32	搬家	20
33	转校	19
34	娱乐的转变	19
35	教堂活动的改变	19
36	社交活动的改变	18
37	贷款（少于 1 万美元）	17
38	睡眠习惯的改变	16
39	家庭联欢时人数的改变	15
40	饮食习惯的改变	15
41	假期	13
42	圣诞节	12
43	轻微犯法	11

三、压力的个体差异

环境事件是否构成压力、威胁有多大，不同个体存在很大差异。面对压力，有些人萎靡不振，而有些人精神振奋，是什么因素致使人们处理压力的能力有差异呢？研究发现有 5 个因素与此相关：个人认知、工作经验、人际关系、控制点观念和敌意感。

（一）个人认知

个人认知是潜在压力环境与员工反应之间的一个中介变量。人的知觉不同，所体验到的压力也不同。澳大利亚的行为学家曾用下列公式来表示两种效率高低不同的管理人员对待压力的不同态度和造成的不同后果：

高效率管理人员的公式：压力——积极态度——激励

低效率管理人员的公式：压力——消极态度——苦恼

以管理人员为例，把人们对压力的不同态度进行了如下的对比分析。低效率管理人员的态度是：难以经受挫折和困难的考验，采取怨天尤人的态度，不切合实际的自负，对别人的依赖，回避矛盾和问题，畏首畏尾，受传统和习惯的束缚，对未来缺乏信心，对人对事采取求全责备的态度，不能控制自己的情绪而完全受外界的影响等。高效率管理人员的态度是：努力克服困难，并让事情向开朗方向转化，多看别人的优点和长处，并善于激励别人，有很高的期望，不怕冒风险，能独立思考和行事，正视矛盾和问题，毫无怨言地努力工作，勇于创新，有开拓精神，把解决问题和克服困难看做是生活和工作的全部意义，并有很强的自我控制能力等。例如，两个基层管理人员因工作责任的改变而形成了对待压力的不同态度，一个管理人员把给他的新工作责任看做是学习新技术和新本领的好机会，是上级领导对他的信任；而另一个管理人员却把这同样的情况看做是因为上级领导对他原先的工作绩效不满意，是有意把他调离了，是对他的一种惩罚。与此相似，同样的工作环境，有的员工认为它富有挑战性，能够使人的工作效率提高；而有的员工却认为它危险性太大，要求太高。因此，环境、组织、个人因素中潜在压力的产生并不取决于客观条件本身，而取决于员工对这些因素的认知。

（二）工作经验

一个人经历的压力是不同的，所遇到过的紧张源也是不一样的。有实践经验的人就有能力沉着地对付各种威胁。反之，缺乏实践经验的人，遇到威胁就会加倍地紧张；过去的失败也可能增加当前的压力感，成功可以降低人们所体验到的压力程度，所以说，工作经验与工作压力大致成反比关系。原因有两种观点。第一种观点是选择性退缩。压力感较重的人更可能会自动流动。因此，在组织中工作时间长的员工是那些抗压素质较高的人，或对于他们所在组织的压力抵抗能力更强的人。第二种观点是，随着时间的推移，人们最终会产生一种抗压力机制，因为这要花费一定的时间，所以组织中的资深成员适应能力更强，压力感也较轻。

（三）人际关系

其他人在场或者不在场会影响个人在工作中所体验到的压力程度，也影响他们对紧张源所做出反应性的行为。有的人当同事在场时能增加个人信心，使他更有效地处理压力；有的人当同事在场时却感到不舒服，降低了他对付压力的能力。研究表明，人际关系融洽可以减轻由于高度紧张的工作所带来的负面影响的压力，如果员工更多地参与家庭生活、朋友交往以及让区活动，他们的人际关系会更融洽，会获得更多的支持，从而有助于工作压力的相对减轻。

（四）控制点观念

社会学家指出，具有内控观念的人认为，自己可以控制自己的命运；而具有外控观念的人则认为，自己的命运由外部力量主宰。研究证明，持内控与持外控观念的人相比，前者更容易认为，他们的工作压力较轻。当内控者和外控者面对相似的情境时，内控者更倾向于认为自己可以对行为后果产生较大影响，因此他们采取行动以控制事件的发展；外控者则更倾向于消极防守，他们不是采取行动来减轻压力，而是屈服于压力的存在，因此处于紧张气氛中的外控者不仅易于产生无助感，也易于产生压力感。

（五）敌意感

研究发现，具有组织行为学中所说的 A 型人格的人无论是在工作中还是在工作外，都更容易产生压力感。大家普遍认为，A 型人更容易患心脏病。通过考察 A 型人格的各种构成因素，人们发现，只是与 A 型行为相联系的敌意感和愤怒情绪才真正与心脏病有关。如果一个人是工作狂，缺乏耐心，竞争心较强，这并不意味着他必然易患心脏病，或受到其他压力负面因素的影响。相反，那些易怒、对事物持有敌意感、对别人总是持怀疑态度的人，才更容易患心脏病，受到压力负面因素影响的可能性也较大。

四、压力的后果

压力的影响是多方面的，从其产生影响的性质来分，这种影响既可以是正面的，也可以是负面的，取决于个人能否成功应对，如图 3-4 所示。

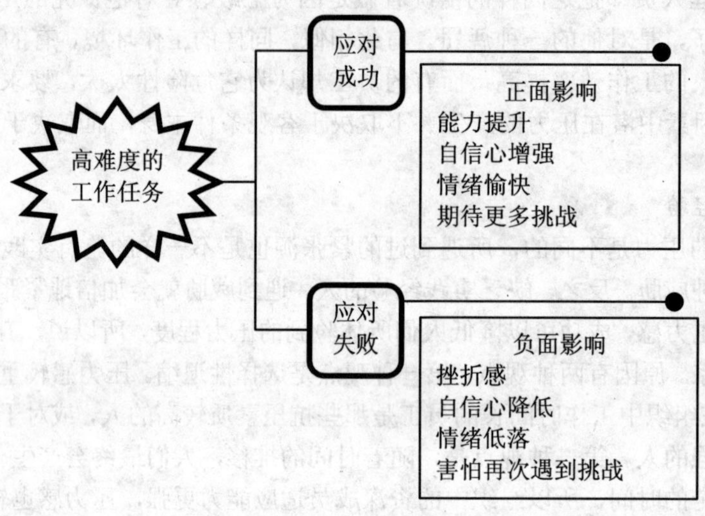

图 3-4 压力影响

从压力产生影响的领域来分，压力对人的积极和消极的作用会在以下几个方面产生影响：

（1）生理方面。

对于压力对人的影响，人们最早关注的是生理症状。压力能使人的新陈代谢出现紊乱，心率、呼吸频率加快、血压升高、头痛。当人们处在适度压力下时，人的生理机能会对压力产生的影响进行自我调整，但人的机体完全不是为经受长时间的高度压力而设计的，因此，如果没有一个发泄口，其结果可能是增大患各种疾病的可能，压力可能会成为各种疾病的诱发原因，可能会使人的身体长期处于亚健康状态。一些研究表明，承受高压力的管理人员患心脏病的可能性是正常人的两倍。

（2）心理方面。

压力对人的心理健康也有很大的影响，最主要的影响是增大了人的焦虑感。长期处于压力下，会使人们产生沮丧消极的情绪、敌视的情绪、悲观的情绪、厌世的态度等。若某人长期处在压力的边缘，他就容易被一些琐碎的小事推入过度反应的陷阱——“公路暴怒现象”就是一个典型的例子。

（3）工作绩效方面。

与工作相关的压力很容易引起与工作有关的不满意感，而且会影响工作绩效。当工作对个体的要求具有多向性且相互冲突时，或者在职者对于工作责任、权限和内容不明确时，压力感和不满意感都会增强。

而工作压力和工作绩效的关系则呈正态分布：当工作压力处于中低水平时，它会激活机体并增加绩效，这时压力对人产生了积极的正面效应；但随着压力的增大，当人对压力的承受达到一个极点时，工作绩效也达到最高点，这时压力对人的正面影响最大；但如果压力再继续增大，超出了人的最大承受能力，就会对人产生负面影响，会导致工作绩效的下降。工作绩效并不是单纯地随着压力的增大而提高，过大的压力会使绩效下降，如图 3-5 所示。

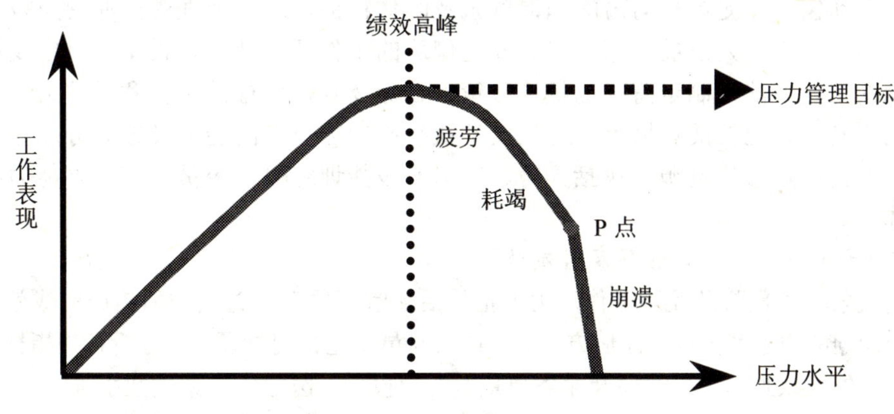

图 3-5　工作表现与压力水平相关图

五、工作压力管理

在我们的日常生活中，压力的存在是不可避免的，不可能也没有必要完全消除压力。实际上有确凿证据表明，在中等压力下员工更能激发能量和热情。大部分人要求的是压力最大不超过这样一个程度，即他们觉得周围的事物有一定的控制能力。

（一）识别和评估压力

正确地处理工作压力首先要能识别工作压力，并指出它对组织和个人工作绩效的影响。一般来说，如果压力太大，行为方式有可能发生下列变化：

（1）工作比通常晚得多、少得多。

（2）增加了拖拉性。

（3）缺勤增加。

（4）很难做出决策。

（5）粗心出错的次数增加。

（6）逃避不可逾越的界限。

（7）遗忘职位要求。

（8）难以与别人相处。

（9）盯在个人的错误和失败上。

组织的管理人员可以通过观察以上这些行为的变化来发现员工承受的压力是否过大。此外，组织的管理人员也可以通过以下方法来发现问题：

（1）分析现有沟通渠道（如评论箱、座谈会等）获得的数据，看看有没有员工反映工作压力问题。

（2）分析工作，列出潜在的压力源，或通过问卷调查收集员工对各压力源的感受及评论。

（3）检查员工的健康状况，以及看看员工有否常因与压力有关的毛病而告假。

（4）检讨机构有否出现前述与工作压力有关的影响。

（二）预防及控制工作压力对员工的负面影响

找出了问题的根源及危害程度，公司应制定及采取措施，消除或降低工作压力对员工的危害。

预防措施包括：促进机构内的和谐气氛及团体精神，适当处理内部冲突及投诉；为员工或鼓励员工制定个人发展计划；提供安全健康的工作环境及工作设备，制定及指导员工采取安全的工作方法，制定清晰的机构政策、目标及合理可行的工作和行政措施；制定消除歧视的守则及合理的奖惩措施，并切实地执行；应因员工的能力及经验分配合适的工作及工作量；提供足够的资源，包括人力、物力及技能训练等，令员工有足够能力应付被指派的工作。

（三）评估工作压力，预防及控制效果

制定及采取了预防及控制工作压力的措施后，管理层应检查及评估措施的成效，以修正压力管理计划的内容及方向。评估方法有；再次向员工进行问卷调查；分析各项指标及统计数字，例如意外及缺勤率、生产率及服务质量、客户投诉、医疗保险索偿数字等。

作为员工，应与公司积极配合，提升自己应付工作压力的能力，具体建议如下：对工作压力作出计划，订立缓急先后，改善时间管理；积极面对问题，跟同事和上司讨论解决问题的方法；常做运动，令体魄强健；均衡及充足的饮食，不饮用对健康有害的饮品，如咖啡、酒精饮品等；充足的睡眠，睡前排除杂念；练习松弛技巧。

复习题

1. 什么是工作设计？它的作用是什么？工作设计有哪些要求？
2. 简述工作设计的3种方法。
3. 简述工作压力模型。
4. 什么是压力源？压力源都有哪些？请举例说明。
5. 引起压力个体差异的因素是什么？
6. 压力会为个人和组织带来哪些后果？

【案例讨论】

百事可乐公司

尽管百事可乐公司一直以发展迅速、竞争力强而自豪，但公司总裁 Andrall E.Pearson 最近仍为公司各级员工之间的勾心斗角而忧虑。调查表明，80%的公司员工曾经因工作不和而烦恼。许多员工抱怨他们没有得到关怀，不知道公司正在发生的事情，也没有人告诉他们工作绩效如何。

在百事可乐公司，工作职责划分不太明晰，这导致内部竞争十分激烈。管理人员常常分配给员工太多的任务并要求按时完成。那些能够圆满完成任务的员工晋升很快，其他人则常常离职。平均来说，每人在一个职位上仅仅工作18个月。除离职率高外，管理层还过分强调短期效果。快速晋升的允诺吸引了不少有抱负的年轻人，但大多数人在百事可乐公司呆不久。大家都说，百事可乐公司有许多职位，但鲜有事业。

Pearson 要求各级主管给予下属更多的绩效反馈，并要求表现出对下属利益与成长的真正关心。公司今后将告知每位员工有关晋升的具体标准与途径，管理人员的晋升与工资也将部分取决于他们指导、培训下属的情况。此外，公司要求各级主管认真评估员工的绩效，及时反馈给员工，并详细解释奖金分配的依据。

思考题

（1）百事可乐公司员工工作压力的来源有哪些？

（2）你认为 Pearson 总裁减轻员工工作压力的措施是否可行？为什么？

第四章　组织文化

组织文化作为组织系统中的“软件”，对组织行为和效率具有重大影响作用。美国兰德公司用 20 年时间对 500 家大公司进行跟踪调查，结果发现百年不衰的世界大公司的共同特点就是企业文化赋予了它们不朽的生命力。这些公司的企业文化的导向通常遵循 3 个原则：第一，人的价值高于物的价值，把人放在第一位，物放在第二位；第二，共同价值高于个体价值——共同协作高于单干的价值，集体高于个人，它体现在团队文化、团队精神中；第三，社会价值高于利润价值，用户价值高于生产价值。

第一节　组织文化的概念和功能

一、组织文化的产生与发展

组织文化，一般又称为企业文化或公司文化，这是因为目前组织文化的研究主要是研究企业组织的文化。它作为一种企业管理理论，形成于 20 世纪 80 年代。

从 20 世纪五六十年代起，日本企业的迅速发展和美国企业经营业绩的相对滞缓，引起美国一些企业管理人士的关注。他们在系统比较日美两国企业管理上的差异和总结日本一些成功企业的经验之后，认识到企业文化在企业发展中的重要作用。他们纷纷发表论著，提出企业文化的概念，论述企业文化的内容和作用，逐渐构建起企业文化的理论体系。20 世纪 80 年代，美国管理界接连出版了 4 本畅销书：《Z 理论——美国企业界怎样迎接日本的挑战》、《日本企业管理艺术》、《企业文化——企业生存的习俗和礼仪》、《寻求优势——美国最成功公司的经验》，被誉为企业文化的“四重奏”。这 4 本著作以其崭新的思想、独到的见解、精辟的论述和丰富的例证，令人信服地提出“企业文化”这一新的理论体系，它们的出版，标志着企业文化理论的诞生。

继企业文化“四重奏”之后，20 世纪 80 年代后期，一些学者陆续发表了一些新的著作，对企业文化进行深入的探讨，其特点：一是解决企业文化的学科归属问题；二是不再热衷于揭示美日企业文化的区别，而以如何选择管理哲学和管理艺术以提高企业管理效率为目标。这使企业文化研究进入了新阶段。

进入 20 世纪 90 年代，随着科学技术特别是信息技术的不断发展，以及全球化经济的日益发展，组织文化理论得到进一步发展。这种发展主要呈现两大特点：

（1）知识型企业文化的发展。

一方面，企业的竞争优势越来越依赖于企业拥有的知识及知识管理；另一方面，企业知识型员工的比例不断增加。知识型员工一般学历较高、个性较强，使用传统的等级制管理方式，容易造成僵化的缺乏生气的企业氛围，因此，需要形成一种与知识型员工特征相一致的企业文化管理方式，即一种新兴的知识型文化。这种文化以鼓励学习、创新、信任和自主为核心。它通过企业员工价值观的培育和员工与企业心理契约的建立来凝聚知识型员工，激发他们的士气和潜能。知识型企业文化建设需要与其适应的组织结构和管理方式。其组织结构一般采用扁平化的灵活性的结构，并根据业务需要，结合采用矩阵制和任务小组等形式，重视团队工作和强化团队建设。在管理方式上重视开放、民主的管理风格，鼓励员工参与管理，分配挑战性的工作或任务，加强企业与员工及员工与员工之间的沟通，重视员工的培训和学习，建立学习型组织。

（2）组织跨文化或多元文化的发展。

在全球化经济发展过程中，一方面，网络组织和虚拟组织等战略性动态联盟日益增多；另一方面，随着在外国直接投资的多回公司（Multinational Corporations，MNCs）包括合资公司和外商独资等公司的不断发展，以及企业之间的兼并日益频繁，企业跨文化或多元文化管理成为企业文化发展的又一重点。

二、组织文化的定义与特征

组织文化是组织成员共同的价值体系，使组织独具特色，与其他组织相区别。罗宾斯认为，组织文化的本质特征包括以下 7 个方面：创新与冒险程度、注意细节程度、结果导向程度、人际导向程度、团队导向程度、进取心、稳定性程度。

通常，企业组织文化指企业在长期的生产经营实践中，所创造和形成的具有本企业特色的包括价值观、历史传统、道德规范、准则、员工文化素质，以及蕴含在企业制度、企业形象、企业产品之中的文化特色，其中价值观是企业文化的核心。

企业组织文化具有以下几个特征：

（1）时代性。企业的运作是在一定的时空条件下进行的，不能不受到当时当地政治、经济、社会环境的影响。企业文化产生在特定时代的大背景下，它必然成为时代精神的反映。当代的企业文化，渗透着现代经营管理的种种意识，如商品经济意识、灵活的经营意识、市场竞争意识、经济效益意识、消费者第一意识、战略管理意识、公共关系意识等。

（2）人文性。人们都希望能与别人亲密、和谐、友善地相处，希望获得自尊、自信和自我发展。企业文化正是紧紧围绕着人们如何共处、如何实现自我的需要而建立的。企业文化是一种群体中调整人际关系和人本身的人伦文化，因而具有人文性。

（3）多样性。人类创造的文化是极为丰富多样的，而不是单一的和刻板的，这就决定了企业文化的多样性和独特性。正如自然界里找不到两片完全相同的树叶一样，没有两个企业的文化是完全相同的。

（4）可塑性。一种企业文化一旦形成，就具有相对稳定性。但是，文化又不是不可改变的，因为要依靠当时人们的能动创造。后者与前者相比较，在企业文化实践中显得更为重要。因为任何优秀的企业文化都是由人塑造而成的，而且，当一个企业的文化出现危机时，人们还可以加以改造、重塑。

（5）系统性。企业文化是一个系统，是由企业内互相联系、互相依赖、互相作用的物化层、制度层和精神层 3 个不同层次、不同部分结合而成的有机整体。系统理论的基本特征在企业文化中可以得到反映。

（6）整体性。企业文化的建设着眼于社会这个整体，社会效益原则从根本上制约着企业文化；企业文化的各个构成要素以一定的结构形式排列，它们各有其相对的独立性，同时又以一个严密有序的结合体出现。

三、组织文化的类型

不同的组织有不同的组织文化。组织文化从不同的角度划分又有不同的类型。

从文化风格角度，将组织文化分为以下 4 种类型：

（1）硬汉、胆识型文化。这是充斥着个人主义的企业或是部门中的典型文化。他们经常冒高度风险，并对他们的行动是正确或是错误能迅速获得反馈。能拼搏、不屈不挠、能忍受全胜或是输光的风险的人，往往能成为这种文化中的成功者，所以也往往见于年轻人。硬汉文化能使公司在高风险、快回报的环境中干出需要干的事情。但往往由于过于侧重短期目标，在长期持久方面没有什么价值观。而短期中的失败也容易造成很高的人员流动率，这使得在硬汉文化氛围中建立起强烈凝聚的文化相当困难。

（2）努力工作、尽情玩乐型文化。在这种文化中，娱乐和行动就是准则，员工们不用担多少风险，而反馈都很迅速；为了成功，这种文化鼓励员工维持高水平而相对低风险的工作。这种文化的基本价值观集中于顾客及其需要，以“发现一种需要并满足它”为基础。那些友好、善于应酬、易于亲近的人往往会成为这种文化中的成功者。这种文化也存在短期眼光的缺陷，有着以数量取代质量的危险。几乎所有公司的销售部门都体现了这种文化的特质。

（3）孤注一掷型文化。这种文化往往会下大笔的赌注，而员工们要过很长的一段时间才能知道决策足否得到了回报。也就是说，是一种高风险、反馈缓慢的文化。与硬汉型相反，孤注一掷型不把事业目标放在现在的工作上，而是往往用整个公司的前途去冒险，这使得作出重要决策的重要性处于最高的顶层。所以这种文化会在公司内培养一种深思熟虑的意识。不成熟的人在这种文化中往往难以找到合适的位置。由于其着眼于未来以及对未来投资的重要性，这种文化往往导致高质量的发明和重大突破，但对经济形势出现的短期波动以及等待投资回收过程中的现金流量问题，则表现为反应缓慢。

（4）按部就班型文化。这是一种低风险、反馈缓慢的文化，遍布于银行、政府部门、公共事业及有严格规定的工业如制药公司等。缺乏反馈的特点迫使员工们集中于注意如何干事而非干什么事情。这种文化的价值观集中于追求完备的技术，估算出风险和按科学规律解决问题，也就是使过程和细节更合理、正确。有条有理、恪守信用、认真细致而能坚守岗位的人往往能在这种文化中获得成功。这种文化对那种迅速而有时缺乏深思熟虑的硬汉文化形成一种互补和对照。但这种文化在现实世界中，往往难以被很好地控制、利用，容易变成官僚主义，并成为种种弊病的替罪羊。

从企业文化与企业长期经营业绩的关系角度，美国学者科特和赫斯克特（J.Hesket）在其《企业文化与经营业绩》一书中概括出 3 种企业文化，它们是：

（1）强力型企业文化。这种文化在企业中的力量十分雄厚，公司所倡导的价值观念和提倡的行为规范为管理层和全体员工普遍认同，并能形成高度一致。“企业文化的旗手”既可能把企业领向巨大的成功，也可能将企业引入歧途，或者出于没有合适的接班人而使文化逐渐淹灭。

（2）战略整合型企业文化。在企业内不存在放之四海而皆准的真理，与企业经营业绩相关联的企业文化必须与企业环境、企业经营战略相适应。这种文化的弱点在于，当公司所处行业环境发生急剧变化时，文化变化的迟缓必然导致企业经营业绩大幅下滑，从而影响企业的经营业绩。

（3）灵活适应型企业文化。指能够使企业适应市场经营环境变化并在此适应过程中领先于其他企业的企业文化。这种文化能在较长时期内与企业经营业绩产生互动关系。

在现实中，一个企业的组织文化通常不可能只属于一种类型，而是兼具几种文化的特质，是几种文化的混合体。不论是何种类型的企业文化，都有其优势与不足。成功的企业文化建设是在一定的条件和环境中发挥其企业文化的优势，而避免其不足。一个企业拥有合适有效的企业文化，则能在竞争中更具优势。

四、组织文化的功能

组织文化一旦形成，对组织的巨大影响表现为正、负两个方面，即积极功能和消极功能。组织文化的积极功能主要表现在以下几方面：

（1）组织文化起着分界线的作用。它能使不同的企业、部门相互区别开来，给人以明确的参考和辨识。

（2）组织文化能表达员工对企业或是部门、团体的一种认同感，而这种认同感的不同程度，取决于文化的强烈程度。

（3）组织文化使员工不仅仅注重自我利益，更能考虑到企业、部门等整个组织的利益。

（4）组织文化有助于企业增强组织系统的稳定性。它是一种社会粘合剂。通过为员工提供言行举止的标准，把整个企业组织聚合起来。

（5）组织文化作为一种意义形成和控制机制，能够引导和塑造员工的行为。

特别需要指出的是最后一种功能，自 20 世纪 90 年代以来，管理和控制幅度逐渐拓宽、组织结构趋于扁平化，文化对于员工行为的影响作用越来越重要。

另一方面，组织文化在一定条件下存在消极功能，这主要表现为以下几方面：

（1）变革的障碍。如果企业的某些共同价值观与进一步提高企业效率的要求不相符合时，文化就成了一种束缚。在企业处于迅速的动态变化环境下时，这种情况最可能出现。对于许多强势文化的企业，其文化促成了今天的成功，但当环境发生变化、组织需要变革时，既有的组织文化就可能产生观念的惰性，阻碍变革的实施。

（2）多样化的障碍。在一个存在多元文化背景的企业中，由于员工具有不同的种族、性别、价值观，不同的员工群会产生不同的文化。然而，组织文化通常代表企业中的强势文化，强调观念、行为规范等的一致性，这在一定程度上束缚文化的多样化。

（3）兼并和收购的障碍。以前，企业在进行兼并或收购决策时，融资优势或产品协同性是考虑的关键因素。而现在，诸多这种策略下的并购活动的失败迫使人们更注重于文化的相容性。这些失败的最重要原因往往在于企业之间巨大的文化差异和抵触。

加强组织文化建设和文化管理是为了充分发挥企业文化的积极功能，避免其负面影响，从而促进经营业绩增长的功能。优秀的企业文化具有积极的巨大推动力，这是因为它是以企业价值观为核心，并统摄企业一切活动的企业意识形态。优秀的企业文化的作用具体表现在以下几个方面：

（1）优秀的企业文化强调共同价值观是企业发展的指针。

企业的共同价值观是企业的信念和行为准则，是企业进行价值评价、选择和决定价值取向的内在依据，也是企业生存发展最本质的内在动力源泉。企业共同价值观，引导企业朝着既定的目标和方向发展，这种强大的功能主要表现在：

1）导向功能：决定企业整体和企业每个成员的价值取向和行为取向，决定企业经营方向和经营个性。积极向上的价值观，保证企业的经营决策既符合本企业的利益要求，又符合社会整体利益的需求；保证企业遵纪守法，恪守职业道德和社会公德，杜绝欺诈行为和各种形式的伪劣假冒。

2）凝聚功能：形成价值共识。企业中的每一个群体和每一个员工都有自己的价值评判标准和行为准则，如何把这些具有个性特征的员工凝聚为一个整体，只有靠企业的共同价值观。当个人价值观与企业价值观融为一体时，企业成员就会感到自己不仅是在为企业工作，也是在为自己工作。这种员工与企业的和谐一致，能够激发员工强烈的归属感和自豪感，使员工的士气保持长盛不衰。

3）激励功能：使员工了解工作的意义。企业的共同价值观使员工了解工作的目的不仅仅是为了赚钱，个人的需求也不仅仅是物质上的需求，还有更重要的，那就是为满足社会需要服务和实现自我人生价值。企业共同价值观所确定的目标和信仰能够激发企业员工的工作热情，促使员工追求超越的目标，把工作干得更好。

4）规范功能：使企业及其员工的行为协调一致。企业的共同价值观是企业制定各种行为规范和职业道德规范的依据，引导和约束员工的行为符合企业整体价值评判标准，使员工能自觉认识到什么事应该做，什么事不应该做；什么是应该提倡的，什么是应该反对的，这种在企业共同价值观基础上形成的“软性”约束机制对企业及其员工的约束是最有效的。

5）辐射功能：优良的企业文化是一团很好的酵母，一种热力强大的辐射源。当大型企业的文化发展到一定程度，形成较为完整的模式时，则不可避免地对社会产生积极影响。

（2）优秀的企业文化强调员工的创造性是企业发展的关键。

优秀的企业文化是真正以人为中心的文化，它强调富有创造性的人是企业发展的关键。

1）尊重人。人们都希望能与别人亲密、和谐、友善相处，希望周围充满信任、友爱和互助，希望获得自尊、自信和自我发展。优秀的企业文化具有尊重人的特点，强调人的社会性，体现着一种互相尊重、互相认同的情感，提倡上下平等、集体主义，并把这些观念融入到员工的思想深处，这是企业文化的人文性。企业文化的人文性使企业文化起到协调上下级、同事之间人际关系的作用，使全体员工互相尊重、精诚团结，积极参与企业管理，齐心协力，保持着一种团结奋进的和谐气氛。

2）成就人。人们如果能在工作中充分表现出自己的才能，就会感到巨大的成就感。因此，优秀的企业文化较多地考虑如何使工作本身具有内在意义和更高的挑战，给员工一种自我实现感，并使员工了解企业目标，了解自己在目标实现过程中的作用，同时把企业目标和个人目标结合起来，使其对组织产生强烈的感情和责任心。现代企业的员工都有参与管理的要求和愿望，创造和提供一切机会让员工参与管理是调动他们积极性和创造性的有效方法，通过参与，形成员工对组织的归属感和认同感。

3）发展人。员工的发展与企业有着密不可分的关系，甚至决定企业的未来。随着知识经济的到来，知识更新的需求比任何时候都强烈。企业日益重视员工的培训，不断增加企业员工的知识面，扩大其掌握的知识量，提高技术才能，突出知识化的“智力资本管理”，追求知识资本为本企业带来的巨大收益。

（3）优秀的企业文化强调团队合作是企业发展的动力。

团队是由一群有共同目标的人形成的互补群体，它要求参与人员有良好的协作精神和沟通能力，这样才有助于低成本、高质量、快速达到目标，信息时代要在竞争中取得成功必须依靠团队。

成功的企业会根据市场的变化、公司的战略目标，以及资源配置来架构其业务团队及团队之间的协作关系，使得人力流、物流、资金流和信息流能够有效地运营，从而大大提高自身的竞争优势。架构一个团队，并不是简单地把优秀的人集中在一起，而是更像一盘棋，需要通过共同的目标和价值观将团队成员凝聚在一起。

在团队运作中，团队成员各尽其职，各尽所能，同时又保持与业务网络中其他团队和个人的合作关系。通过有效的激励机制，将个人、团队和企业的利益相统一。建设团队，提高团队竞争优势的另一方向是建设学习型的团队。学习型的团队更具生命力。优秀的企业文化提倡企业花费足够的时间和金钱在团队的培训和发展上，保持团队的高效率和高竞争力。

第二节　组织文化的结构与影响要素

一、组织文化的结构

如前所述，组织文化的核心是价值观，是一种无形的和难以捉摸的东西。但组织文化作为组织中的一个子系统，却是由无形的和有形的东西共同构成。换言之，组织文化的无形部分通过有形的部分体现和强化，同时又是对其有形部分的提炼与升华。作为组织的企业文化的构造通常分为 3 个层面，即精神层（深层）、制度层（中层）和物化层（表层），如图 4-1 所示。

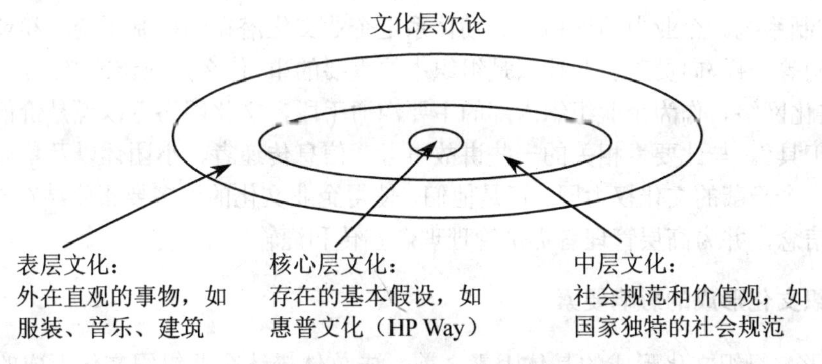

图 4-1　文化层次图

精神层是企业在经营过程中受社会文化背景、意识形态和社会制度影响，经历长期实践形成的一种精神成果和文化理念，包括企业的经营哲学、企业目标、理想信念、道德规范、价值取向、行为准则等。制度层是为实现企业目标而给企业员工的行为规定一定的方向和方式，包括工作制度、责任制度以及特殊制度。物化层则是企业表层行为结果的直观表现，如厂容厂貌、产品外观和包装、技术工艺和设备特性及礼仪礼品和员工风貌等，它位于企业文化的外层。其中精神层是企业文化的核心要素，它是对企业文化系统的整体结构与行为进行控制与调整的“首脑”，代表企业的基本价值观念。即使企业中成员不断更新，这些价值观也会得到延续和保持，而在不同企业中，这些价值观念差异很大。自然，表层文化和中层文化的状况也会反作用于企业的深层文化，影响企业的凝聚力。当前广告界流行的企业形象设计也称 CI 理念直接源于企业文化的理论。

对企业文化的3个不同层面作进一步的分析和归纳，可得到企业文化的构成要素如下：

（1）价值观。这是一个组织的基本思想和信念，是公司文化的核心。通常，它为员工设定了在企业中获得成功的信念——"如果你这么做，你也会成功"，并在企业组织内部建立起成就的标准。在一些具有企业文化强影响力的公司中，都有为员工共享的价值系统，经理们会公开而自在地谈论这些信念，并且不容许偏离公司的标准。比如在IBM，谁都知道"技术领先、顾客满意、尊重员工"，并以此作为行为的准则。

（2）英雄人物。英雄人物将公司的价值观人格化并且为员工提供效仿的有血有肉的角色样板。英雄人物有的是天生的，但更多的是在企业的日常工作中出现的难忘的事件所"造就"的。有强烈组织文化的企业往往有许多英雄人物。在相当长的一段时期内这些"成功者"几乎是人尽皆知的。企业通过他们向每个员工表明"这就是你在这儿要获得成功所要做的"。

（3）标识。一般指商标、办公室、工作服装、公司员工娱乐场所的称呼以及企业通用的语言和术语等，它们往往是企业核心价值观的外在的物化表现。

（4）礼节和仪式。这是公司在日常工作中的一些必需惯例和常规。公司往往通过这些平凡琐细的仪式向员工表明对他们所期望的行为模式。而在较为隆重的场合，则提供体现公司主张和目标的生动有力的榜样。重视企业文化的公司一般非常强调制定和完善员工需要遵循的礼节和仪式。

（5）组织和权力机构。企业中处于组织结构重要位置的人或是权力最大的团体，往往是与"什么是最重要的"假设和信仰最密切相关的。与其他要素相比，它更能促使员工认识和确定做其重要的事。

（6）控制系统。企业中的评估和奖励体系是企业文化潜在的控制系统。和英雄人物、组织和权力机构等一样，向员工表明什么是组织中的重要的事，什么是应该或必须注意和遵循的。

（7）文化网络。作为企业组织内部的主要沟通手段，文化网络可以说是价值观和英雄人物的"运载工具"。与此要素相关的一些讲故事者、信息传递者、小团体以及幕后提词者在企业内部形成一个隐蔽的文化权力网。正是他们，使得企业文化的许多要素联结在一起，强化了企业的基本信念，并为高层管理者提供管理理念宣传和灌输的工具。

二、组织文化形成的影响要素

在讨论影响组织文化形成的具体因素之前，先总体描述企业组织文化形成的一般模式。通常，企业组织文化的形成一般经历企业高级管理人员的创意和信念、企业经营行为、企业经营成果到最后企业文化的产生4个阶段，如图4-2所示。

在此过程中，影响企业文化形成的因素主要有以下几个：

（1）企业外部环境。每个企业所处的外部环境，包括市场、技术、经济、政治和法律等是不同的，且处于不断变化之中。随着全球化经济和信息技术的发展，企业面临的市场竞争则更加激烈。企业外部环境及其变化对企业文化的形成和发展产生重要影响。

（2）公司创立者和高层领导的信念和特质。公司在创立之初，创立者总有一种坚定的信念、愿意为之奋斗的目标，支持他们坚持不懈地开创事业。在事业开创过程中，创立者的思想和信念乃至个性逐渐沉淀，成为企业的一种文化财富，并在企业的发展过程中，由创立者和高层管理者不断丰富和发展。

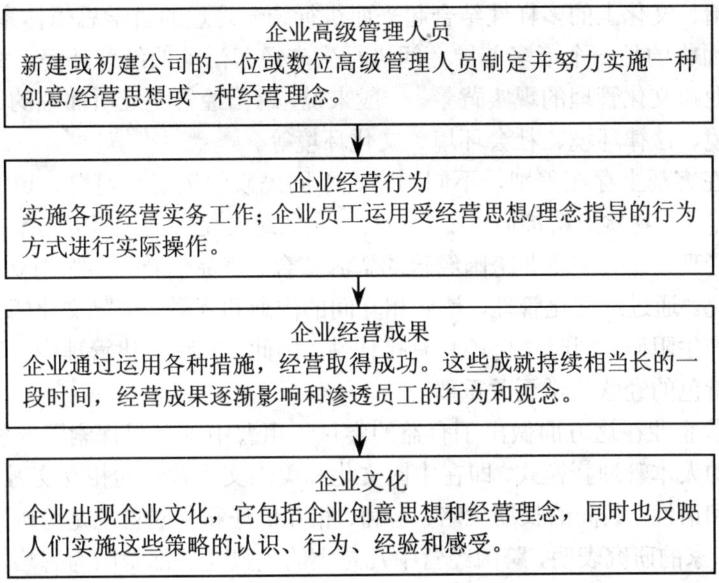

企业高级管理人员
新建或初建公司的一位或数位高级管理人员制定并努力实施一种创意/经营思想或一种经营理念。

↓

企业经营行为
实施各项经营实务工作；企业员工运用受经营思想/理念指导的行为方式进行实际操作。

↓

企业经营成果
企业通过运用各种措施，经营取得成功。这些成就持续相当长的一段时间，经营成果逐渐影响和渗透员工的行为和观念。

↓

企业文化
企业出现企业文化，它包括企业创意思想和经营理念，同时也反映人们实施这些策略的认识、行为、经验和感受。

图 4-2　企业组织文化形成的一般模式

（3）行业和经营业务特征对企业文化的影响。不同行业中的企业，经营不同的业务，对企业文化有着不同的要求。如果企业文化能适应行业和经营业务的特征，则能促进企业的发展。如在咨询行业中的公司如果以按部就班型文化为主流，很可能对企业经营起阻碍作用。

（4）企业发展阶段和规模。企业文化应该与企业所处的发展阶段和规模相适应。不同的发展阶段和规模，其经营战略则不同。很明显，一种保守的文化氛围对需要快速发展的企业初创期来说，总是会阻碍企业发展的进程；而一种鼓励激进的文化则可能会对稳步发展阶段的企业产生负面影响。

（5）企业的发展历史和所有制性质。企业的发展历史越长久，企业的观念沉淀得越多，企业文化的内涵就越丰富多彩。此外，企业的所有制不同，如民营所有制、外商独资所有制和国有独资所有制，对企业文化的影响也不同。

（6）民族文化。民族文化对一个企业文化的形成影响深远，可谓根深蒂固。因此，如果能将民族文化与企业文化的建设相结合，则大大增加员工对企业的适应性，从而增加其对员工的影响力。我国的传统文化是以儒学为主体，释、道两教相辅，并且三教互相影响、渗透。在这种文化体系之中，体现出明显的 3 个特征：一是世俗性强，宗教性弱；二是兼容性强，排他性弱；三是保守性强，进取性弱。这种文化体系的影响力对海外处于市场经济下的华人企业，表现得非常突出。海外的华人企业家在这种传统思想的影响下，形成了一些相同的基本概念：家长制、人情至上和防御。

第三节　跨文化管理

一、跨文化管理的定义

彼特·德鲁克（P.Druker）说过，跨国经营的企业是一种多文化的机构，其经营管理思想基本上是一个把政治、文化上的多样性结合起来而进行统一管理的哲学思想体系和办法。

跨国经营企业面临的是一个诸多差异之间进行生产经营活动的经营环境，企业经营环境的跨文化差异是企业跨文化管理的现实背景。一般来说，跨国经营企业所面临的经营环境包括经济环境、政治环境、法律环境、社会环境、文化环境等。

各民族的文化在客观上存在差别，不同国家、不同民族的风俗与习惯、道德与传统、生活与环境、风格与需求、物质与精神追求都不一样。企业跨文化管理，即把当地或称为本土文化理念融会于经营管理之中，在企业跨国经营的资源整合、产品创新、品牌创立、市场营销诸方面更加符合本土化。通过跨文化管理，达到相互间的沟通和互融，消除文化障碍。异地文化不仅会对跨国经营产生阻碍，同时文化还具有排他性。因此，在跨文化管理中，形成跨文化沟通和谐的具有本土特色的经营哲学至关重要。

成功的跨国经营企业在这方面做出了有益的尝试。惠普中国公司探索了一种建立在东西方文化结合基础上的人本管理新模式，即在中国文化和美国文化背景的相互交融中，不断提高外部适应性和内部和谐性。共同的长期战略、互利、相互信任和共同管理是跨国经营哲学的基础。国外许多管理学家的研究表明，跨国经营中凡是大的失败几乎都是因为忽略了跨文化管理而导致的。

二、跨文化差异

下面讲述跨文化差异的两大理论。

（一）吉尔特·霍夫斯塔德（G·Hofstede）构架的民族文化的4个维度

荷兰文化协作研究所的所长霍夫斯塔德从管理心理学角度对文化所下的定义是被管理学界广为接受的一种。他认为文化是一组织成员或者一种民族下的人群在精神气质方面的集体性特征，这种特征使之与其他组织或人群区别开来。这一群体存在一些共同的行为习惯、思考方式和看事物的角度，人们往往在有意或无意中坚持自己所在共同体的价值与信念，但又往往意识不到自己所在共同体的价值与信念对自己的深刻影响，通常在与来自其他文化的人们打交道时才真正感知自己所在的文化。

基于上述定义，霍夫斯塔德针对跨国公司的雇员，进行了遍及40个国家、长达7年、资料总数包括11.6万张问卷的大规模调查，写了《文化的结局》一书，提出了描述文化差异的四维度理论，即权力距离（Power Distance）、不确定性规避（Uncertainty Avoidance）、个人主义－集体主义（Individualism-Collectivism）、男性化－女性化（Masculinity-Femininity）。

（1）权力距离：即在一个组织中，权力的集中程度和领导的独裁程度，以及一个社会在多大的程度上可以接受组织中这种权力分配的不平等，在企业中可以理解为员工和管理者之间的社会距离。一种文化究竟是大的权力距离还是小的权力距离，必然会从该社会内权力大小不等的成员的价值观中反映出来，如果领导上的集权和专断深植在员工的头脑中，成为一种理所当然的现象，那么权力分配的不公平是不会影响到组织的稳定的。

（2）不确定性规避：指在任何一个社会中，人们对于不确定的、含糊的、前途未卜的情境，都会感到是一种威胁，从而总是试图加以防范。防范的方法很多，例如提供更大的职业稳定性、制定更多的正规条令、不允许出现越轨的思想和行为等。不同文化，防范不确定性的迫切程度不一样。相对而言，在不确定性规避程度低的社会中，人们普遍有一种安全感，倾向于放松的生活态度和鼓励冒险的倾向。而在不确定性规避程度高的社会中，人们则普遍有一种高度的紧迫感和不安全感，因而易形成一种努力工作的内心冲动。

（3）个人主义－集体主义：此维度中的“个人主义”指一种结合松散的社会组织结构，其中每个人重视自身的价值与需要，依靠个人的努力来为自己谋取利益；“集体主义”则指一种结合紧密的社会组织，其中所有的人往往以“在群体之内”和“在群体之外”来区分，他们期望得到“群体之内”的人员的照顾，但同时也以对该群体保持绝对的忠诚作为回报。

（4）男性化－女性化：指在社会上居于统治地位的价值标准。男人表现为自信、坚强，注重物质成就；女性表现为谦逊、温柔，关注生活质量。对于男性社会而言，居于统治地位的是男性气概，如自信武断、进取好胜，对于金钱的索取，执着而坦然；而女性社会则完全与之相反，强调平等、团结，注重生活质量。

霍夫斯塔德通过对上述文化四维度调查数据的分析，证实了不同民族的文化之间确实存在很大差异性，而且这种差异性是根植于人们头脑中的，很难轻易地被改变。应当指出，任何一个国家不具有比其他国家“更为优良”的文化，它们仅仅是不同而已。例如日本与美国两国的主要文化差异如表 4-1 所示。

表 4-1　日美两国的文化差异比较

日本	美国
权力距离高	权力距离低
不确定性规避强	不确定性规避弱
集体主义	个人主义
高度男性化	一般男性化
长期时间取向	短期时间取向

（二）克拉克洪－斯托特柏克（Kluckhohn-Strodtbeck）构架的价值维度

在分析文化差异时引用最多的方法之一就是克拉克洪－斯托特柏克的构架。这一构架确定了 6 项基本的文化维度：与环境的关系、时间取向、人的本质、活动取向、责任中心和空间概念。下面我们分别对每一项维度进行考察。

（1）与环境的关系。

人们是屈从于环境，还是与环境保持和谐关系，抑或能够控制环境？在很多中东国家中，人们把生活视为命中注定的事情。当什么事情发生了，他们倾向于认为是“主的旨意”。相反，美国人和加拿大人则相信他们能够控制自然。比如，他们愿意每年花费上亿元经费从事癌症研究，因为他们相信可以找到癌症的病因，发现癌症的治疗办法，最终消除这种疾病。介于两个极端之间的是一种更为中立的看法，即希望寻求与自然的和谐关系。比如，很多远东国家的人们，对待环境的做法就是以它为中心活动。可以预期这些对待环境的不同看法会影响到组织的实践活动。我们以目标设置为例说明。在屈从环境的社会中，目标的设置并不普遍。如果你相信人们实现目标的过程中不可能做很多事，那有什么必要设定它呢？在一个与环境保持和谐的社会中，可能会使用目标，但人们预期到它会发生偏差，并且对未能达到目标的惩罚也是极轻的；而在一个控制环境的社会中，广泛地应用着目标，人们希望实现这些目标，并对未能达到目标的惩罚也是很严重的。

（2）时间取向。

文化注重的是过去、现在还是将来？不同的社会对时间的价值观也不一样。比如，西方文化把时间看做一种紧缺的资源。“时间就是金钱”，而且必须高效利用。美国人关注的是现在和近期未来。你可以在绩效评估的短期取向中看到这一点，典型的北美组织每 6 个月或一年对员工进行一次评估。相反，日本人则以一种更长远的观点看待时间，并且也在他们的绩效评估方法中得到反映。日本的工人常常用 10 年以上的时间来证明他们的价值。还有一些文化对时间持另一种观点：他们关注的是过去。比如，意大利人就追随着他们的传统，并寻求保护他们历史的实践活动。

对不同文化的时间取向的了解能够帮助你对下面这些问题有所认识：最后期限的重要程度、是否普遍采用长期计划、工作任务安排的时间范围，以及构成迟到的原因。比如，它可以解释为什么美国人热衷于安排和维持约会，还可以解释为什么并不是每个社会都像北美人那样迷恋节省时间的设备，如记事本、昼夜邮寄服务、汽车电话、电子邮件和传真机等。

（3）人的本质。

文化把人视为善的、恶的，还是两者的混合物？在很多发展中国家，人们认为自己本质上是诚实和可信的；然而朝鲜则认为人的本质是非常邪恶的；北美人的看法倾向于二者之间，他们认为人本质上是好的，但必须谨慎小心才能不被利用。

你可以看到文化中对人本质的看法如何影响到管理者主要的领导风格。如果国家关注的是人的邪恶一面，则采用更为专制的风格来规范人的行为；而在强调信任价值观的文化中，参与甚至自由放任的领导风格占主流；在混合型文化中，领导风格可能会重视参与，但同时拥有严格的控制手段以迅速识别违规行为。

（4）活动取向。

一些文化重视做事或活动，他们强调成就；另一些文化重视存在或即时享乐，他们强调体验生活并寻求对欲望的满足；还有一些文化重视控制，他们强调使自己远离物质而约束欲望。

北美人生活在做事取向的社会中。他们工作勤奋，并希望因为自己的成就而获得晋升、加薪以及其他方式的认可。相反，墨西哥人则是存在取向。在这种文化中，下午的午睡时间总是步履缓慢，他们还强调即时享乐。法国则是控制取向，并且强调理性和逻辑。

对文化中活动取向的理解能使你认识到这样一些问题：人们是怎样对待工作和娱乐的；人们是如何作出决策的；人们在奖励分配上使用的是什么标准。

比如，在存在取向占主导地位的文化中，决策很可能是情绪型的；相反，在做事取向和控制取向的文化中，决策很可能分别强调实证和理性。

（5）责任中心。

文化还可以按照对他人幸福的责任而分类。比如，美国人是高度个人主义的，他们使用个人特点和个人成就来定义自己，他们相信一个人的责任是照顾好自己。而马来西亚人和以色列人更注重于群体。比如，在以色列集体农场中，人们共同工作，共享奖励。他们看重的是群体的和谐、统一和忠诚。英国人和法国人则遵循另一个取向，他们依赖于等级关系，这些国家中的群体分成不同的层次等级，每个群体的地位保持稳定，不随时间的改变而改变。等级社会倾向于实行贵族统治。

文化的这一维度对于组织中的工作设计、决策方法、沟通类型、奖励系统和选拔活动有着重要影响。比如，在个人主义社会中的选拔重视的是个人成就；而在群体社会中，能与他人很好地合作则可能最为重要；在等级社会中，选拔决策以候选人的社会等级为基础。这一维度有助于解释为什么在美国个人简历（在此列出了个人成就）十分流行，而对裙带关系（聘用自己的亲戚）持消极意见。

（6）空间概念。

克拉克洪－斯托特柏克构架的最后一个维度与空间的拥有有关。一些文化非常开放，并公开从事商业活动。另一些极端的文化则极为重视让事情在私下进行。大多数社会是两个极端的混合物，并落在某一处中间位置上。

日本的组织表现出他们社会的公开特性。那里几乎没有私人办公室。经理和操作工人在同一间屋子里、在中间不分隔的桌子上办公。北美人的公司也反应出他们文化的价值观。他们通过一个人使用的办公室和拥有的秘密来反映这个人的地位，重要会议都要在关着门的房间里进行，空间常常是除本人之外其他人无权使用的。在具有混合取向的社会中，隐私和公开也是交融在一起的。比如，这里可能拥有很大的办公室，但墙却仅 1.5～1.8 米高，因而创设了“有限的隐私”。在空间概念方面的这些差异中，对于组织管理，如工作设计与沟通，都有着显著的影响。

三、企业跨文化冲突与管理

如前所述，不同国家和民族的文化差异对跨国经营管理有巨大影响。从跨国经营角度看，文化冲突是国际企业经理人员在不同文化背景下经营管理所必须避免和解决的问题，否则必然发生文化冲突。文化冲突会导致文化困惑，文化困惑又加剧文化冲突。这二者的交互影响，则会出现以下消极结果：

（1）极度保守。文化冲突将影响跨国经理与当地员工的和谐关系，经理们也许只能按照呆板的规章制度控制企业的运行，对员工更加疏远；与此同时，员工则对工作变得不思进取，经理的行动计划实施起来也十分艰难，结果双方都不会有所作为。

（2）沟通中断。当经理与职工的距离大到一定程度，自下而上的沟通便自然中断，结果经理人员无法了解真情，双方在不同的方向上越走越远。

（3）非理性反应。经理人员如不能正确对待文化冲突，就会凭感情用事。这种非理性的态度很容易引起员工非理性的报复，结果误会越多，矛盾越深，对立与冲突更趋剧烈。

（4）怀恨心理。对于发生的冲突结果，冲突双方如不耐心从彼此的文化背景中寻求文化“共相”，而抱怨对方的鲁莽或保守，结果只会造成普遍的怀恨心理。

企业跨国经营由于处在不同“文化边际区域”所产生的文化冲突，对一个渴望实现成功经营的企业来说，无疑是巨大的挑战，如不有效管理，还会造成国际企业市场机会的损失和组织结构的低效率。在内部管理上，出于人们之间不同的价值观、不同的生活目的和行为规范必将导致管理费用的增大，增大企业目标整合与实施的难度，提高企业的经营管理成本。

一般而言，企业跨文化冲突管理的方法主要有以下几种：

（1）在企业内部建立起跨文化的共同价值观。

这是一种比较持久的信念，它可以确定人的行为模式、交往准则，以及如何判别是非、好坏、爱憎等。不同的文化具有不同的价值观，人们总是对自己国家或民族的文化充满自豪，大多数人总是有意无意地把自己的文化视为正统，而认为外国人的言行举止总是稀奇古怪的。因此，我们要尽可能地消除种族优越感，尊重和理解对方的文化，以平等的态度进行交流。在此基础上，找到两种文化的结合点，发挥两种文化的优势，在企业内部逐步建立起统一的价值观。

（2）进行跨文化培训，这是防止和解决文化冲突的有效途径。

作为跨国经营企业，要解决好文化差异问题，搞好跨文化管理，有赖于一批高素质的跨文化管理人员。因此，双方选派的管理人员尤其是高层管理人员，除了要具有良好的敬业精神、技术知识和管理能力外，还必须思想灵活、不守成规，有较强的移情能力和应变能力，尊重、平等意识强，能够容忍不同意见，善于同各种不同文化背景的人友好合作。在可能的情况下，尽量选择那些在多文化环境中经受过锻炼的人及懂得对方语言的人。

一般而言，跨文化培训的主要内容应包括：

- 对对方民族文化及原公司文化的认识和了解。
- 对文化的敏感性、适应性的培训。
- 语言培训。
- 跨文化沟通及冲突处理能力的培训。
- 对于本国人员来讲，还需要接受对方先进的管理方法及经营理念的培训。

（3）管理本土化。

越来越多的跨国公司已意识到本地化对于在异国投资取得成功的重要性。1992 年，IBM 中国公司成立时不到 200 人，现在已增加到 1500 人，发展速度相当快。本土化战略除了包括尽可能雇用本地员工，培养他们对公司的忠诚之外，最重要的是聘用能够胜任的本地经理，这样可以很好地避免文化冲突，顺利开展业务。1996 年 IBM 中国公司在本地一线经理人员不到 40 个，一年以后已达到 80 个。三洋中国有限公司本地员工约 4500 人，其中，高中层经营管理干部 104 人，基层督导 301 人，为了加快高级人才本地化进程，公司每年都要选派厂长级、主任级干部去日本三洋研修中心接受培训。ABB 公司也是实施本土化战略的典范，尽管它在世界各地拥有 1300 家子公司，但它却自称是一家“多国籍”的公司，它鼓励其子公司淡化母公司的民族背景，完全按东道国本地公司的方式运作。只有根据东道国的国情，依靠东道国员工实行本地化管理，让本地的优秀人才参与各种管理活动，并不断地提供机会提高这些人才的管理能力，公司才能充满生机与活力。

（4）立足长期，实行双惠。

跨国经营中合作双方应该为了共同的利益，精诚合作，从整体利益出发兼顾双方的需求，要有长期办好企业的共同目标，不能“捞一把就走”或“打一枪换一个地方”，这样才能实现“双赢”目标。

四、企业兼并中的文化整合

随着市场竞争的不断加剧，企业间的兼并也日益增多。目前企业兼并呈现范围广、数量大、巨额化、跨国化等一系列全新的特点，我国企业也拉开了资产重组的大幕。企业兼并是将两个不尽相同或完全不同的企业组织合二为一。因此，必将关系到两个企业组织不同文化的整合。而兼并的成功与否和企业文化的成功整合极为相关。

（一）企业兼并中文化整合的意义

2001 年 3 月 19 日，美国惠普公司对外宣布，根据股东投票初步预测显示，公司股东已通过惠普与康柏电脑公司合并一案。此次合并，金额高达 250 亿美元，是电脑业有史以来最大的合并案。有西方媒体称，在这一合并过程中，惠普面临的最大挑战不是来自技术层面，而是来自企业文化层面，几乎就是一个纯哲学意义的挑战。惠普和康柏在合并中，各自代表着两种不同的文化，即华尔街文化和硅谷文化。华尔街的工作方式比较正式、严谨，而硅谷文化的精髓在于创新，用技术改变世界。这是长久以来形成的两个公司的截然不同的文化，而当两个企业合二为一时，就要重新考虑这个文化系统。

美国研究机构会议中心在 2001 年 1 月 14 日曾发表报告说，企业文化冲突和首席执行官的个性差异常使两个企业的合并不能达到预期效果，甚至使合并归于失败。美国学者科特和赫斯克特在其《企业文化与经营业绩》一书中研究强调了兼并企业实现文化整合的重要性。他们研究发现，文化整合做得好的兼并企业实现的收入增长额为 68.2%，股价上涨 90.1%，净收入增长 75.6%，而文化整合做得差的企业这三项分别为 16.6%、74%和 1%。

企业文化具有无形性、软约束性、相对稳定性、连续性及个性化等特点。美国学者戴文波特（T.Davenport）于 1998 年在其《管理评论》一书中将文化定义为组织中的 DNA——虽不可见但在组织构造中却起着关键作用。在企业兼并过程中，原属于不同企业的文化合并在一起，其文化结构有机性差，各要素之间不够协调或相互不同步，能量内耗大，因此，系统整合兼并企业文化并优化其整体效应非常重要。惠普与康柏在合并之初，非常重视两公司的文化整合，专门成立了“文化整合小组”，会见了两家公司近四分之三的中高级管理层，制定了新惠普文化整合计划。

在企业兼并中，如果能有效地进行文化整合，则能体现它的整体效应和协同效应。

依据系统整体性原理，在对文化进行整合时，首先，从整体出发，从全局考虑问题。例如，对于原有文化的取舍，不能只考虑其在原系统中的作用，而应从兼并后企业整体系统角度来考虑，并筛选那些对兼并后的文化系统有积极作用的原有文化。其次，不可低估文化系统中单个要素的作用，就单个构成要素而言，也许其作用甚微，但在整体系统中却缺一不可。再者，文化系统作为一个整体，置于兼并企业的大系统中，其整体效果的发挥必然受到企业环境的影响，如企业战略导向决定文化系统功能倾向；又如企业相关政策的调整，也对其文化系统有一定影响等。因此，兼并企业的文化整合如果能和企业整个运行系统相一致，则能体现它的整体效应。

此外，依据系统层次性原理，兼并企业的文化系统在合适条件下进行整合能产生协同效应。协同导致有序，协同作用乃是一切系统发展进化的内在推动力。一般而言，存在于系统内部各子系统之间的协同作用是微观层次的协同作用，存在于子系统与母系统之间的协同作用是宏观层次的协同作用。这里的协同效应，就是通过有效整合兼并企业文化系统，促使企业效益的提高，进而达到两企业的总体效益大于两个独立的企业效益的算术和。

（二）企业兼并中文化整合的模式

两个企业的文化整合涉及不同文化的组合构造和优化问题。组合构造问题，指需要对原有文化进行一系列的调查和分析，在此基础上对系统构造适合兼并后企业情况的模型。组合优化又称组合规划，就是在系统中不断地优化已构造的模型，以适应文化系统的不断变化。

在企业兼并中，有许多影响企业文化整合的因素。主要有 4 个因素：一是企业兼并战略，是横向兼并，还是纵向兼并，抑或是多元化兼并；二是两个兼并企业的原有文化特征，是强文化还是弱文化，以及文化的优劣性；三是企业兼并中面临的风险程度，是高还是低，抑或是中等；四是兼并后企业的集权程度，是高还是低，抑或是中等。依据这 4 个主要因素，在企业兼并中的文化整合模式主要有 3 种：吸纳式、渗透式和分离式，如表 4-2 所示。

表 4-2 企业兼并中的文化整合模式

模式	吸纳式	渗透式	分离式
文化类型	优质强文化 劣质强/弱文化	优质弱文化 优/劣质弱文化	优质强/弱文化 优质强文化
适用兼并战略	横向兼并	横向/纵向兼并	纵向/多元兼并
兼并方面临的风险	极小	一般	极大
兼并后企业的集权程度	高度集权	一般	分权

（1）吸纳式文化整合模式，指被兼并企业完全抛弃自己原有的企业文化，接受兼并企业的文化理念。它适用于具有较强优质文化的企业兼并劣质的文化企业，海尔就是其中的一例。海尔集团是一个企业文化浓厚、团队凝聚力强的企业。它在兼并相关行业时，多采用文化注入的方法，将对方融入本企业之中。例如它在兼并青岛电器厂时，没增加一分钱的投入，没有换一台设备，只派了 3 个海尔文化中心的人员。他们以海尔的管理理念转变员工的观念，转换机制，以海尔文化重塑员工的思维，以无形资产盘活有形资产，使这家 1995 年还名列洗衣机行业最后一名的企业在 1997 年就位居本行业的前列。海尔就是应用这种“吃休克鱼”的理念，兼并很多硬件设备较好但管理理念落后的企业，在被兼并企业中注入海尔文化。

（2）渗透式文化整合模式，指兼并双方企业文化都有一定程度调整，形成一种新的优质强文化。这比较适用于兼并双方都具有较好的文化弹性，但又都存在着一定的文化缺陷的情况。

（3）分离式文化整合模式，指在短期内双方企业文化均未大幅度改变，被兼并企业拥有很大的经营自主权。这种模式较多用于纵向一体化兼并战略和多元化兼并战略，而且有一个重要的前提，即被兼并企业具有优质强文化。美国通用电器公司控股日本五十铃公司时，通用电器公司并没有向五十铃公司输入自己的文化模式，而是采用了文化隔离的整合方式。这样较好地处理了两者存在很大文化差别的合并障碍。

（三）企业兼并中文化整合有效性的必要条件

在根据兼并企业的具体情况考虑合适的文化整合模式的同时，还必须创造或提供文化整合的必要条件，以确保企业兼并中文化系统整合的有效性。文化有效整合的主要条件有以下几点：

（1）文化系统中的“复制器”和“传输带”的健全与完善。

文化系统中的“复制器”是制造或产生出一个“与自己相似的个体”的机构，“传输带”是传递信息与输送物质、能量的通道。在文化系统的整合中，“复制器”和“传输带”有紧密联系。内部传输渠道的有效畅通，是企业文化的复制和传播的必要前提。同时，这两者又有很大区别。在文化系统的整合中，健全“复制器”关键要做到两点：一要了解原企业文化系统的“复制器”，并加以有效的抑制，以避免原文化的干扰；二要创造并培育新文化系统的“复制器”，以使其得以持久流传。健全“传输带”，确保信息畅通。在进行文化系统整合中，企业内部需要建立一个完善的传输机制，管理者应竭尽全力确保信息在组织上下、组织内外的畅通，向员工传递充分的信息，并加强对员工的培训。

（2）管理者对文化系统整合的支持与参与。

兼并企业的文化系统整合主要通过几种方式来实现：首先，利用各种外在表现形式来营造组织文化，如按照所要求的企业文化制定各种口号、图片和制服等；其次，通过培训、座谈、会议和庆典等方式传递和灌输文化内涵；再次，企业文化在各种事件的处理中得到不断强化、积累和升华。所有这些都离不开管理者的支持和参与，管理者对文化的塑造和建设起着关键作用。韦尔奇（John F.Welch）在对美国通用电器（GE）文化进行强化时，曾从能实现预定目标和认同公司价值观两个维度将经理人分为 4 种类型，如表 4-3 所示。

表 4-3　美国通用电气公司经理人与文化

类型	说明
类型 I	能实现预定目标 认同公司价值观
类型 II	不能实现预定目标 认同公司价值观
类型 III	能实现预定目标 不认同公司价值观
类型 IV	不能实现预定目标 不认同公司价值观

韦尔奇通过解雇类型 III 和类型 IV 的经理人，并在向下属员工解释为什么解雇他们的这一事件中，就把公司文化的理念强化了。在韦尔奇看来，如果一个经理人不认同公司价值观，何以能影响他的下属认同公司的价值观，而企业文化则是需要通过个人和集体共同努力才能形成的。因此，即使这个经理人能完成其工作目标也不是 GE 所需要的经理人。反之，如果一个经理人能认同公司价值观，虽不能实现预定的工作目标，但可以改造成 GE 所需要的经理人，通过管理技能培训或合适的工作调换使之胜任工作岗位。

（3）文化系统整合所处的开放系统。

开放就是与外界交换物质、能量和信息，这是就系统与环境和其他系统的关系而言的。兼并企业的文化系统整合主要涉及怎样对两个企业的文化系统进行组合构造和优化问题，使之成为一个整体的文化系统。这就需要在一个开放的企业系统中对文化作一系列的调查和深入了解，同时从外界获取所需的新材料、新能源和新信息，然后才能对文化系统进行优化组合。

企业开放把外部的围墙推倒，能吸收外部的好经验、好主意，有利于兼并中文化系统的整合。而文化系统整合的最终导向也是建立一个有利于企业发展的文化。因此，只有在系统开放的条件下，才能不断地调整文化系统的结构、充实文化系统的内容，使之健康地持续发展。

早在 1986 年，惠普公司从行业竞争战略上就强调标准化的开放式战略，但由于没有太多的公司进行合作，形不成规模效应，开放式系统没有凸显。在实现和康柏的合并后，新惠普将创造一个驾驭科技的生态系统，服务于企业、社会和人类。这也表明开放对于兼并企业发展的重要性，文化作为企业的核心价值更需要一个“对外开放，吐旧纳新”的环境。

复习题

1．什么是组织文化？它有哪些特征？

2．简述组织文化的类型。

3．组织文化的功能是什么？

4．组织文化的构成要素有哪些？

5．组织文化形成的影响因素有哪些？

6．简述跨文化差异的两大理论。

【案例讨论】

如何留住企业核心员工

杰克在一家知名的音像连锁店工作。他人不坏，但很不喜欢目前所从事的工作，理由有二：一是他认为目前所干的工作十分枯燥乏味；二是他认为公司虽然口口声声重视家庭的价值，但没完没了的加班让员工根本无法与家人共度节假日。于是，他和公司的其他同事工作时敷衍了事、粗暴对待客户，甚至将公司的录像带拿回家私人收藏。面对杰克这样代表公司的形象、终日与客户直接打交道的员工所存在的问题，如何有效地加以解决呢？

第五章　组织变革与学习型组织

第一节　组织变革概述

当今世界唯一不变的就是变革，在组织管理中同样如此。组织是一个目标性的系统，作为一个系统，它需要不断地做出调整，以适应环境的需要。同时，为了实现目标，为了更有效率地完成任务，它也需要不断地对自身进行变革。可以这样说：在现代社会中，适应性的变革是生存的需要，而革新性的变革是发展的需要。所以，组织变革对组织的生存与发展是至关重要的。

一、组织变革的概念

组织变革（Organization Change，OC）是指随着组织内外部环境的变化，应用组织行为学、心理学、社会学等相关学科的知识和方法，有计划地对组织中不适应的地方进行调整和修正，以保持组织的效率，并帮助组织达到目标的过程。其基本特征如下：

（1）内外部环境的变化往往是组织变革的动因。

（2）组织变革的目的是提高组织的绩效，以更高效地完成组织的目标。

（3）组织变革需要应用组织行为学、心理学、社会学等相关学科的知识和方法。

二、组织变革的目标

（1）要建立起能适应组织内外环境变化的先进可行的经营目标和工作目标。

（2）要建立各种合理的规章制度和条例，以保证生产和各项工作互相密切配合而有秩序地进行。

（3）要建立科学、合理、系统的组织结构，职责划分明确，权力分配得当。

（4）要建立对外有适应性和灵活性，对内有决策力、协调力和高效率的组织功能。

第二节　组织变革的动因

组织的变革与发展受到组织内外动因的共同作用，这些动因的作用可能相互一致，也可能相互背离，但都促使组织的变革与发展。这些动因主要包括外部环境的变化、内部的变化、组织成长的要求 3 部分。

一、外部环境的变化

组织作为社会大系统中的一个子系统，必然会受到整个宏观环境的影响。国民经济增长速度的变化、产业结构的调整、政府经济政策的调整、科学技术的发展等都会对组织的运作带来影响，要求组织做出适应性的调整来应对这种变化，以实现其战略目标。任何一个组织都不可能对环境进行完全有效的干预和控制，所以它们必须不断地调整自身的结构、技术、物理环境等，以适应环境的变化。

二、内部的变化

组织内部的变化主要体现在以下 5 方面：

（1）技术条件的变化。如企业实行技术改造，引进新设备，要求技术、生产和营销等部门作出相应的调整。

（2）人的变化。随着社会的发展，人在组织中的重要性日渐突出，但是人自身也表现出了越来越多的多样性，人更多地追求自身价值的实现、对家庭和社会的责任，人的这些变化对组织提出了新的挑战，组织不得不考虑最核心资本的"人"，通过组织的变革来推动人力资源战略的实现，从而提高组织绩效。

（3）组织使命的变化。组织使命阐明了组织存在的根本目的和对待组织成员、社会以及组织其他相关各方的根本态度，可以认为是组织的基础"宪法"。正因为如此，组织使命的变化（包括使命的转换和承续）成为组织变革的一大动因。这种变化将带来组织各方面的一系列变动，并最终导致不同的结果，可能带来组织的兴盛，也可能给组织造成灭顶之灾。

（4）组织结构变化。对组织而言，组织结构就是组织的"骨骼"，是支撑组织存在和运作的根本。但任何组织，其结构都有一个逐步完善的过程。在这个过程中，结构改变最典型的是对现有部门再划分或合并，这种变化会影响到整个系统。另外，权力结构的变化，如采取首长制还是委员制，集权还是分权，增加或减少权力层次，增加或减少职能部门等，都与组织结构直接相关。组织结构本身的某些调整虽然并不直接就是组织本质的变化，但结构的重大变化也必然导致组织的部分质变。

（5）管理机制的变化。如果说组织结构是组织的"骨骼"的话，那么管理机制就是组织的"神经"。管理机制的变化有多种原因，如领导方式、公司制度的变化、管理理论在实践中的不断更新等。

三、组织成长的要求

组织处于不同的生命周期时，对组织结构的要求也各不相同。如小企业成长为中型或大型企业，单一品种企业成长为多品种企业，单一企业成长为企业集团时，都需要对组织进行相应的变革以适应这种变化。

总之，一个健康的、有活力的组织必须时刻评估自己的组织效能，掌握自身发展的规律，敏锐地洞察内外变化，扬长避短，不断自我完善。

第三节　组织变革的过程及方式

组织变革虽具有必然性，但组织变革是否取得成功却不具有必然性，其中涉及到组织变革的过程是有计划进行的还是自发进行的问题。要有计划地实行变革，必须按照科学的变革程序实施。国外许多学者对组织变革的过程提出了不同的变革模式，在此择其有代表性的进行介绍。

一、组织变革的过程模式

（一）卢因模式

应用行为学家、心理学家库尔特·卢因（Kurt Lewin）是最早研究有计划组织变革的专家，称得上是组织变革理论的创始人。卢因认为：变革过程将涉及到放弃旧的态度和习惯，以及学习和建立新的态度和习惯。因此，他特别重视组织变革过程中人的心理机制，“解冻－变革－再冻结”就是他针对组织成员的心理态度和行为而提出的变革三步骤。

第一阶段：解冻（Unfreezing）——创造变革的动力。

创造变革的动力是一个包括 3 种特定机制的复杂过程，这 3 种机制都必须发挥作用，使组织的成员受到激励，从而否定目前的行为或态度。

机制 1：必须确定地否定目前的行为或态度或者在一段时间内不再强化或稳定。

机制 2：这种否定必须建立足够的、能产生变革的迫切感。

机制 3：通过减少变革的障碍，或通过减少对失败的恐惧感来创造心理上的安全感。

这一阶段特别要注意收集有关令人不满的现状资料，与其他组织作比较，请外部专家来证明变革的必要性。

第二阶段：变革（Changing）——指明改变的方向，实施变革，使成员形成新的态度和行为。

第一阶段的结果是使个人接受新的信息和新的概念或新的看待旧信息的方法（即认识的重新定义）。第二阶段又通过两种机制而发生：

机制 1：对角色模型的认同。即学习一种新的观点或确立一种新的态度的最有效的方法，就是观看其他人是如何做的，并以这些人作为自己形成新态度或新行为的榜样。

机制 2：从客观实际出发，对多种信息加以选择，并从复杂的环境中筛选出有关自己特殊问题的信息。

这一阶段要特别注意事先向成员提供有关变革的情报资料，鼓励成员参与变革计划的拟订，提供对变革问题的咨询，与成员协商谈判变革所引起问题的解决办法。

第三阶段：再冻结（Refreezing）——巩固变革成果。

当改革措施顺利执行后，还要采取种种手段不断强化新的心态、行为规范和行为方式，使之巩固并持久化。这又要通过两个机制：

机制 1：让成员有机会来检验新的态度和行为是否符合自己的具体情况。成员一开始对角色模型的认同可能很小，应当用鼓励的办法使之保持持久。

机制 2：让成员有机会检验与他有重要关系的其他人是否接受和肯定新的态度。群体成员彼此强化新的态度和行为，个人的新态度和新行为可以保持得更持久些。

这一阶段特别要注意系统地收集变革获得成功的客观证据，并把这些信息及时地提供给变革的参与者，注意使参与变革的成员在物质需求和社会需求上得到变革带来的利益。

（二）卡斯特模式

卡斯特把组织变革的过程分为 5 个步骤：

（1）对组织作一回顾、反省、批评，对组织内外环境进行研究。

（2）感知问题：承认变革的必要性。

（3）辨明问题：找出现在的状态与所希望的状态之间的差距。

（4）解决问题的办法：产生可供选择的多种方法，对这些方法进行评定，讨论怎样行动及测量绩效的方法，经过讨论作出选择。

（5）反馈：根据组织变革的效果，评定效果与计划有什么问题，若有问题，根据上述步骤再次循环。

（三）唐纳利模式

唐纳利等人在《管理学基础》一书中对组织变革的全过程进行了系统研究，所提出的组织变革模式如图 5-1 所示。

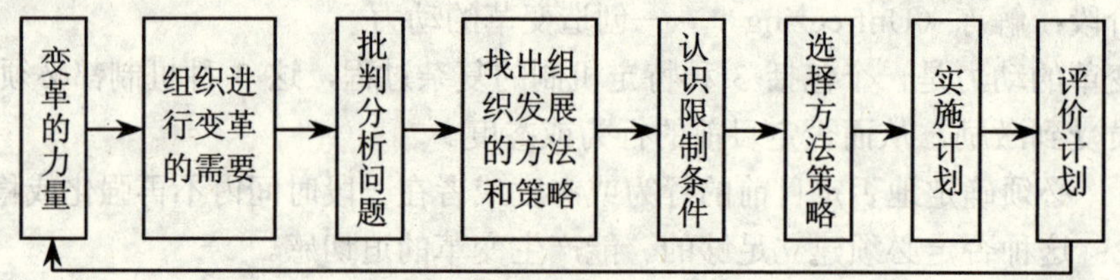

图 5-1 唐纳利组织变革模式

唐纳利变革模式分为以下 8 个环节：

（1）变革的力量，即要求变革的压力，包括外部和内部的力量。

（2）认识变革的需要，要求领导者能敏锐地在组织发生重大问题之前就认识变革的需要，善于捕捉组织内需要改变的信息。

（3）诊断问题，要弄清问题的实质、要进行一些什么变革、变革的目标是什么、如何对这些目标进行衡量等。

（4）确定可供选择的组织发展的方法和策略。

（5）认识限制条件，摸清这些限制条件及其影响程度。

（6）选择方法与策略。

（7）实施计划，要注意选择变革的时机和范围。

（8）评价计划，对实施变革和要求变革的力量这两个阶段都提供反馈。

二、组织变革的方式与措施

组织的变革除了需要根据组织自身情况确定不同的组织变革模式外，还需要考虑选择适合组织自身特点的组织变革方式。

（一）格雷纳变革方式

格雷纳（Larry E Greiner）依据组织内“权力分配丛集”来加以区分，可分为单方的权力、分享的权力和授权的权力。根据这 3 种权力的运用而区分出 7 种不同的变革方式。

（1）单方的权力（Unilateral Power），指组织的领导者依靠职位的权力及权威，单方面提出变革。其中有 3 种不同的方式：

- 凭借命令。由上级单方面宣布变革，传达至基层组织及职工。
- 更换人员。在与下级无磋商的情况下，以其他人代替一个或更多职位上的人员，借以增进组织绩效。
- 调整结构。通过改变组织的层级、部门等正式结构，来影响组织成员的行为、绩效。

（2）分享的权力（Shared Power），指在组织变革阶段，仍然注重职权运用，并注意行使权力的主动与分享。有如下两种变革方式：

- 群体决策。组织成员参与选择预先由上级拟订的多种变革力案。这种变革方式不涉及问题的确定与问题的解决，只是强调群体对其中一种方案有比较一致的看法。
- 群体解决问题。经由群体讨论的方法来确定组织存在的问题并提出解决问题的方法。

（3）授权的权力（Delegated Power），指在变革阶段将变革的权力移交给下级，让其主持变革。有以下两种方式：

- 案例讨论。鼓励成员对变革实例提出自己的看法与分析，并研究可取的变革方案。
- 敏感性训练。主要是强调人际关系的相互了解，提高成员个体的自觉性，从而达到增进组织绩效的目的。

格雷纳认为分享的权力比其他权力的运用方式更有效，这是一种“尽量增强的独立感与执行政策从权威需要”的平衡。格雷纳只是指出了怎样变革，强调变革的权力方式，并没有明确要变革的内容。

（二）莱维特方式

莱维特提出以 4 个变量为基础的变革方式。莱维特认为，组织是一个多变量的系统，其中任何一个变量发生变化，其他变量也将发生相应的变化。在有计划的组织变革过程中，相互间起显著作用的 4 个变量为：结构、任务、技术、人员，它们是相互依赖的。组织变革可以通过改变其中任意或改变几个综合变量来进行。在莱维特构想的基础上，一般将组织变革归纳为 3 种方式：

（1）以组织结构为重点的变革方式。

结构的改变，也就是对组织成员及领导者所担负的责任和相互关系进行调整，包括划分和合并新的部门、协调各部门工作、调整管理幅度和管理层次等。国外的学者通常将变革组织结构的因素归纳为 21 类：规章制度、程序、正式的奖酬制度、汇报的要求、计划、部门划分的基础、控制幅度、矩阵组织结构、进度安排计划、信息沟通方式、工人班组、组织层次的数量、委员会、直线参谋组织、工作绩效的标准、正式政策的权力、选择的标准、项目群体、预算、正规培训、指挥系统。组织结构的变革是完成组织变革任务的一种最直接和最基本的方式，一般见效快，可使组织发生根本的改变。

（2）以工作任务和技术为重点的变革方式。

这种变革方式主要是指对组织部门、层次、工作任务进行重新组合，改变原有的工作流程，更新完成工作和任务的技术工具，改变解决问题的机制和研究解决问题的方法，以及采用这种新方法的程序。两者是可以独立的，但变革工作任务势必要与变革应用于工作的技术工具结合起来。这种变革方式主要有以下几个方面：

- 工作扩大化。指横向扩大工作范围，主要是在一些重复性的工作中，为减少职工的单调感、乏味感而扩大工作内容，使一个人同时承担几项或周期性更长的工作。
- 工作丰富化。指纵向丰富工作内容，让职工有自主权，有时会参加计划和设计，获得信息反馈，评估和修正自己的工作。
- 自治群体。让基层组织安排自己的工作计划，自己控制工作的进度和管理，以及自己进行许多常规决策。它有两个特点：①把工作上相互依赖的人们组织为关系密切的小群体；②职工有控制自己工作任务的权力。

（3）以人为重点的变革方式。

这是实现所有变革的基础，无论是组织结构的变革，还是任务和技术的变革，都离不开人的重要作用。以人为重点的变革主要是知识的变革、态度的变革、个人行为的变革以及整个群体行为的变革。通常包括的内容有：

- 人员更新。这是指组织成员在组织系统中的进出升降。必要的流动会给组织带来新的朝气和活力，为组织成员的晋升成长创造更多的机会。
- 改变激励的机制。如通过改进报酬制度、考核制度和奖惩制度，直接影响个体行为，进而间接影响组织行为。
- 素质的更新。通过调查反馈、班组建设、咨询活动等办法来改变成员的动机、态度、知识（技能）和价值观，并进而影响成员的行为。

（三）欧文斯方式

由于组织系统具有整体的特点，人们更多地倾向于采取组织变革的系统方式。欧文斯（Robber.G.Owens）在《教育组织行为学》一书中把这种方式归纳为以下几点：

（1）为了使变革长期有效，不仅要改变组织系统的组成部分，即子系统，而且还必须改变整个系统。

（2）由于各个子系统之间相互关联相互依存，一个子系统的任何重大变化都将在其他子系统中产生补偿性或报复性变化。

（3）处理当务时要统观全局，考虑有关力量、争论、问题、原因、现象和条件的重要性，不能把事件作为孤立的或单因素的。

（4）组织变革要依据人们当时的行为方式。必须注意这些行为不是静止不变的，而是处于一种能动的平衡状态之中。对人们行为模式的分析，不能停留在作一般性的历史资料的分析，而要作一定时期内特定的力场分析。

第四节 组织变革的阻力及其克服

为了应对环境的变化，当前组织变革已呈不可逆之势。然而超过半数的组织变革却以失败告终。首要原因并不是员工能力不够或企业资源不足，而是组织变革遭到抵制（或抗拒）。事实上，对组织变革的抵制不可避免，如果管理得当，总是可以消除抵制变革的阻力，保证变革的成功。

一、组织变革的阻力

组织变革主要在于组织要对自身不适宜的部分进行改进，因此组织变革的阻力也主要来自于组织内部。休斯（E.Huse）认为抗拒变革的因素为：组织变革的策略威胁到个体和群体的认知，威胁到安全感的损失、地位的损失与权力和责任的损失；管理人员之所以抗拒变革，是因为变革策略威胁到他们的权力和特权；与变革策略有直接关系的员工，均会感受到威胁。其他的学者对阻碍组织变革的因素也进行了研究。本书在学者们研究的基础上，从阻力来源的不同将阻碍组织变革的阻力总结为 3 个方面：个人对变革的阻力、群体对变革的阻力、组织对变革的阻力。

（一）个人对变革的阻力

个人对变革的阻力如图 5-2 所示。

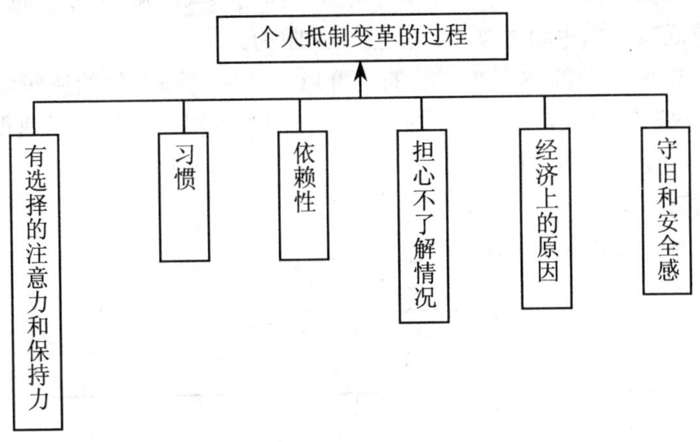

图 5-2　个人对组织变革的阻力

（1）有选择的注意力和保持力。对自己的注意力和保持力进行选择是大多数人处世的一种看法。一个人一旦确定了自己的态度后，不愿意随意对新事物作深入客观的了解。如果新事物不能基本符合他们原有的观点，便很容易对变革产生抵制。

（2）习惯。除非情况发生了显著的变化，否则人们总是按照自己的习惯对外来刺激做出反应。某种习惯一旦形成，就可能成为个人获得满足的源泉。如人们较长时间从事某项职业活动，对工作环境、工作方法、职业用语、职业习惯等形成了"职业认同"，如变革一旦改变人们熟悉的工作方式、职业习惯，使某些人由于心理上的不适而产生不快或抵触情绪。

（3）依赖性。如阿吉里斯提出的"不成熟—成熟"的个性理论指出的那样，人在开始生活时都依赖别人，如果一个人没有培养起自我尊重的观念，他会一直依赖他人做出决定。对于变革的态度也是这样，除非他所依赖的人已认为需要变革，并把变革的措施纳入到他们的行为中时，他才会不反对变革。

（4）担心不了解情况。变革是新事物，总有一些不确定因素，如果一个人还不清楚地了解变革的目的、机制和潜在的结果时，他很可能对变革忧心忡忡，宁愿维持原有的状况。

（5）经济上的原因。当变革还没有充分显示其结果时，人们还无法亲身体会到变革所带来的利益。在具体变革过程中，完全有可能产生某些不利的因素，从局部或短时期内损害某些人的利益，这种对经济利益的担心和顾虑，往往是人们抵制变革的一个原因。

（6）守旧和安全感。变革意味着已有的平衡状态被打破，要求其成员调整已为他们所习惯的活动和活动方式，以便在新的基础上重建平衡系统。这样往往会使成员暂时处于不稳定状态之中，带来某种程度的安全感的丧失，不可思议而又值得注意的是，当因老办法失效而急用变革的时候，这种怀旧情绪反而更严重。

（二）群体对变革的阻力

（1）群体的凝聚力。群体的凝聚力越强，越会对破坏凝聚力的影响产生更大的反应。特别是在一些已经形成了良好的工作协作关系和私下感情的群体中，他们越会对变革的措施进行阻挠甚至是反击以维护原有的群体凝聚力。

（2）自主行为的独立性。当群体被赋予广泛的自治权，能够在很大程度上自由决定工作方式和程序的时候，他们会对外来的将导致他们的自主权力丧失的变革措施产生巨大的抵制。

（3）决策过程的参与程度。一个群体对决策过程的参与程度越低，他们对变革的认识也越差，认同度也越低，自然也将对变革产生巨大的阻力。

（4）“群思”现象。当群体存在广泛的“群思”现象，即群体的决策多是由群体中的成员共同讨论、思索决定的时候，相对于群体而言，外部的组织变革很难迅速得到所有群体成员的共同认同和接受，变革的阻力随之加大。

（三）组织对变革的阻力

如图 5-3 所示为组织对变革的阻力。

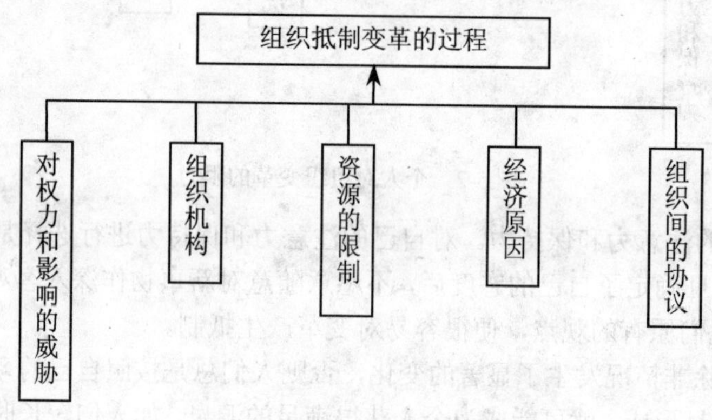

图 5-3 组织对变革的阻力

（1）对权力和影响的威胁。组织中某些部分可能把变革看做是对他们权力和影响的一种威胁。一旦人们在组织中的地位已确定，他们就会抵制看来会降低他们权力和影响的那种变革。

（2）组织机构。组织中设有不同层级的管理机构，并对各项工作做了细密的规定，对权力、责任也做了明确的说明。如某项变革要求改变原有的结构体制和信息沟通系统，处于不利地位的某个层级就会反对，精简机构和减少层级尤为如此。

（3）资源的限制。如果一项变革会变更组织的资源结构，原有那些资源就会闲置，造成资源浪费，对固定资产投资高或技术相关性强的组织更是如此。现有的资源也会限制变革的幅度。

（4）经济原因。组织变革总是需要一定的人力、物力、财力的投入。经济基础脆弱的组织对变革的承受力也弱。

（5）组织间的协议。组织间的协议通常给人们规定了道义上、法律上的责任，这种协议可以约束人们的行为。如终身雇用制度，使可能导致减少劳动力需求的改革难以进行。与另一组织签订某种合同，要改变组织的目标就不那么容易；所做变革如波及其他组织的成员情绪，那些组织也会通过某些方式进行干预。

二、组织变革阻力的克服

（一）力场分析法

卡斯特和罗森茨韦克指出：“实施有计划的变革要求了解阻止变革的力量并设计筹划出

克服阻力的适宜的手段。”要使组织变革获得成功，就在于尽可能地不让那些导致反对变革的因素发挥作用，最大限度地缩小反对变革的力量，使变革的阻力尽量降低。

最著名的克服对变革的抵制的方法是力场分析法（Force Field Analysis），这是由卢因创造的考察变革过程的一种方法，这种方法已证明对注重行为的管理人员非常有用，主要用于分析变革的动力和阻力，找出变革的突破口。

卢因认为，要对一个组织进行变革，就必须改变组织现状的这种力场平衡状态，或增加动力，或减弱阻力，使现实状态向目标状态推进。卢因主张采用图示的方式将支持变革的动力和反对变革的阻力排列出来，并以箭头的长短表示其强弱的程度，如图 5-4 所示；然后进行综合分析，采取措施，促使变革的顺利进行。

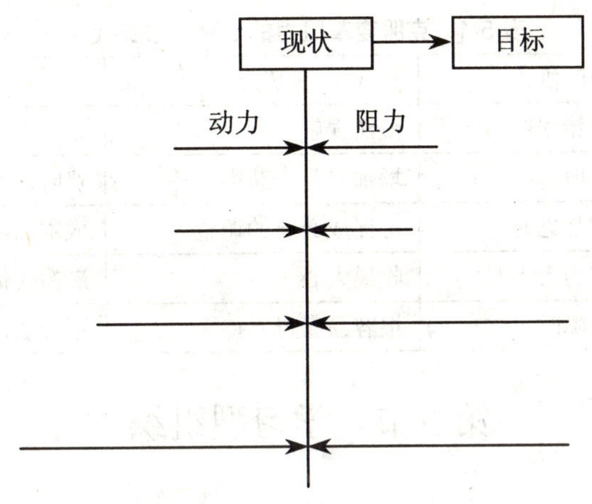

图 5-4　力场分析法的样式

在实践中，一般采用减少阻力的策略，因为增加动力会增加紧张。同时，当引发变革的动力消失时，相应的变革也会失去，又回复到解冻状态。因此，推动变革的最好办法是保持动力、减少阻力，当动力无法持续时，紧张会消除，但不会引发任何变化。

力场分析法的程序如下：

（1）寻找问题。

（2）分析问题，列出动力及阻力因素，并按强弱顺序排列。同时要注意变革的动力和阻力数目不必相等，因两者的影响力不一定相同，有时候，一项阻力能抵消几项动力。

（3）制定变革策略。对其中两至三项阻力因素，找出减少阻力的办法。具体考虑：谁去做、做什么、可行性及成本一效益。

（二）克服阻力的方法措施

要想实现有效变革，除了必须采用科学的思维和方法对变革过程中的阻力和动力进行分析研究外，还必须在克服阻力策略实施过程中掌握科学的方法。根据有关研究，克服变革阻力有 5 种基本的指导方法：

（1）加强沟通。通过与员工及相关利益者进行沟通，使大家理解变革的原因和必要性，以化解他们的抵触和抗拒。

（2）参与决策。让怀有抗拒意图的员工参与到变革的决策过程中，使其了解变革的原因和必要性，同时增加员工对变革决策的认同与承诺。

（3）提供支持。提供训练与支持，降低员工心里的不安，以化解抗拒。

（4）协调商议。与抗拒者进行协商，提供其他利益，以换取抗拒者的支持。

（5）强制执行。管理者实施明示或暗示的威胁和压力在抗拒者身上，强制推行变革。例如威胁解雇、不予提拔、改派不利工作、消极的绩效评估，减少资源等。强制方法主要用于对经理层发动的变革的阻力，由于它易引发敌对情绪，因此要谨慎使用。

以上 5 种基本方法各有特点，也各有利弊，管理者在需要的时候必须掌握其特点，根据当时的情景和条件适当地加以使用。

为了帮助大家在实践中更好地使用这 5 种方法，我们对其适用时机和优缺点进行了归纳整理，如表 5-1 所示。

表 5-1　克服变革阻力的 5 种方法比较

方法	适用时机	优点	缺点
加强沟通	抗拒源于信息错误时	澄清误解	缺乏信任和理解时无法奏效
参与决策	抗拒者有专长时	增加参与，获得支持	费时，可能做出不太高明的决策
提供支持	抗拒者害怕和焦虑时	可促成必要的调整	成本高，不保证一定成功
协调商议	当抗拒来自权力人士时	收揽人心	潜在代价高
强制执行	当需要权力保障时	很容易赢得支持	不合法，有损名誉

第五节　学习型组织

21 世纪的企业将是学习型的企业，因为唯一持久的竞争优势就是有能力比你的竞争对手学习得快。

——阿瑞·德格斯（壳牌石油公司原企划部主任）

一、学习型组织概述

“学习型组织”理论是由美国麻省理工学院的彼得·M·圣吉（Peter.M.Senge）在他的著作《第五项修炼——学习型组织的艺术与实务》中提出来的。他认为，“学习型组织”就是大家通过不断共同学习，突破自己的能力上限，创造真心向往的结果，培养全新、前瞻而开阔的思考方式，全力实现共同的抱负。

（一）学习型组织的基本内容

（1）有终身学习的观念和机制，形成终身学习的具体措施。

（2）具有多元反馈、开放的学习系统，建立多种学习途径，采取各种学习方法。

（3）形成学习成果共享、学习过程互动的组织氛围，建立独特的组织文化。

（4）不断建立全体成员的共同目标，为实现共同目标而努力学习。这一目标既是组织学习的目标，也是组织工作的目标。全体成员在组织中的学习和工作都应该与组织的目标息息相关，为实现组织共同目标的所有成员都能自觉摒弃与共同目标不一致的个人或部门的利益。

（5）使工作学习化，针对工作中的问题而学习，充分激发大家的潜能来解决问题。

（6）使学习工作化，不断把学习行为转化为创新行为，即不断在学习中创新，创造出新的工作业绩，并及时总结学习－工作的成果，提出新的学习－工作课题。

（二）学习型组织的特点

（1）精简，使组织成员有很强的工作能力。

（2）扁平化，即组织尽量减少中间管理层。

（3）有弹性，即组织有很强的适应能力。

（4）不断自我创造。

（5）善于学习。

（6）自主管理。

二、建立学习型组织的方法——“五项修炼”

彼得·M·圣吉经过十几年的研究与实践，将心理学、教育学、系统科学的理论应用于企业管理之中，开发出建立“学习型组织”的一整套方法。它包括相互关联的5项技术，即“五项修炼”：自我超越、改善心智模式、建立共同远景、团队学习和系统思考。

（1）自我超越。它是学习型组织中所有其他修炼的基础，它主要是训练个人能以专注、真诚、主动、宽容及开放的心灵学习、成长，使人有理想、耐心与毅力，从而培养个人生命的创造力和成熟的人格。

（2）改善心智模式。就是要求组织中的成员时时以开放与求真的态度将自己心里的想法、假设提出来，认真而坦白地检验它们的正确性，进而改善它们。

（3）建立共同远景。学习必须要有方向和动机，共同远景提供给组织一个真正值得长期献身的目标及不断学习创造的动力。

（4）团体学习。它必须植根于自我超越、改善心智模式和建立共同远景等焙炼的基础上，组织成员才能以开放、真诚、整体为重的态度不断相互练习深度思考与求真的对话技术。

（5）系统思考。它是学习型组织中整体动态搭配能力的核心。它训练员工如何扩大思考的时间范围，将问题放回它所处的系统中来思考，以了解问题所在系统的全貌。此外，它还提供一些思考方法与电脑工具，以了解系统之所以产生变化的原因及其背后的整体互动关系。

通用电气公司的CEO韦尔奇提出的建设学习型组织的方式是：在组织中取消界限，以保证信息分享的开放性；强调学习，加大用于员工学习的投入，鼓励员工挖掘各方面的最好的思想，奖励促进组织学习的行为；不惩罚错误或失败，以期望人们不断地学习。这些都是行之有效的经验。

三、组织学习

组织学习的概念是从个人学习的概念引申来的，关于组织学习的定义很多，研究者的着眼点、出发点不同而给出的组织学习的定义也不尽相同。本书概括为：组织学习是组织通过对信息、知识、经验的获得，不断改善组织的内部结构和功能，以提高其适应环境变化的能力的行为与过程。

根据组织学习理论和学习型组织创建的成功实践，哈佛大学教授戴维·加文认为，组织学习的有效途径有以下5种：

（1）系统地解决问题。

解决问题的过程本身就是一个学习的过程。实践表明，发现问题是察觉环境变化和知识缺陷的环节，解决问题是实现知识创新、丰富知识体系的过程。通过发现问题、分析问题，最终圆满解决问题，不仅可以学习到新的知识、方法和技能，而且可以提高组织和个人处理问题的能力。关键是在解决问题的过程中要系统思考，克服“头痛医头，脚痛医脚”的短视行为，在解决问题的实践中，不断改善组织的心智模式，提高组织的“系统思考”能力。

（2）实验。

实验是与解决问题互为补充的学习途径。如果说解决问题是为了应付当前困难的话，那么实验主要是面向未来。它包括系统地探寻和试用新的知识，在许多方法上与系统解决问题相类似，两者最大的差别在于，实验通常是被机遇和不断扩张的前景推动，并非被当前的困难所促进。

实验有两种形式：前瞻性实验和示范性实验。前瞻性实验通常包括一系列的小规模实验，这些实验被设计来产生知识的增值，是大部分持续改进方案的主要部分；示范性实验规模通常较大，涉及整个系统的改变，一般是从某一点引入示范性实验，并希望达到发展新型组织能力的目标。

（3）从过去的经验中学习。

这是一种最经济有效的学习方式。组织必须不断回顾过去成功的经验和失败的教训，进行系统的评价，并将这些经验列表记录。这些记录对员工应该是开放的，可以随时查询。著名哲学家乔治·桑特亚那说过：“那些不能记住过去的人，注定要重复过去的历史。”一项调查表明，从失败的经验中获得的知识对后来所取得的成功是非常有用的，简言之，失败是成功之母。

（4）从他人处学习。

并非所有的知识都必须从自身努力和自我分析中得到，有时最有用的知识直接来自周围的环境。越来越多的管理者都接受了这样的观点：即使完全不同类型的组织也是创造性思维的丰富源泉和催化剂。向学校和科研院所学习固然可以，但更重要的是向同行学习，向顾客学习。“标杆管理”就是向最优秀的同行学习。向顾客学习，就是通过考察顾客需求和听取顾客意见，发现新的市场，实现产品创新。

（5）传递知识。

组织学习绝不是某些人和某些部门的事，知识必须能在整个组织内迅速有效地传播，在此过程中实现知识的融会，比知识掌握在少数人中会产生更大的作用。开放自由的组织文化氛围正是学习型组织的基本特征之一。

促进知识传播的方法很多，包括书面的、口头的或可视的报告形式，实地演示考察，人员轮换方案，培训和教育方案等。根据具体知识的特点，选取合适的知识传递方式。

以上 5 种途径是从实践中概括总结出来的有效途径。为了不断提高组织的学习能力，组织应时刻注意对 5 种途径的运用和整合，全视角、多方位提高组织对知识的发现、吸收、融会、创新和运用的能力。

复习题

1．什么是组织变革？它有哪些特征？

2．简述组织变革的动因。

3．简述卢因模式的步骤。

4．组织变革的方式有哪些？

5．组织变革的阻力有哪些？

6．组织学习的有效途径有哪 5 个？

【案例讨论】

组织变革案例：飞利浦集团强硬派的“冒险思想”

“要么创新，要么灭亡”，这是飞利浦全球总裁兼首席执行官柯慈雷访华时最常跟人讲起的话。柯慈雷是一个有一半德国血统的荷兰人，表面温文尔雅，但语气坚硬，行事果断，属于“强硬一派”。

2003 年 11 月底，柯慈雷帅 17 名飞利浦全球管理委员会成员访华，短短 7 天行程，在中国展开了一系列公关、市场方面的“闪电行动”，足迹遍及 8 个主要城市，推出 120 个项目活动。

在访问的最后一天，柯慈雷宣布：飞利浦公司希望 4 年内把在华营业额翻一番，达到 120 亿美元；希望到 2007 年，中国能够超越美国成为飞利浦最大的市场。

从政策中寻找“路标”的高手

同大多数跨国公司的 CEO 一样，柯慈雷也是从政策中管窥商机的高手。柯慈雷向记者表示，到中国来，主要是为了确保飞利浦的计划同中国政府的计划吻合，“我们的所有计划都是跟中国政府的计划完全吻合的。”他说。

柯慈雷说，他与中国高层领导人的会面，启动了飞利浦对中国新一轮的学习过程，获得了指导飞利浦制定中国商业战略的一系列“路标”。这次飞利浦电子集团管理委员会全体成员通过一周的访华，使“加强对中国的承诺”成为管理层的一致共识。

柯慈雷到底从中国的政策面上获得了哪些路标？

一方面，以兼并收购扩大份额。柯慈雷认为，中国政府将继续吸引外资，继续鼓励更多的兼并收购以及大的跨国公司同中国本地企业之间的兼并收购和联盟活动。

另一方面，针对中国政府开发中西部及振兴东北计划开展应对行动。飞利浦最近在北京宣布成立一家新的合资公司——吉林飞利浦半导体有限公司，致力于开发、设计和生产双极功率产品。柯慈雷一行还专门去了一趟沈阳，寻找投资机会。

还有一点，柯慈雷要飞利浦的产品线与中国政府的近期需求相结合。比如，为响应中国政府缩小城乡差距的努力，飞利浦将在远程教育、电子学习和远程医疗等方面竭尽所能；在上海发起新的战略措施，加快研发步伐，增加技术开发中心数量；将更多的业务管理职位带到中国；进一步配合政府的工作议程，继续以并购、收购、联盟的方式对中国进行投入，尤其是在西部和东北；拓展人才基础，加强雇主品牌建设；扩大跨部门的市场活动，强化品牌印象，提高美誉度。

重振飞利浦的三大冒险决策

同不少欧洲 CEO 保守的风格不同，你可以把柯慈雷视为一个创新者，更可以把他理解成一个冒险者。事实上，柯慈雷自 2001 年 5 月上任飞利浦 CEO 后，冒险就已经开始。2001 年，公司净亏损 9.76 亿美元，销售额几乎下降 20%。他在 2002 年年初还预言，2002 年将看到飞利浦公司渡过难关。但2002年飞利浦公司的净亏损达到创纪录水平，他的断言成了空话。

但柯慈雷的冒险计划在2003年初见功效。10月中旬，飞利浦公布了2003年第三季度财务报告，宣布继第二季度恢复盈利后，本季度继续盈利，利润为1.24亿欧元。对飞利浦而言，柯慈雷至少有三大决策影响巨大。

一是实施“迈向一个飞利浦”计划，这也是柯慈雷诸多振兴计划中最具震撼性的一个。据飞利浦电子中国集团总裁介绍，“迈向一个飞利浦”的主要目的在于开源节流。而柯慈雷的具体描述是“使不同业务部门之间有更紧密的合作”，以取得更大的成效比。通过这项计划，飞利浦全球节约的费用大概达到10亿美元。

二是对飞利浦的组织架构进行大刀阔斧的调整，把以前相对复杂的多元化精简为5个部门，5个部门又集中在3个领域：医疗保健、时尚生活、核心技术。

三是再造飞利浦文化，重新寻找飞利浦的兴奋点。柯慈雷鄙视飞利浦以往过于老化、荷兰化、男性化、技术化，不辞劳苦地企图让飞利浦更具创业精神。柯慈雷在清华大学为MBA演讲时表示：“竞争的步伐改变了，由于‘跟风者’的迅速跟进，真正投入巨资进行研发的创新者可以享受劳动成果的时间越来越少。解决方案就是：高速、持续地创新。”

冒险更需团队支持

56岁的柯慈雷曾是一名电气工程师，业余兴趣广泛，从研究孔夫子的生平到戏剧、足球和一级方程式赛车都喜欢。

为了建立一个高效团队，柯慈雷为公司高层引进了国外人才。2001年7月，他从Sun公司挖来了负责公司战略的约翰·麦克卢尔；2002年，柯慈雷还雇用了法国电信公司阿尔卡特的高级主管戈特弗里德·杜迪内，后来又任命意大利电信公司的安德里亚·拉格内第为飞利浦第一位首席营销官。

柯慈雷会自己问自己：怎样才能使飞利浦更“牛”？他自己的答案是“言出必行”。

第二篇　个体

第六章　个体行为的基础

第一节　传记特点

管理者要想有效地工作，就必须开发人际技能。组织行为学就是这样一个研究领域，它探讨个体、群体和结构对组织内部行为的影响，然后运用这些知识使组织的运作更有效。具体地讲，组织行为学关注如何改进生产率、减少流动率、提高员工的组织公民行为以及增进员工的工作满意度。

但是，当变量太多太长，而且包括一些过于复杂的变量时，其中很多的概念（例如激励、权力、政治、组织文化等）很难进行评估。如果我们先从一些易于界定、易于获得的因素（这些因素大部分可以直接从员工的人事档案中得到）入手进行分析，可能会更有价值。具体是哪些因素？显而易见包括员工的年龄、性别、婚姻状况、抚养人数以及在组织中的任职时间。目前，有大量的研究针对这些传记特点进行了具体的分析和考察。

一、年龄

在未来的10年里，年龄与工作绩效之间的关系会日益受到重视。大多数人持有一种看法：随着年龄的增长，个体的工作绩效会随之不断下降。在实际的管理中用这样的认识来指导实际的管理行为。管理者对老员工的认识是在工作中的大量积极品质，如经验、判断力、较强的工作道德感以及对质量的承诺，然而与此同时，老员工也被视为缺乏灵活性和对新技术有抵触情绪。当组织在积极寻求可以接纳和认可变革的个体时，与年龄有关的一些信息明显阻碍了老员工受聘的机会。所以，年龄与员工的离职率、缺勤率、生产率和工作满意度是密不可分的。

在年龄与离职关系的研究基础上，研究者们得出结论：年龄越大，越不愿意离开现有的工作岗位。员工年龄越大，可供选择的其他工作机会就越少；年龄越大，任职时间一般也越长，因而加薪的可能性也越多，养老福利更具有吸引力。这些种种原因使得年老的员工不会轻易地辞职。

由此，有人做出这样的推断，年龄与缺勤率之间也存在负相关。但是，研究结论并不完全如此。虽然也有不少的研究支持二者之间存在负相关，但进一步的考察发现，年龄与缺勤率之间的关系在一定程度上还受到缺勤原因的影响。缺勤原因可以分为两种：可以避免的和不可以避免的。年龄大的员工在可以避免的缺勤方面要低于年龄小的员工。另外，年龄大的员工不可以避免的缺勤率却相对较高（由于年龄关系引起的身体健康状况不良，或者疾病及损伤之后需要更长的时间恢复）。

对于年龄和生产率之间的关系，普遍的看法是，随着年龄的增长，生产率会不断下降。

很多人认为，个体的技能水平，尤其在速度、力量、敏捷性和协调性方面，随着时间的推移而不断衰退。另外，一种工作干的时间过长所产生的厌倦感和缺乏刺激性也同样影响了生产率。但是，年龄与工作绩效之间并无相关性。

绝大多数的工作（即使是那些要求重体力劳动的工作），所需要的身体技能也不会随年龄的增长而急剧下降，从而对生产率造成影响。人们的身体技能可能会出现一定程度的衰退，但可以因工作经验而得到弥补。所以有关年龄与工作满意度之间的关系得到的结论并不统一。大多数研究指出，年龄与满意度之间正相关（至少年龄在60岁以上的数据是如此）。有一项研究则发现二者成U型曲线关系。对这一结果存在着若干解释。有一项研究分别考察了具有专业技能和不具有专业技能的员工的年龄与工作满意度的关系，得到的结果最有说服力：当把这两种类型的员工分开考察时发现，在专业技能组，满意度随着年龄增长而持续增加；而在非专业技能组，年龄中等时出现下降情况，之后又有回升。

二、性别

很长时间以来，性别能否影响到工作绩效这样的问题都会引起激烈的争论。实际上，在问题的解决能力、分析技能、竞争驱力、动机、社会交往能力、学习能力方面，男性与女性之间并没有什么明显差异会影响到工作绩效。尤其在近30年里，随着女性参加工作的比例不断增加。但是当女性员工有一个学龄前孩子时，性别差异会体现出来，她们对工作时间有些影响或偏爱，更喜欢兼职工作、弹性工作制、在家办公等，这样才能协调她们的家庭责任。在离职率问题上，研究者们研究表明，女性的离职比例与男性相似。

三、婚姻状况

关于婚姻状况对员工生产率有影响这一结论，目前尚缺乏足够的研究证据。不过，现有的研究一致表明，已婚员工与他们的未婚同事相比，缺勤率和离职率更低，对工作也更为满意。

婚姻可能意味着责任感的增加，这使得一份稳定工作显得更为重要，也更有价值。但二者之间的因果关系尚不清楚，也可能是有责任心和满足感的人更倾向于结婚。这方面存在的另一个问题是，有关研究对于已婚和单身之外的情况并未涉及，比如离婚和丧偶状况是否对员工的工作绩效和满意度有影响？未婚同居的情况又如何呢？这些问题均有待进一步调查。

四、任职时间

任职时间通常被称为工作经验，它是员工生产率的一个良好预测指标，现阶段有大量研究在探讨任职时间与生产率之间的关系，研究者们把任职时间界定为在某项具体工作里持续的时间。研究结果表明，任职时间与生产率之间存在着正相关。

对于缺勤率和工作中缺勤的总天数来说，任职时间是一项重要的解释变量。

第二节　能力

一、能力的定义

能力是指个体能够成功完成工作中的各项任务的可能性。它是对个体现在所能做的事情的一种评估。能力必须通过活动才能表现出来，也只有在活动中才能得到培养。一个人要顺利地完成某种活动，单凭一种能力是不够的，必须有多种能力相结合，形成合理的能力结构。

二、能力的分类

（一）心理能力

心理能力是指个体思考和分析信息的心智能力，即从事那些心理活动所需要的能力。一般包括 7 个维度：算术、言语理解、知觉速度、归纳推理、演绎推理、空间视知觉、记忆力，如表 6-1 所示。

表 6-1　心理能力维度

维度	描述	工作范例
算术	快速而准确的运算能力	会计：在一列项目中计算营业税
言语理解	理解读到的和听到的内容，理解词汇之间关系的能力	工厂管理者：推行企业政策
知觉速度	迅速而准确地辨认视觉上异同的能力	火灾调查员：鉴别纵火责任的证据和线索
归纳推理	确定一个问题的逻辑后果，以及解决这一问题的能力	市场调查员：对未来一段时间内某一产品的市场需求量进行预测
演绎推理	运用逻辑来评估某种观点的价值的能力	主管：在员工提供的两项不同建议中做出抉择
空间视知觉	当物体的空间位置变化时，能想象出物体形状的能力	室内装饰师：对办公室进行重新装饰
记忆力	保持和回忆过去经历的能力	销售人员：会议主管的姓名

（二）体质能力

体质能力是指从事某项工作所需具备的身体方面的能力。比如，一些工作的成功要求耐力、手指灵活性、腿部力量以及其他相关能力。在要求信息加工的复杂工作中，心理能力起着极为重要的作用；同样，对于那些技能要求较少而规范化程度较高的工作而言，体质能力对工作的成功是十分重要的。比如，一些工作的成功要求耐力、手指灵活性、腿部力量以及其他相关能力，因而需要管理层判断员工的体质能力水平。

在组织行为学的研究中将体质能力划分为 9 项基本能力，如表 6-2 所示。

表 6-2　9 种基本的体质能力

基本能力		描述
力量因素	动力力量	不断重复或持续运用肌肉力量的能力
	躯干力量	运用躯干部肌肉（尤其是腹部肌肉）以达到一定肌肉强度的能力
	静态力量	产生力量阻止外部物体的能力
	爆发力	在一项或一系列爆发活动中产生最大能量的能力
灵活性因素	广度灵活性	尽可能远地移动躯干和背部肌肉的能力
	动力灵活性	进行快速、重复的关节活动的能力
其他因素	躯体协调性	躯体不同部位进行同时活动时相互协调的能力
	平衡性	受到外力推拉时，依然保持躯体平衡的能力
	耐力	当需要延长努力时间时，持续保持最高努力水平的能力

不同的个体在每项能力上都存在一定程度的差异。而且，这些能力之间的相关性极低。一个人在某一项能力中得分高并不意味着在另一项能力中得分也高，如果管理者能确定某一工作对这9项中某一项能力的要求程度，并能保证从事此工作的员工具备这些能力水平，那么无疑就会提高工作绩效。

（三）能力－工作的匹配

不同的工作对个体的要求是不同的，并且个体在能力方面也存在着差异。所以，只有当能力与工作匹配时，员工的工作绩效才更会提高。

为了达到高工作绩效而对人的具体的心理能力和体质能力两方面的要求取决于该工作本身对能力的要求。比如，飞行员需要有很强的空间视知觉能力；海上救生员需要有很强的空间视知觉能力和躯体协调能力；高级经理需要有很强的言语表达能力；高楼大厦的建筑工人需要有很强的平衡能力；一个缺乏推理能力的记者很难达到最低的工作绩效标准。因此，仅仅关心员工的能力或仅仅关心工作本身对能力的要求都是不够的，员工的工作绩效取决于二者之间的相互作用。

当二者的匹配不良时，员工如果缺乏必需的能力就常常会在工作中失利。比如，如果你被录取为一名文字处理人员，而你的能力水平达不到键盘打字工作的基本要求，那么无论你的态度多么诚恳或工作积极性多高，最终的工作绩效还是很低。当员工的能力远远超过工作要求而造成能力与工作要求不匹配时，工作绩效本身可能不会存在问题，但同时可能会使组织缺乏效率，员工的满意度降低。员工得到的薪水反映的应该是个体在工作中的最高技能水平。如果员工的能力远远超过了工作要求，则管理层应付给他更多的薪水。另外，当能力水平远远超过工作要求时，也会降低员工的工作满意度，尤其当员工渴望施展自己的才华时，他们会因工作的局限性而灰心丧气。

第三节　人格

一、人格的定义及决定因素

人格是心理学、法学、伦理学、宗教学、社会学、哲学等众多学科研究的对象。本节主要从心理学角度讨论人格的概念、决定因素、人格特质等内容。

（一）定义

关于什么是人格，学术界众说纷纭。西方现代心理学家谈到人格时，指的是个人动态的概念。比如卡默龙认为："人格是交互结合的行为系统的动力组织，它在他人和文化产品的环境中由学习里程而发展起来。"还有高登·奥尔波特提出的"人格是个体内部身心系统的动力组织，它决定了个体对环境的独特调节方式。"

综合各家之言，作者认为人格是个体对他人的反应方式和交往方式的总和。常常通过个体表现出来，具有稳定的心理特征，可以测量人格特质来进行描述。

（二）人格的决定因素

早期有关人格的研究主要集中在：一个人的人格究竟来自遗传还是来自环境？显而易见，人格是二者共同作用下的产物。另外，研究者还发现了影响人格的第三个因素：情绪。目前人们普遍认为，成年人的人格是由遗传和环境两方面因素构成的，同时还受到情境条件的调节。

（1）遗传。

遗传指的是那些由胚胎决定的因素。身材、相貌、性别、秉性、肌肉的组成和反射、精力水平以及生物节律等特点，都全部或至少大部分受到父母的影响，也就是说，受到他们生物的、生理的、内在心理组成的影响。遗传观点认为，根据染色体上基因的分子结构，可以全面解释个体的人格特征。

（2）环境。

对人格形成施加外部压力的因素包括：个体成长的文化背景；早年的生活条件；家庭、朋友和社会群体的规范以及我们体验到的其他影响因素。这些环境因素对于人格的塑造起着十分重要的作用。例如，文化所建构的规范、态度和价值观会一代代流传下来，一直保持着稳定性，不随时间的变化而变化。在一种文化中培养出来的稳固的意识形态，另一种文化最多只能对它起到轻微的调节作用。

遗传构建了个体成长的前提条件或物质限制，但个体的总体潜能取决于如何能调整自己以适应环境的要求。

（3）情境。

情境是决定人格的第三个因素，在遗传和环境对人格的影响中起着一定的作用。个体的人格虽然从总体来说是稳定持久的，但在不同情境下会有所改变。在不同的情境中，会要求一个人的人格表现出不同的侧面。情景因素影响到个体的人格特点这种假设具有内在逻辑基础。但是要对其进行明确系统地划分，以了解各种不同情境类型对于人格的具体影响，还为时尚早。但我们已经知道，在影响人格方面，一些情境因素比另一些情境因素所起的作用更大。

二、基本人格理论

（一）特质理论

特质理论认为：人格是由个体的特质组成的，特质是构成人格的基本单元，特质决定个体的行为；人格特质在时间上具有稳定性，在空间上具有普遍性；通过对人格特质的了解，可以预测个体的行为。

持特质论的人格心理学家可以分成两类：一类侧重统计方法，如卡特尔、艾森克；另一类侧重非统计方法，如阿尔波特。

（1）阿尔波特的特质理论。

阿尔波特是特质论的创始人，他详细解释了特质的定义、特点和种类。

1）特质的定义。阿尔波特认为，特质是个人所特有的、一般的、现实焦点的神经心理结构。由于有特质，很多刺激便等值起来，从而使人在不同情况下的适应行为和表现行为具有一致性。

具有不同特质的人，即使对同一个刺激物，反应也会不同。一个具有友好特质的人和一个具有怀疑特质的人对陌生人的反应是很不同的。

阿尔波特认为，特质是概括的，它不只是和少数的刺激或反应相联系。一个特质联结着许许多多的刺激和反应，使个体行为具有广泛的一致性、跨情境性和持久性。同时，特质又具有针对性，即它与现实的某些特殊场合联系着，只有在特殊的场合和人群中才会表现出来。例如，具有攻击性特质的人，不会在任何场合对任何人进行攻击。

2）特质的特点。阿尔波特认为，特质具有如下特点：

- 特质是一种实际存在于个体内的神经心理结构。
- 特质比习惯更具有一般性，习惯比特质更特殊，它常常是特质的具体表现，特质是对习惯整合的结果。
- 特质具有动力性。特质具有指引人行为的能力，它使个人的行动具有指向性。特质是行为的基础和原因，它支撑着行为。
- 特质可以从个体的外部行为来探测，并且在实际中得到证明。
- 特质之间是相对独立的。
- 特质和道德判断不能混为一谈。
- 行为或习惯与特质不一致时，并不能证明这种特质不存在。
- 特质可以作为具有此特质的个体的人格来研究，也可以就其在群体中的分布来研究。

3）特质的种类。阿尔波特把特质分为共同特质和个人特质两类。共同特质是同一文化形态下群体都具有的特质。它是在共同的生活方式下所形成的，并普遍地存在于每个人身上，这是一种概括化的性格倾向。个人特质为个人所独有，代表个人的性格倾向。他认为，世界上没有具有相同的个人特质的两个人，只有个人特质才是表现个人的真正特质。

阿尔波特又把个人特质区分为 3 个层次：

- 首要特质。这是个人最重要的特质，代表整个个性，往往只有一个，在个性结构中处于支配地位，影响一个人的全部行为。
- 主要特质。这是性格的“构件”，性格是由几个彼此相联系的主要特质所组成的，主要特质虽不像首要特质那样对行为起支配作用，但也是行为的决定因素。
- 次要特质。这是个人无足轻重的特质，只在特定场合下出现，它不是个性的决定因素，不是经常地、一贯地表现出的人格特质。

（2）卡特尔的特质理论。

卡特尔继承了阿尔波特的学说，采用图表分析的方法进行了精确的归纳分类。

1）独特特质和共同特质。共同特质指人类所有社会成员所共同具有的特质；独特特质指单个个体所具有的特质。

2）表面特质和根源特质。卡特尔认为，表面特质直接与环境接触，常常随环境的变化而变化，是从外部可以观察到的行为；根源特质隐藏在表面特质的后面，深藏于个性结构的内层，必须通过表面特质的媒介，用因素分析法才能发现，它是制约表面特质的潜在基础和人格的基本因素。

3）体质特质和环境特质。卡特尔认为，在根源特质中，有些特质是由遗传决定的，称为体质特质；有些特质是由环境决定的，称为环境特质。例如，开朗性特质是体质特质，实验性是环境特质。

4）能力特质、气质特质和动力特质。能力特质是决定一个人如何有效地完成某一任务的特质。它是个性的认知表现。智力被认为是最重要的能力特质。气质特质是描绘一个人在接近他的目标时如何行动的特质。它决定了一个人的一般“风格与节奏”，决定一个人的行为是温和的还是暴躁的，决定一个人的情绪色彩，是个性的情绪表现。动力特质使人朝着某个目标行动，它是个性的动机因素。卡特尔又从动力特质中区分出本能特质和习得特质等。

（3）艾森克的人格结构。

艾森克从特质理论出发，用试验法研究人格问题，提出了国际公认的人格结构模型。

1）人格维度。艾森克认为人格维度有两个，即内外向和神经质。

- 内外向。艾森克认为，外向的人不容易受环境影响，难以形成条件反射，在个性上具有情绪冲动和难以控制、好交际、善社交、渴望刺激、冒险、粗心大意和爱发脾气等特点。外向的人从外表上看似乎显得不大可靠。内向的人容易受周围环境影响，非常容易形成条件反射，在人格上具有情绪稳定、好静、不爱社交、冷淡、不喜欢刺激、深思熟虑、喜欢有秩序的生活和工作、极少发脾气等特点。内向的人从外表上看似乎是一个略带悲观色彩而可靠的人。
- 神经质。神经质又叫情绪性。情绪不稳定的人表现出高焦虑，这种人喜怒无常，容易激动。情绪稳定的人情绪反应缓慢而且轻微，并且容易恢复平静。这种人稳重、温和，并且容易自我克制，不易焦虑。

2）人格层次。艾森克认为，人的行为可分为类型、特质、习惯性反应和特殊性反应4个水平。

- 类型水平是通过观察一些不同特质的相互关系基础上得出来的。
- 特质水平是在观察一些不同的习惯反映的相互关系基础上得出来的。
- 习惯性反应水平是在同样环境中可以导致再次发生的特定反应。
- 特殊性反应水平是个体在一次实验性试验时的反应或对日常生活经验的反应。

（二）精神分析

这里主要简要介绍一下荣格的分析心理学。最初，荣格和弗洛伊德共同创建精神分析学会，后因学术观点不同而自立门户，创立了分析心理学。

（1）人格结构。

荣格认为人格包括3个层次：意识、个人潜意识和集体潜意识。

1）意识。包括能意识到的一切心理活动，是人心中能被个人直接知道的部分。个人的意识逐渐变得不同于他人，富有个性。这个过程叫做个性化。意识在个性化过程中，产生出新的因素，称为自我。自我使个体适应环境，并和环境保持联系的通道，使个体的日常机能正常运转。

2）个人潜意识。个人潜意识是由曾经被意识而后被压抑的经验，或一开始就没有形成意识印象的经验所组成。例如，一段痛苦的经历、一次内心的冲突等。

3）集体潜意识。集体潜意识是遗传下来的为集体所共有的潜意识，它反映了人类在以往的历史进化过程中的集体经验。

（2）人格类型。

荣格把人分成两类：一类是外倾型，一类是内倾型。外倾型的人，重视外在世界，爱社交，活跃，开朗，自信，勇于进取，对周围的一切事物都很感兴趣，容易适应环境的变化。内倾型的人，重视主观世界，好沉思，善内省，常常沉浸在自我欣赏和陶醉之中；同时表现出孤僻，缺乏自信，易害羞，冷漠，寡言，较难适应环境的变化。

荣格还把人的心理活动分成感觉、思维、情感和直觉4种基本机能。

内外倾和4种机能的组合构成了人格的8种类型，如表6-3所示。

表 6-3 内外倾和 4 种机能的组合构成的人格的 8 种类型

	外倾型	内倾型
思维型	外倾思维型（情感压抑，缺乏鲜明的个性）	内倾思维型（情感压抑、冷漠、沉溺于幻想、固执刚愎和骄傲）
情感型	外倾情感型（思维压抑，情感外露，爱好交际，寻求与外界和谐）	内倾情感型（思维压抑，情感深藏在内心，沉默，力图保持隐蔽状态，气质常常是抑郁的）
感觉型	外倾感觉型（寻求享乐，追求刺激，情感浅薄，直觉压抑）	内倾感觉型（艺术性强，直觉压抑）
直觉型	外倾直觉型（具有敏锐感觉，喜欢追求客观事物的新奇性）	内倾直觉型（不关心外界事物，脱离实际，善幻想，观点新颖）

（三）现象学理论

现象学理论认为一个人在一定时间内的行为主要是由该人对外部世界的认知决定的。比较著名的现象学理论有凯利的人格认知理论和罗杰斯的人格自我理论。

（1）人格认知理论。

人格认知理论是凯利总结自己多年的临床心理咨询实践创立的。她主要强调了认知的重要性。该理论的基本论点是：

1）人是科学家。凯利发现所有的人都像科学家那样在不停地探索、解释客观世界，并开发出一些理论或假设来描述当前，预测未来。

2）个人建构。个体认知、解释客观世界的结果是发展了一整套个人建构，一个建构就是一种思想，一种观点、看法，人们用它来解释个人自己的经验。

3）建构规律。凯利认为个体的行为都是由他用以预测事物的建构来决定的。

（2）人格自我理论。

人格自我理论的创始人是著名临床心理学家罗杰斯，他的人格理论源于他的心理治疗工作。

1）自我概念（Self-Concept）。自我概念是罗杰斯自我理论的基础。罗杰斯将个人对自己的了解和看法称为“自我概念”，它主要包括“我是个什么样的人”和“我能做什么”两方面的内容。

自我概念有以下 4 个特点：

- 自我概念是对自己的知觉，它遵循知觉的一般原理。
- 我概念是有组织的、连贯的、有联系的知觉模型。自我并不是由许许多多互不相干的条件反应所组成，它是一个有组织的整体。
- 自我不是指存在于我们头脑中的另一个人，不是指我们身体内部的一个小人，是指能表征那些关于自己的经验。
- 自我虽然也包括潜意识的东西，但主要是有意识的或可以进入意识的东西，它通常可以为人所察觉到。

2）自我测量。罗杰斯认为，心理疾病的基本因素在于经验与自我概念不协调，因此，在实验中他以自我概念与理想自我的差距作为适应不良的客观指标。自我概念是不可能共同观察的，罗杰斯采用了斯蒂芬逊（Setephenson）发展的 Q 分类技术（Q-Sort technique）来测量自我（较符合现实的自我形象）和理想自我（期望实现的自我形象），步骤是：

- 给被试一定数量的卡片，卡片上的句子写着个人各种可能的自我概念。
- 要求被试根据自己的情况从最合适的特质到最不合适的特质把卡片分成几堆，排放在中间的一堆卡片是中性的。
- 要求被试根据理想自我对这些卡片再分类，描述出他希望成为的人。

运用 Q 技术，可以把他人的评定和被试自己的评定进行比较，也可以把理想自我和现实自我进行比较。

3）自我实现。罗杰斯认为，人类有机体有一种天生的自我实现的动机，所有别的动机都是自我实现的不同表现形式。自我实现是个体力图在遗传的限度范围内发展自己的潜能。

三、影响组织中员工行为的主要人格特质

正如上面我们知道的，人格特质（Personality Traits）是指当一个人在各种情境下都表现出一些持久而稳定的某些特点，这些特质越稳定在不同的情境中出现的频率越高，那么在描述个体行为时就显得越重要。早期对人格特质的探索有卡特尔因素分析法。近年来，大量颇具影响力的研究证实，由 Tupes 和 Christal 提出的五维度人格模型构成了所有人格因素的基础，并且包括了人格当中的大多数明显变异。这 5 个因素是：

- 外倾性：这一维度描述的是个体对关系的舒适感程度。
- 随和性：这一维度描述的是个体服从别人的倾向性。
- 责任心：这一维度描述的是对信誉的测量。
- 情绪稳定性：这一维度刻画的是个体承受压力的能力。
- 经验的开放性：这一维度针对个体在新奇方面的兴趣和热衷程度。

有研究发现五大人格维度与工作绩效之间有着重要关系。调查结果表明，对于各行各业的人员来说，责任心这一维度都可以预测其工作绩效。另外，在责任意识上得分较高的个体，也会在工作相关知识方面水平更高，这可能是由于高责任心者会在工作中付出更多的努力。而较高的工作知识水平，又会带来较高的工作绩效水平。研究还发现，责任意识与组织公民行为之间有着相对较强的稳定关系。不过，似乎这是唯一一项可以预测组织公民行为的人格维度。

对于其他的人格维度，其预测力取决于绩效标准和职业群两项因素。比如，外倾性可以预测管理和销售岗位的工作绩效，这一点比较容易理解，因为这些岗位需要较多的社会交往活动。同样，研究发现，经验的开放性对于培训效果的预测十分重要。

接下来，我们将针对一些对组织行为具有高度预测性的人格特质进行更为细致的评估。首先是人们认为对生活的控制点，接着是马基雅维里主义、自尊、自我监控以及 A 型人格。我们先简要介绍一下这些因素，然后总结它们对员工行为的预测与解释能力。

（一）控制点

一些人认为自己是命运的主人。另一些人则认为自己受命运的操纵，认为生活中所发生的一切均是运气和机遇的作用。前者认为自己可以控制命运，我们称其为内控型；后者认为自己被外界的力量所左右，我们称其为外控型。我们把个体对于自己命运根源的认知称为控制点。

大量内控和外控的比较研究一致表明：与内控得分高的个体相比，外控得分高的个体对工作更不满意，缺勤率更高，对工作环境更为疏远，对工作的投入程度更低。另外，外控型人采取主动行动的可能性更低。总体来说，研究证据表明，内控型人在工作上会干得更好，但这一结论在不同工作中也存在一定的差异。内控者在决策之前积极搜寻信息，对获得成功有更强

烈的动机，更倾向于控制自己的环境；而外控者则更为顺从，更乐于遵循别人的指导。因此，内控者在复杂的工作中做得很好，包括绝大多数管理和专业技能的工作，因为这些工作需要进行复杂的信息加工和学习活动。另外，内控者也适于要求创造性和独立性的工作活动。与此相对照，外控者对于结构分明、条例清楚且只有严格遵从指示才会成功的工作来说，会做得很好。

（二）马基雅维里主义

马基雅维里主义人格特点以尼科洛·马基雅维里的名字命名。人们在马基雅维里主义与行为结果的关系方面进行大量研究，其结果表明：高马基雅维里主义者比低马基雅维里主义者更愿意操纵别人，赢得利益更多，更难被别人说服，却更多地说服别人。研究发现，高马基雅维里主义者在以下几方面工作更有成效：

（1）当他们与别人直接面对面交往，而不是间接地相互作用时。

（2）当情境中要求的规则与限制最少，并有即兴发挥的自由时。

（3）对具体问题的情感卷入与能否成功无关时。

（三）自尊

人们喜爱或不喜爱自己的程度各有不同，这一特质称为自尊。有关自尊的研究总结出了一些规律，比如自尊与成功预期正相关，自尊心强的人相信自己拥有工作成功所必需的大多数能力。与自尊心弱的人相比，自尊新强者在工作选择上会更为冒险，更可能选择那些非传统性的工作。

有关自尊方面最普遍的发现是，自尊心弱的人比自尊心强的人更容易受外界影响，他们需要从别人那里获得积极的评估。为此，他们更可能寻求他人的认同，更倾向于按照自己尊敬的人的信念和行为从事。从管理的角度来看，自尊心弱的人更注重取悦他人，他们很少站在不受欢迎的立场上。

人们还发现自尊与工作满意度之间存在相关性，大量研究证实，自尊心强者比自尊心弱者对他们的工作更为满意，这一点并不令人感到意外。

（四）自我监控

近年来，自我监控日益受到人们的重视，它指的是个体根据外部情境因素调整自己行为的能力。高自我监控者在根据外部环境因素调整行为方面表现出很强的适应性，他们对环境线索十分敏感，能根据不同情景采取不同行为，并能够使公开的角色与私人的自我之间表现出极大差异；而低自我监控者则不能以这种方式伪装自己，他们倾向于在各种情境下都表现出自己的真实性情和态度，因而在他们是谁以及他们做什么之间存在着高度的行为一致性。

（五）A 型人格

A 型人格是指一些人非常具有竞争性，并总是体验到一种时间上的紧迫性。它表现为：

（1）运动、走路和吃饭时通常节奏很快。

（2）对很多事情的进展速度感到不耐烦。

（3）总是试图同时做两件以上的事情。

（4）无法打发休闲时光。

（5）着迷于数字，他们的成功是以每件事中自己获益多少来衡量的。

与 A 型人格相对应的是 B 型人格，其特点正好相反，这类人通常不具有竞争性，它表现为：

（1）从来不曾有时间上的紧迫感以及其他类似的不耐烦。

（2）认为没有必要表现或讨论自己的成就和业绩，除非环境要求如此。

（3）充分享受娱乐和休闲，而不是不惜一切代价实现自己的最佳水平。

（4）充分放松而不感到内疚。

A 型人常常处于中高度的焦虑状态之中。他们不断给自己施加时间压力，总为自己规定最后期限。这些特点导致了一些具体的行为结果。比如，A 型人是速度很快的工人，他们更重视数量而不是质量。从管理角度来看，A 型人表现为愿意长时间从事工作，但正是由于他们做得过快，所以往往导致决策不会是最优的。A 型人很少具有创造性，因为他们关注的是数量和速度。

四、人格－工作的匹配

约翰·霍兰德（John Holland）的人格－工作适应性理论在有关工作要求与人格特点之间的匹配性当中提供了很好的解释。该理论基于这样的观点，个体的人格特点与他的职业环境之间需要匹配。霍兰德提出了 6 种人格类型。他指出，员工对工作的满意度和流动意向，取决于个体的人格特点与职业环境的匹配程度。

这 6 种人格类型中的每一种都有与其相适应的工作环境。表 6-4 对 6 种类型进行了分别描绘，并列举了它们的人格特点以及与之匹配的职业范例。

表 6-4　6 种人格类型

类型	人格特点	职业范例
现实型（偏好需要技能、力量、协调性的体力活动）	害羞、真诚、持久、稳定、顺从、实际	机械师、钻井操作工、装配线工人、农场主
研究型（偏好需要思考、组织和理解的活动）	分析、创造、好奇、独立	生物学家、经济学家、数学家、新闻记者
社会型（偏好能够帮助和提高别人的活动）	社会、友好、合作、理解	社会工作者、教师、议员、临床心理学家
传统型（偏好规范、有序、清楚明确的活动）	顺从、高效、实际、缺乏想象力、缺乏灵活性	会计、业务经理、银行出纳员、档案管理员
企业型（偏好能够影响他人和获得权力的言语活动）	自信、进取、精力充沛、盛气凌人	法官、房地产经纪人、公共关系专家、小企业主
艺术型（偏好需要创造性表达的、模糊的、无规则可循的活动）	富于想象力、无序、杂乱、理想、情绪化、不实际	画家、音乐家、作家、室内装潢设计师

该理论指出，当人格与职业相匹配时，则会产生最高的满意度和最低的流动率。工作具有不同的类型，不同的个体在人格方面存在着本质的差异，当工作环境与人格类型相互协调时，会产生更高的工作满意度和更低的离职意向。

第四节　学习

我们想要解释和预测人类的行为，就需要了解人们是如何学习的。在这一节中，我们对学习进行了界定，陈述 3 种主要的学习理论，描述了学习理论在组织中的一些具体应用。

一、学习的定义

学习发生于任何时间、任何地点，被人们普遍接受的一个定义是：在检验的作用下发生的相对持久的行为改变。换句话说，就是人们通常看到的“学习”是指处在学习的过程中的行为的改变。学习在理论上是一个抽象的概念，它本身是无法直接观察到的。当一个人的行为活动以及反映这些作为经验的结果与过去的方式有些不同时，就意味着学习已经发生了。

学习包含着变化，从组织的角度来看，变化可以是有利的，也可以是不利的。人们可以学会良好的行为，但也可以学会不良的行为，这种变化应该是相对持久的。暂时的变化可能仅仅是反射的结果，而不是学习的结果。因此，在对学习进行考察时，需要排除那些由于疲劳或暂时的适应性而导致的行为改变。正如学习的定义所说只有行为活动出现了变化，学习才会发生。如果个体仅仅在思维过程或在态度上发生了变化，而行为未发生相应变化，则不能称为学习。学习必须包含某种类型的经验。这些经验可以通过直接方式得到，如观察或实践，也可以通过间接方式得到，如阅读。检验学习的关键是，这种经验是否导致了相对持久的行为变化，如果“是”，就可以说学习发生了。

二、学习理论

有 3 种学习理论能够很好地解释学习这一行为过程：经典条件反射理论、操作性条件反射理论、社会学习理论。

（一）经典条件反射理论（Classical Conditioning）

在经典条件反射方面的大量研究是 20 世纪初俄国生理学家伊万·巴甫洛夫（Ivan Pavlov）进行的，他的实验主要是教会狗在听到铃声后做出分泌唾液的反应。巴甫洛夫给狗做了一个简单的外科手术，使得自己可以精确测量出狗所分泌的唾液量。当他把一片肉放在狗的面前时，狗的唾液分泌量明显增加。当他藏起这片肉只是摇铃时，狗不分泌唾液。然后，巴甫洛夫将肉和铃声结合起来。每次狗得到食物之前都会听到铃声，如此反复。于是，狗听到铃声后就立即开始分泌唾液。后来，狗即使只听到铃声而没有得到食物，也会分泌唾液。事实上，狗已经学会了一种新的反应，即听到铃声后分泌唾液。

食物是无条件刺激物，它必然会使狗做出某种具体方式的反应。只要无条件刺激物出现，这种反应就会发生，因此，这种反应称为无条件反应（在这一实验中，这种反应为唾液分泌量的明显增加）。铃声为人工刺激物，或称条件刺激物。它原本是中性的，但食物（无条件刺激物）与铃声多次匹配之后，最终可以使条件刺激物单独出现时也产生反应。

从这个实验中我们可以对经典条件反射进行概括。从根本上说，条件反射的学习指的是，建立条件刺激与无条件刺激之间的联系。当有吸引力的刺激物与中性刺激物多次相互匹配时，中性刺激物就会变成无条件刺激物，因而拥有无条件刺激物的性质。

经典性条件反射是被动的。由于事件的发生而使我们以某种特定的方式进行反应。它产生于我们对于具体的、可识别的事件做出的反应。因此，它可以帮助我们解释一些简单的反射行为。然而，大多数行为，尤其是个体在组织中的复杂行为，都是主动出现的，而不是被诱导出来的；都是主动自觉的，而不是被动反射的。

（二）操作性条件反射理论（Operant Conditioning）

操作性条件反射理论认为，行为是其结果的函数。通过学习，个体获得他们想要的东西而逃避他们不想要的东西。操作性行为指的是主动的或习得的行为，而不是反射性或先天的行为。该行为结果是否得到强化影响着这一行为重复的可能性。也就是说，强化可以巩固行为并增加其重复的可能性。

与巴甫洛夫的经典条件反射相对照，哈佛大学心理学家斯金纳（B.F.Skinner）提出了操作性条件反射的概念。斯金纳认为，行为并不发端于内部（即并不是由反射或先天而决定），而是后天习得的。他指出，在具体行为出现之后如果能提供令人满意的结果，会增加这种行为发生的频率。如果人们的行为可以得到积极强化，则他们最有可能重复这种令人满意的行为。而且，如果奖励紧跟在恰当行为之后，则最为有效。如果行为不被奖励或受到惩罚，则不大可能继续被重复。

（三）社会学习理论（Social-Learning Theory）

个体不仅通过直接经验进行学习，还通过观察或聆听发生在他人身上的事情而学习。比如，我们通过观察榜样——父母、教师、同伴、影视演员、上司等，学会了很多东西。这种认为可以通过观察和直接经验两种途径进行学习的观点，称为社会学习理论。社会学习理论是操作性条件反射的扩展，也就是说，它也认为行为是结果的函数。不过，它同时还承认观察学习的存在以及知觉在学习中的重要性。人们根据自己的认知做出反应并界定这一结果，而不是根据客观结果本身做出反应。榜样的影响是社会学习理论的核心内容。人们发现，榜样对个体的影响包括4个过程：

（1）注意过程。只有当人们认识并注意到榜样的重要特点时，才会向榜样学习。我们最容易受到那些有吸引力的、反复出现的、对我们重要的或与我们相似的榜样的影响。

（2）保持过程。榜样的影响取决于当榜样不再真正出现时，个体对榜样活动的记忆程度。

（3）动力复制过程。个体通过观察榜样而看到一种新行为之后，观察必须要把"看的过程"转化成"做的过程"。这种转化表明个体能够切实地执行榜样活动。

（4）强化过程。如果提供了积极的诱因或奖励，将会激发个体从事榜样行为。人们对受到强化的行为将会给予更多关注，学习的效果更好，表现得更频繁。

三、学习理论在组织中的一些具体应用

在这里，我们主要介绍 4 种具体应用，即以健康工资替代病假工资；对问题员工进行处分；开发有效的员工培训方案；把学习理论应用于自我管理当中。

（一）健康工资与病假工资

大多数组织在员工病假期间照发工资，并把它作为职工福利的一个组成部分。然而，有病假工资制度的组织与没有这种制度的组织相比，缺勤率高出两倍。这一事实表明，病假制度强化了错误的行为——请病假不来上班。如果员工每年拥有10天带薪病假，那么不管是否真的生病，员工都会使用这些病假。组织应该奖励员工出勤而不是奖励缺勤。例如，美国中西部的一家组织实施了健康工资制度，对那些连续一个月没有缺勤的员工提供奖励，并且只有在累积8小时缺勤限额满了之后才提供带薪病假工资。对健康工资制度进行的评估发现，它使组织节省了开支，降低了缺勤率，提高了生产率，还增加了员工的工作满意度。

《福布斯》（Forbes）杂志社运用同样手段缩减了他们的医疗福利开支。公司对那些保持健康并且无医药费报销的员工给予500美元的奖励，而后，这个数字翻了一番。如果某人在一年里没有报销医药费，则可获得1000美元（500×2）的奖励。通过对身体健康的员工进行奖

励，该杂志社的药费开支下降了30%。

（二）员工处分

每一位管理者都会在工作中碰到这样一些问题需要处理：员工酒后上班、抗拒领导、偷窃公司财产、上班长期迟到，或其他类似的问题行为。管理者所实施的处分活动常常包括口头批评、书面警告和暂时停职。但是，有关处分对行为影响方面的知识表明，处分的使用是有代价的。它可以在短期解决问题，但最终会带来严重的副作用。

对员工的不良行为进行处分只能告诉他们不应该做什么，并没有告诉他们什么样的行为是恰当的。这种惩罚类型的结果通常只会暂时抑制不良行为，但不会从根本上消除不良行为。持续地使用惩罚措施，而不用积极强化方式，还容易使员工对管理者产生恐惧感。由于管理者总是以惩罚的代理人身份出现，因而在员工头脑中常常将他们与不良的结果联系在一起，员工对上司的反应是"躲避"。因此，惩罚的使用破坏了管理者与员工之间的良好关系。

不过，处分在组织中占有一席之地，在管理实践当中十分流行，因为它无疑能在短时间内产生快速效果。另外，管理者也受到了鼓励使用这种处分，因为它能使员工的行为迅速改变。

（三）开发培训方案

绝大多数的组织都使用一些培训方案。具体来讲，在美国员工超过百人的企业中，近年来每年花费超过58亿美元的经费，用于为4730万的工人提供正式培训。为了提高培训方案的效果，这些组织能够从我们对学习的讨论中获得哪些启发呢？

社会学习理论提供了这样的指导方针：培训必须提供一个榜样以吸引被培训者的注意力；要提供激励力量；要帮助受训者总结自己所学到的知识以及它们在今后的工作中的作用；要提供实践机会以演练新行为；要为成绩提供奖励；如果培训为脱产式，还应为培训人员提供把自己学到的知识转化到工作实际中去的机会。

（四）自我管理

管理学习概念在组织中的应用并不仅仅局限于管理他人的行为，还可以用于个体对自己行为的管理，而且通过这种做法，可以降低对管理控制的需要，这就是自我管理。

自我管理如何应用呢？下面给出一个例子。州政府的一群蓝领工人接受了为期 8 小时的自我管理技能的培训，并被告知如何应用这些技能来改善工作出勤率。首先指导他们对工作出勤率设立具体的目标（包括短期目标和中期目标两种），然后教会他们如何为自己书写行为契约并自己选择强化物，最后，让他们学习自己监控出勤行为的重要性，以及当自己达到目标时对强化物进行管理。这些参与者无一例外地都在工作出勤率方面有了明显提高。

复习题

1. 哪些传记特点能够最好地预测以下方面：

（1）生产率。

（2）离职率。

（3）缺勤率。

（4）工作满意度。

2. 解释经典条件反射。

3. 为了确保个体具备有效的从事某项具体工作的恰当能力，应做哪几步工作？

4．对比经典条件反射理论、操作性条件反射理论和社会学习理论之间的差异。

5．你认为针对高层管理岗位而言，哪些能力对成功尤其重要？

6．针对良好的能力与工作的匹配和良好的人格与组织的匹配两种情况，你认为哪种情况更能导致成功？请解释你的理由。

【案例讨论】

邦尼贝尔工厂的员工平均年龄为70岁

邦尼贝尔工厂位于俄州湖木市（Lakewood），工厂的早班包括86名装配线工人，他们要完成包装并打包10800支口红的任务。公司规定，数量超过10000属于优秀水平。不过，除了他们达到的生产目标令人吃惊之外，这条装配线还有一个独特之处——工人的平均年龄超过70岁，最大的一名工人90岁。

这支由老年人组成的生产队伍成立于1997年，成立时并不是为了进行某些重要的社会科学实验，而仅仅出于一个实用性的企业决策。当时公司需要工人，但劳动力市场人员十分紧缺，而年长者的数量却相当多。公司总裁本人也76岁了，他提出了这个想法。负责生产和打包车间的高层管理者对此持怀疑态度。他们觉得年老员工干活太慢，而且在一个高科技的世界中，一旦出了差错则代价更大。他们担心老年人会抱怨自己干不了这份工作，或是他们需要更多的休息时间，或者他们会感觉不好。公司总裁否定了这些刻板印象，虽然他也不知道是否还有其他公司拥有老年工人队伍，但是他说："让我们试一下吧，这样才能知道是否可行。"

这确实可行。现在邦尼贝尔公司共有500名员工，其中将近20%为退休员工。这个工作群体从事的是那些曾经被外包出去的工作，在最初4年里，他们为公司节省了100多万美元，并且有力地驳斥了对他们的怀疑态度。管理层制定并完成了工作目标，员工的离职率几乎是零。而且，只要公司需要，还有一长串的老年人作为候补参加这项工作。老年人用自己的行动证实他们是最理想的新员工资源。

老年人不仅证明自己是高生产率和忠诚的，他们还帮助企业节省了开支。由于绝大多数人有社会保险，他们并不完全依赖这份工作来养活自己。他们无须达到每小时15～20美元的工资标准就可满足自己的要求。对于刚开始时每小时7.5美元，一年之后涨至8美元的工资，他们常常快乐地接受了。另外，由于不用给这些员工提供医疗保险，公司又因此节省了一笔开支。这些工人中绝大多数享受医疗保险，所以无需额外的投资。

思考题

（1）这一案例中的实际情况与本章中有关年龄的研究之间有何联系？

（2）这家工厂是否实施了一些反年龄歧视的活动？

（3）如果年老员工与年轻员工混合在一个部门，你认为这些老员工是否也会做得一样好？请找到论据支持你的观点。

（4）你是否认为邦尼贝尔公司在聘用老员工上的成功可以用到其他公司中？无论你的回答是什么，请说明原因。

第七章 知觉与个人决策

第一节 知觉

一、知觉的定义

知觉指的是，个体为了对自己所在的环境赋予意义而组织和解释他们感觉印象的过程。知觉可以定义为个体通过感官对自己所处的环境进行认识和评价的过程，有如下 4 个特点：

- 选择性：即当人们感知外部事物时，能优先把知觉对象从背景中清晰地分离出来。
- 理解性：是指当人们知觉某一对象时，可以根据自己的经验去加深理解，并做出解释。
- 整体性：是指人们可以根据经验，来按照事物的局部特征和个别属性去感知事物的整体。
- 恒常性：是指当知觉的条件在一定范围内发生某些变化时，知觉的映象仍然保持不变。

这个世界是人们知觉到的世界，人们的行为是以他们对现实的知觉为基础的，而不以现实本身为基础。因此，对知觉的探讨有益于管理者了解企业员工的行为。人的知觉活动是一个较为复杂的过程，有以下几个环节：

（1）从感觉信息（背景和线索）中选择知觉对象。

（2）对对象的局部信息与不完整的线索和信息进行回忆补充。

（3）对信息与线索进行加工并组织构成完整的对象。

（4）对知觉对象作出适当解释并用名称标识。

知觉是人对客观现实的反映，这种反映除了受客观环境的制约外，还受到个体的知觉经验的影响。由于每个人所处的主客观条件不同，所以即使对同一事物，人与人的知觉也会存在差异，而这种知觉上的差异又直接导致人们行为上的差异。

二、影响知觉的因素

为什么不同的个体看到相同的事物会产生不同的知觉结论呢？

知觉是人脑对客观事物的整体反映，在同一时刻内有许多客观事物同时作用于人的感官，但人不能同时反映这许多的客观事物，只对某些事物有清晰的印象，对更多的事物印象不深或者根本没有印象。在知觉的过程中，有许多因素会影响知觉的结论。很多因素会影响到知觉的形成，甚至有时是知觉的歪曲。这些因素可以归纳为知觉者、知觉目标或对象、知觉进行的情境 3 个方面，如图 7-1 所示。

当个体看到一个目标物并试图对自己看到的东西进行解释时，这种解释受到了知觉者个人特点的明显影响。影响知觉的个人因素包括态度、人格、动机、兴趣、经验和期望。

观察对象的特点也能影响到知觉内容。在群体里，热闹的人总比安静的人更容易受到注意。漂亮的人和丑陋的人也是如此。由于我们并不是孤立地看待目标，因此目标与背景的关系也会影响到知觉，并且我们倾向于把密切和相似的事物组合在一起看待。我们在什么情境下认识和了解物体或事件这一点也很重要，周围的环境因素影响着我们的知觉。知觉客体或事件的时间能影响到我们的注意力，其他情境因素还有地点、光线和热度等。

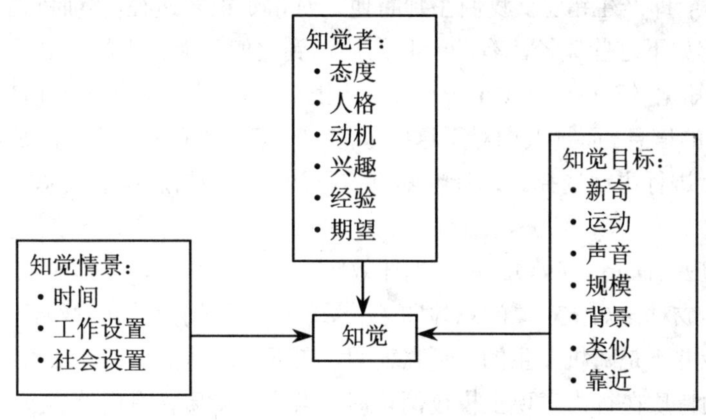

图 7-1 影响知觉的因素

三、社会知觉

根据知觉对象不同，可以把知觉划分为对人知觉和对物知觉，前者称社会知觉，后者称自然知觉。在组织行为学中主要讲社会知觉。社会知觉一般分为 4 种知觉：对他人知觉、人际知觉、自我知觉、角色知觉。

（一）对他人知觉

这是一种单向知觉，主要通过对对象外表特征的知觉，进而取得对该对象的动机、感情、意图等的认识。俗话说“听其言、观其行，而知其人。”这就是说，了解一个人要根据他的言论和行为，这个行为，不仅指的是举止风度，同时也包括眼神、姿势、表情等。对他人知觉依赖两个方面：一方面是知觉对象的外表特征；另一方面，依赖知觉者的观点、态度，因为每个知觉者总是用自己的观点、态度来观察人，不同的观点、态度必然影响对人的知觉。

（二）人际知觉

这是双向知觉，是人与人之间互相关系的知觉。这种知觉有明显的感情因素，人们彼此之间接近程度、交往频率、相似多少等都对人际知觉产生很大影响。

（三）自我知觉

自己对自己的看法。人本身是认识客观世界的主体，同时也是被自己、被别人所认识的客体。自我知觉，要主客体相结合。俗话说“人贵有自知之明”，对管理者而言，有客观、明确的自我知觉是难能可贵的。

（四）角色知觉

是对社会上所扮演的角色的认识及判断。人们在社会上从事各种各样的工作，各有特点，也各有难处。角色知觉就是要使人能够“设身处地地为别人想想”，善于理解非自己扮演角色的特点和困难。

良好的社会知觉能力是人们之间和谐相处的基础，作为管理者，这一点尤为重要。

四、知觉错觉

在知觉过程中，由于多种因素的影响，常常会形成知觉误区，以致一个人的知觉结果与客观显示差距很大，即产生错觉。我们在判断他人时常走很多捷径，然而它们并不是绝对安全可靠的。因此了解如下这些捷径，有助于我们认识到它们可能带来的失真：

（1）选择性知觉（Selective Perception）。人脑不可能将所有相关的信息都作为知觉的对象，只能接受零散的信息。而且人们对于这些零散的信息并非随机选择，而是依据自己的兴趣、需要、经验和态度进行主动选择。选择性知觉将导致重要的信息可能被忽略，甚至信息失真，影响结论的准确性。

（2）晕轮效应（Halo Effect）。也叫光环效应，是指人们会以个体的某一特征（如智力、外貌等）为基础形成对该知觉对象的总体印象。晕轮效应以局部的知觉结论代替整体评价，往往片面。晕轮效应并不是随机发生的。研究表明，在下面这些情况下，晕轮效应出现的可能性最大：当被知觉的特质在行为表现上模棱两可时；当这些特质含有道德意义时；当知觉者根据自己有限的经历来判断特质时。

（3）对比效应（Contrast Effect）。人们对一个对象的评价并不是孤立进行的，而是常常受到邻近对象的影响，使知觉失真。比如，在招聘面试中，如果排在你之前的求职者是个平庸之人，则可能会有利于对你的评价；反之则不利于。这是因为主试者可能会不自觉地受到对比效应的干扰，造成对应聘者评价失真。

（4）投射作用（Projection）。人们常常假设别人与自己相似，这样很容易判断对方，我们把这种将自己的特点归因到其他人身上的倾向称为投射。投射使人们倾向于按照自己的想法来知觉他人，而不是按照被观察对方的真实情况进行知觉。当管理者进行投射时，他们了解个体差异的能力就降低了，他们很可能认为别人比实际情况更为同质。我们可以在下面的例子中找到投射作用。在日本，洋娃娃代表着小女孩希望自己长大后的形象。芭比娃娃在日本刚推出时，在青少年眼中，胸部太大，腿也太长，蓝眼睛一点也不像日本少女，因此销售不佳。公司修正了芭比娃娃的胸部和腿，也将眼睛改变成咖啡色。两年内芭比娃娃卖出了近200万件。

（5）刻板印象（Stereotype）。刻板印象是指人们根据某人所在的团体知觉为基础判断某人。在组织中，我们常常听到一些反映了以性别、年龄、种族，甚至是体重为基础的刻板印象，如“女性不会为了晋升而调动工作”、“男性对照顾孩子不感兴趣”、“老年人无法学会新技能”、“亚裔移民勤奋而负责”、“肥胖者缺乏纪律性”。从知觉角度看，如果人们期望见到这些刻板印象，那么他们就会知觉到这样的人，无论这种刻板印象是否准确。

显然，刻板印象带来的问题之一是它们十分普遍，尽管事实上它们可能没有一点真实性，或者可能完全不相关。这种普遍性仅仅意味着，许多人在错误的前提基础上，形成了对一个群体的同样不准确的知觉。比如，《三国演义》中曾与诸葛亮齐名的庞统去拜见孙权，“权见其人浓眉掀鼻，黑面短髯、形容古怪，心中不喜”；庞统又去见刘备，“玄德见统貌陋，心中不悦”。孙权和刘备都认为庞统这样面貌丑陋之人不会有什么才能，因而产生不悦情绪，这实际上是刻板效应的负面影响在发挥作用。

五、归因理论与归因误差

（一）归因理论（Attribution Theory）

归因理论认为我们对个体的不同判断取决于我们对特定行为归因于何种意义的解释，是对自己或他人的行为原因的分析与推测。在我们观察人的行为时，总是试图解释这些行为的原因，然而我们对于个体活动的知觉和判断又在很大程度上受到我们主观因素的影响。

一个人的行为可能多种多样，但总是分“外因”（外部原因引起的，个体因为情境因素而被迫行动）和“内因”（那些个体认为在自己控制范围之内的行为）所引起的。所以，对一个人的行为的“外因”和“内因”进行分析，有重要的管理意义。如果一个人的行为是内因的结果，那么这行为便是出自他自己的意愿和动机，因而这种行为有较大的稳定性，比较易于推测；反之，如果该行为是外因所致，那么该行为就是出于环境所迫，故稳定性较小，在不同环境下，可能出现极不相同的行为，极不易于推测。其次，一个人的行为若出自内因，那他应对其行为后果承担主要责任；而一个人的行为若出自外因时，他不应对行为后果承担主要责任。

判断一个人的行为是内因所致还是外因所致，主要取决于三大因素：一贯性，即无论何时此人都有同样行为；一致性，每个人面对相似情境都有相同的反应；差异性，指个体在不同情境下是否表现出不同行为。如果一个人的行为在这 3 方面都很强烈，其行为可能是外因所致；如果是一贯性较强，而一致性和差异性较低，则可能是内因所致，如图 7-2 所示。

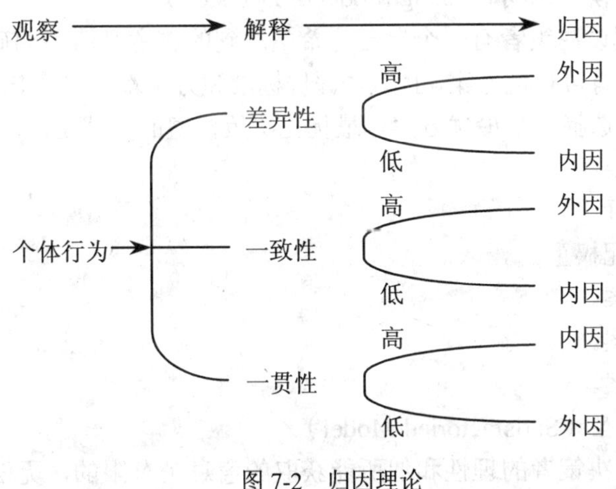

图 7-2　归因理论

（二）归因误差

归因误差是指倾向于一种类型的行为解释其他行为的现象。尽管人们防止出现归因误差，但多数人具有某种偏见，往往会导致归因错误。归因误差有以下两种类型：

（1）基本归因错误。人们经常把他人的行为归因于人格或态度等内在特质上，而忽视他们所处情境的重要性。L.Ross 称之为基本归因错误（The Fundamental Attribution Error）。基本归因错误有时表现为行动者与观察者之间的偏差（Actor-Observer Bias）。当人们作为一个评价者对他人的行为进行归因的时候，往往倾向于稳定的内部的归因；当人们作为自我评价者对自己的行为进行归因时，却倾向于作外部的归因，即观察者高估个人特质因素，行动者高估情境因素的作用。

（2）自利偏差。自利偏差（Self-serving bias）是一种动机性的偏差，它是指人们倾向于把自己的成就归因于内部因素，如能力、努力等；倾向于把自己的失败归于外部因素。印象管理（Impression Management）理论可以较好地解释归因中的自利偏差，按照这一理论，人们总是试图创造一个特殊的、良好的印象以使他人对自己有一个良好的评价。

第二节 个人决策

一、个人决策与知觉

组织中的个体都要做出决策，也就是说，他们会在两个或者更多的备选方案中进行选择。但是，决策并不仅仅是管理者的特权。非管理层的员工所做出的决策同样影响到他们的工作和为之工作的组织。近年来，越来越多的组织把工作相关的决策授予非管理层的员工，可见个体的决策已经成为组织行为中非常重要的一部分了。

但是，组织中的个体做出决策的方式，以及他们最终做出的决策的质量，在很大程度上受到知觉的影响。

二、个人决策模型

（一）最优化决策模型（Optimizing Model of Decision）

最优化决策模型假设决策者有一个自己最希望达到的、意义清楚明确的单一目标，能够确定评价标准并列出所有可行性方案，且这些评价标准和方案都可以量化和排序，最终决策者可以从所有可行方案中选择一个最优方案。最优化决策模型的步骤是：

（1）弄清决策需要。

（2）确定评价指标。

（3）给各指标分配权重。

（4）搜集备选方案。

（5）评价备选方案。

（6）选择最优方案。

（二）满意决策模型（Satisfactoried Model）

满意决策模型假设决策者的理性和他所能获取的信息是有限的，无法列出所有的可行性方案，因此只在有限的几个备选方案中作评价，并满足于第一个可接受的方案，而不再继续搜索潜在方案中最优的方案。该模型的步骤是：

（1）确定问题。

（2）简化问题。

（3）搜寻标准和备选方案。

（4）比较各方案和满意标准。

（5）选择第一个“足够好的”方案。

（三）隐含偏爱决策模型（Implicit Favorite Model）

隐含偏爱决策模型是指在决策问题确定的初始，决策者就隐含地选择了一个偏爱的方案，但他并不因此而结束决策搜索工作，还会继续寻找和评价其他的备选方案。然而这种评价过程实际上是一种证明过程，它使决策者确信自己隐含偏爱的方案确实比其他备选方案更优越，从而是最恰当的选择。

（四）直觉模型（Intuitive Decide Making）

直觉模型是指决策者凭直觉作出决策。由于决策并不仅仅是对事实的分析，内心的感觉在决策过程中始终是一个重要因素。直觉决策实际上是决策者从经验中提取精华的无意识过程，因此并不一定要脱离理性分析，而可以与理性分析相辅相成。当决策者面临有很高的不确定性、变量难以科学预测、信息和时间极为有限、各备选方案看上去差别不大的决策问题时，决策者最有可能使用直觉决策。

三、决策中的道德考虑

在组织决策中对道德的考虑应该是一个重要的内容。个体在进行道德选择时有 3 种标准：功利主义标准、人权标准和公平标准。功利主义标准，即决策完全是根据结果结局而进行的。功利主义的目标是最大限度地提供最佳效益。这种是企业决策的主流，它与绩效、生产率、高利润等目标相一致。第二种道德标准注重的是人权，它要求决策者的行为要符合有关法律中对基本的自由和权利的规定。在决策中对人权的重视意味着尊重和保护个体的基础权利。第三种标准注重的是公正，它要求个体公正无偏地执行规则，平等分配企业的效益和损失。

3 种标准各有其优缺点：功利主义强调提高效率和生产率，但它的问题是忽视了一些个体的人权，尤其是那些在企业中占少数的人的权利；以人权作为标准保护了个体不受伤害，并符合人身自由和隐私权，但它所创设的过度受法律约束的工作环境妨碍了生产率和效率；对公正的关注保护了未被充分代表的员工和无权者的利益，但它鼓励了一种降低冒险、少革新和低生产率的应得权利观念。

组织中为什么会出现不道德行为？是不道德个体还是工作环境助长了不道德的活动？答案是二者均有！事实表明，个体的活动是否道德在很大程度上受到个体的个性特点以及他所工作的环境两方面的影响。一个人道德发展水平越高，则越少受到外界环境的影响，在决策时，也更倾向于采取道德方式的行为。一个缺乏高尚道德观念的人，如果处在抵制不道德行为的组织环境中，会较少作出不道德的决策；相反，一个非常有正义感的人在允许或鼓励不道德活动的组织中，也会受到侵蚀。

复习题

1．解释两个人看到同样的东西却会有不同的理解的原因。

2．描述捷径如何帮助或扭曲我们对他人的判断。

3．描述道德决策中的 3 种不同标准。

4．什么是归因理论？它在解释组织行为方面有什么意义？

5．不道德的决策更多来自决策者个体的影响，还是来自决策者所在工作环境的影响？请解释。

6．一名员工在分配给他的工作上完成得不够好，请解释该员工的管理者会使用什么样的归因过程对员工的工作绩效进行判断。

【案例讨论】

比较中心圆的大小

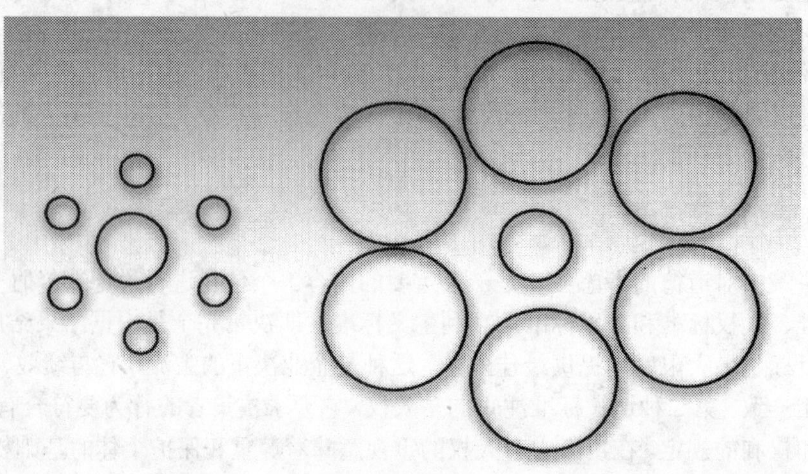

狼孩的故事

1920年印度传教士辛格在一个巨大的白蚁穴附近，发现狼群中有两个“狼孩”。辛格把她们送进了米梅纳普尔市孤儿院。据辛格讲，这两个孩子刚回到人类社会之初，具备狼的特点：吞食生肉；四肢爬行；目光锐利；不会说人话，夜阑人静发出阵阵长嗥。辛格牧师夫妇俩为使两个狼孩能转变为人，做出了各种各样的尝试。

其中的一个阿拉玛到第 2 个月，可以发出“波、波”的音，诉说饥饿和口渴了。遗憾的是，回到人间的第 11 个月，阿玛拉就死去了。另一个卡玛拉 4 年后掌握了 6 个单词；将近 5 年的时间学会了两脚步行，但快跑时又会用四肢。经过 5 年，她能照料孤儿院的幼小儿童了。她为自己想做的事情（例如解纽扣儿）做不好而哭泣。大女孩卡玛拉一直活到 17 岁。但她直到死时还没真正学会说话，智力只相当于三四岁的孩子。

顺水推舟

有一位英语老师因经常批评一位学生作业马虎，而招致这位学生的不满。有一次，这位老师无意间在语法上出了一点小错，当场被那名学生发现，那位学生好不容易逮着了这次报复机会，马上站起来作了毫不客气地指正。面对这种尴尬的局面，这位英语老师以非常温和的神色说道：“嗯，你说得真是对极了，可是其他同学刚才是怎么回事儿，为何没有发觉到，是不是上课在打瞌睡？”

受到老师的表扬，那位学生的对立情绪消失了。这时，这位英语老师又不失时机地说：“像这样的错误很容易犯，同学们一定要像他那样小心才是。”接着，老师便继续讲解其他内容。

想象权贵

从前有对乡下夫妻在门口纳凉，老婆问：“当家的，皇上天天上山打柴用的一定是把金斧子吧？”老公冷笑道：“笨蛋！当了皇上还用打柴吗？他老人家一准儿天天在院子里摇着扇子乘凉，喝小米粥还有人伺候着呢！”估计，摇着扇子喝小米粥就是这位农夫最大的理想。

美国前总统里根的夫人南希入住白宫一个月后，收到膳食开支账单时，大吃一惊：“从没有人告诉我们，总统每吃一顿饭都要付钱的，而且干洗和使用牙膏等卫生用品也都要收费。”白宫就像一座豪华酒店，所有住在里面的人都要交纳餐费和杂费。连南希那样的美国人，在成为权贵前，都以为白宫的午餐是免费的。可见权贵的神秘，非常人所能想象。

思考题

上述案例，在知觉过程中都走了哪些捷径？

第八章　价值观、态度和工作满意度

第一节　价值观

一、价值观（Values）的概念

价值观代表了人们最基本的信念：从个人或社会的角度来看，某种具体的行为模式或存在的最终状态比与之相反的行为模式或存在状态更可取。这个定义包含着判断的成分，反映出个体关于正确和错误、好与坏、可取和不可取的看法与观念。价值观包括内容和强度两种属性。内容属性指的是某种行为模式或存在状态是重要的；强度属性界定的是它有多重要。当我们根据强度来对一个人的价值观进行排序时，就可以得到一个人的价值系统。所有人的价值观都具有层级性，这就构成了人们的价值系统。通过对诸如自由、快乐、自尊、诚实、服从、公平等价值观按相对重要性进行排列，我们可以认识和了解这个系统，如表 8-1 所示。

表 8-1　价值观与行为方式的关系

价值观	行为方式
独立	依靠自己，充分自信
合作	与他人合作，为他人幸福而工作
竞争	力图超过他人
互爱	温柔、富有感情
顺从	有责任心、尊敬别人
负责	可靠、可信赖
进取	努力工作、朝气蓬勃
诚实	诚挚、真实

价值观是灵活可变的吗？总体来说，不是。价值观是相对稳定和持久的。价值观中很大一部分内容在我们早年生活中就已经形成——是从父母、教师、朋友和其他人那里获得的。当我们还是孩子时就被告知，某种行为或结果要么总是好的，要么总是不好的，没有中间状态。例如，人们告诉你应该诚实和有责任感，你从没有受到过这样的教育：要有一点点诚实性，或要有一点点责任感。这种绝对的、黑白分明的价值观学习方式，多多少少保证了价值观的稳定性和持久性。当然，我们对价值观提出质疑的过程，则可能会带来变化。我们可能会决定不再接受那些根深蒂固的价值观。不过，通常的情况是，对价值观的质疑只不过更加强化了我们已经拥有的价值观。

二、价值观的分类

人们对价值观有着各种各样的分类方法，这里主要介绍两种分类方法。

（一）罗克奇价值观调查

米尔顿·罗克奇（Milton Rokeach）编制了罗克奇价值观调查问卷。这项调查问卷包括两种价值观类型，每种类型当中有 18 个具体项目，第一种类型称为终极价值观（Terminal Values），指理想的终极存在状态，这些是个体愿意用他的整个生命去实现的目标；第二种类型称为工具价值观（Instrumental Values），指的是个体更喜欢的行为模式或实现终极价值观的手段。表 8-2 列出了每一类价值观的一些例子。

表 8-2　罗克奇的终极价值观和工具价值观

终极价值观	工具价值观
舒适的生活（顺利的生活）	雄心勃勃（辛勤工作、奋发向上）
振奋的生活（刺激的、积极的生活）	心胸开阔（头脑开放）
成就感（不断的贡献）	能干（有能力、有效率）
和平的世界（没有冲突和战争）	欢乐（轻松、愉快）
美好的世界（艺术与自然之美）	清洁（卫生、整洁）
平等（手足之情、机会均等）	使人鼓舞（坚持自己的信念）
家庭安全（照顾自己所爱的人）	宽容（愿意谅解他人）
自由（独立、自由选择）	乐于助人（为他人的幸福安康着想）
幸福（满足）	正直（真挚、诚实）
内心的和谐（没有内在冲突）	富于想象（勇敢、有创造性）
成熟的爱（性和精神上的亲密）	独立（自力更生、自给自足）
国家的安全（免受攻击）	富有知识（智慧、善于思考）
快乐（享受的、闲暇的生活）	合乎逻辑（理性的、稳定的）
救世（得救的、永恒的生活）	博爱（充满感情的，温柔的）
自尊（自敬）	顺从（有责任感的、可敬的）
社会承认（尊重、赞赏）	礼貌（彬彬有礼的、有修养的）
真挚的友谊（亲密关系）	责任（可靠的、值得信赖的）
睿智（对生活有成熟的理解）	自控（自律、自我约束）

一些研究证实，不同人群在罗克奇的价值观上差异很大。相同职业或工作类别的人（如公司管理者、工会成员、父母、学生）趋向于拥有相似的价值观。

（二）爱德华·斯普朗格尔分类法

他指出有 6 种价值观：理论上的、经济上的、艺术上的、社交上的、政治上的和宗教上的。

（1）理论上的：具有理论价值观的人最大兴趣在于发现真理。

（2）经济上的：具有经济价值观的人基本上是对什么有用发生兴趣。

（3）艺术上的：具有艺术价值观的人对和谐赋予很高的价值。

（4）社交上的：具有社交价值观的人最重视对人的爱。

（5）政治上的：具有政治价值观的人感兴趣的主要是权力。

（6）宗教上的：具有宗教价值观的人的最高价值是整体性。

不同职业的群体往往有不同的价值观。正由于这个原因，价值观对研究人际关系是很重要的。

三、不同文化下的价值观

（一）霍夫斯泰德评估文化的构架

在分析文化之间的差异时，最被人们广为引用的观点之一是吉尔特·霍夫斯泰德（Geert Hofstede）的观点。他曾对 40 个国家中为 IBM 公司工作的超过 11.6 万名员工进行了调查，了解他们与工作有关的价值观。他发现，管理者和员工在有关民族文化的 5 个维度上存在差异。下面我们分别列出并界定这 5 个维度：

- 权力距离。一个国家的人民对于机构和组织内权力分配不平等这一事实的接纳和认可程度。它的范围从相对平等（低权力距离）到极端不平等（高权力距离）。
- 个人主义与集体主义。个人主义指的是一个国家的人民喜欢以个体为单元活动而不是成为群体成员进行活动的程度。集体主义则与个人主义相反，它等同于低个人主义。
- 生活数量和生活质量。生活数量指的是人们看重积极进取、金钱及物质的获得与拥有、竞争的程度。生活质量是指人们重视关系，并对他人幸福表现出敏感和关心的程度。
- 不确定性规避。一个国家的人民喜欢结构化而不是非结构化情境的程度。在不确定性规避上得分高的国家，人们的焦虑水平更高，它表现为更明显的紧张、压力和攻击性。
- 长期与短期取向。生活在长期取向文化中的人们，总是想到未来，而且看重节俭与持久。而短期取向的人们看重的是过去与现在，强调对传统的尊重以及社会义务的履行。

（二）评估文化的 GLOBE 框架

从 1993 年开始，“全球领导与组织行为有效性”（Global Leadership and Organizational Behavior Effectiveness，GLOBE）的研究项目一直进行着有关领导与民族文化的跨文化调查。数据来自 62 个国家的 825 个组织。针对民族文化的差异，GLOBE 工作团队确认了 9 个维度。

- 决断性。一个社会鼓励人们竞争、对抗、不妥协、自我肯定，而不是谦虚、平和的程度。这一维度与霍夫斯泰德的生活数量维度相对应。
- 未来取向。一个社会鼓励和奖励未来取向行为（如做出规划、投资未来、延迟满足）的程度。这一维度与霍夫斯泰德的长期与短期取向相对应。
- 性别差异。一个社会最大化性别角色差异的程度。
- 不确定性规避。与霍夫斯泰德的界定相同，GLOBE 团队把这一概念界定为一个社会对社会规范和程序的依赖，以降低对于未来事件的不可预知性。
- 权力距离。与霍夫斯泰德一样，GLOBE 团队把它界定为：一个社会中，成员预期权力分配的不平等程度。
- 个人主义/集体主义。这一概念也与霍夫斯泰德的界定一致，即个体受到社会公共机构的鼓励而融入组织与社会群体当中的程度。
- 组内集体主义。它不关注社会公共机构，这一维度包括社会成员对于小群体（诸如家庭、亲密朋友圈、他们所在的组织）成员身份的自豪程度。
- 绩效取向。指的是一个社会对群体成员的绩效提高或绩效优异给予鼓励和奖赏的程度。
- 人本取向。指的是一个社会对于公正的、利他的、慷慨的、关怀的、对他人友善的个体给予鼓励和奖励的程度。这与霍夫斯泰德的生活质量维度十分类似。

对 GLOBE 的维度与霍夫斯泰德的维度进行对比可以发现，前者是后者观点的扩展而不是替代。GLOBE 的研究进一步证实了霍夫斯泰德的 5 个维度依然有效。不过，它还加入了其他一些维度，而且它给我们提供了每个国家在各个维度上的最新测量数据。

第二节　态度

态度（Attitude）是指一个人对物，对事，对别人的心理倾向，是关于物体、人物和事件的评价性陈述，这种评述可以是赞同的，也可以是反对的，它反映了一个人对于某一对象的内心感受。

一、态度的构成

态度有 3 个基本成分：情感成分、认知成分和行为成分。态度的形成中每个成分都起着重要的作用。

- 情感成分（Affective Component），是指态度中的情感部分，它通常表现出对对象是喜欢还是反感，是爱戴还是憎恶，是愉悦还是悲伤。
- 认知成分（Cognitive Component），是指一个人对对象或事件的认识。
- 行为成分（Behavioral Component），是一个人对态度对象所表现出来的行为。

态度主要是指 3 种成分中的情感部分。一个人的态度是缺乏稳定性的，并且态度是很重要的，因为它们会导致行动。如果态度是积极的，组织就会受益；如果是消极的，组织就不会受益。因此许多组织注意到对成员们态度的衡量和监控。

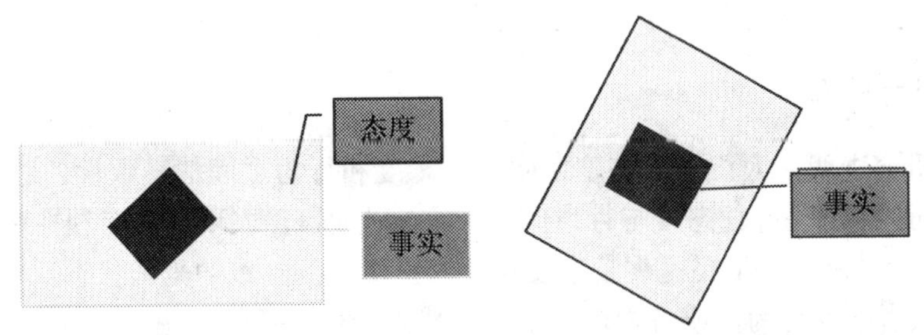

两个相同的菱形，由于框架不同，事实分析就会受到影响

二、态度的类型

一个人可以有几千种态度，但是组织行为学只把注意力集中在有限的、与工作相关的几种态度上。这些与工作相关的态度包括员工对工作环境等方面的积极或消极的评价。组织行为学中的大多数研究集中在 3 种态度上：工作满意度、工作参与和组织承诺。

（一）工作满意度（Job Satisfaction）

工作满意度指个体对他所从事的工作的总体态度。如果一个人拥有较高水平的工作满意度，说明他对工作持积极的态度；而对工作不满意的人，则对工作持消极态度。当人们谈论员工的态度时，更多指的是工作满意度。

（二）工作参与（Job Involvement）

工作参与，也叫工作投入，尽管对于该术语的定义尚未完全达成一致意见，但其中一个被采纳的定义是:它测量一个人从心理上对其工作的认同程度以及认为他的绩效水平对自我价值的重要程度。工作参与程度高的员工对他们所做的工作有强烈的认同感，并且真的很在意自己的那份工作。

研究发现，高的工作参与程度与低缺勤率和低辞职率正相关。然而，与缺勤率相比，工作参与似乎可以更稳定地预测流动率，它可以解释16%的流动率变异。

（三）组织承诺（Organizational Commitment）

指员工对于特定组织及其目标的认同程度，并且希望保持组织成员身份的一种心态。高工作参与意味着一个人对于具体工作的认同，高组织承诺则意味着对于所在组织的认同。

与工作参与类似，研究结果表明，组织承诺与缺勤率和流动率呈负相关。事实上，由于组织承诺是对组织整体的更全面、更长久的反映，所以它是预测流动率的更好指标，可以解释34%的变异。

（四）心理契约（Psychological Contract）

“心理契约”的概念是美国著名管理心理学家施恩教授（EH Schein）正式提出的。他认为，心理契约是“个人将有所奉献与组织欲望有所获取之间，以及组织将针对个人期望收获而有所提供的一种配合”。虽然这不是有形的契约，但却发挥着有形契约的作用。企业清楚地了解每个员工的需求与发展愿望，并尽量予以满足；而员工也为企业的发展做出全力奉献，因为他们相信企业能满足他们的需求与愿望。

一般而言，心理契约包含以下 7 个方面的期望：良好的工作环境、任务与职业取向的吻合、安全和归属感、报酬、价值认同、培训与发展的机会、晋升。虽然“心理契约”只存在于员工的心中，但它的无形规约却能使企业与员工在动态的条件下保持良好稳定的关系，使员工视自己为人力资源开发的主体，将个体的发展充分整合到企业的发展之中。

三、态度的一致性

总体上，研究表明，人们寻求态度之间以及态度和行为之间的一致性。这意味着，个体在努力调和不同的态度，并使态度与行为保持一致，以使自己表现得富有理性和言行一致。当出现不一致时，个体就会采取措施促使态度与行为重新回到一致的平衡状态。人们采用的办法有改变态度，或者改变行为，或者为这种不一致找到一种合理的理由。

需要注意的是，态度和行为的一致性并不意味着它们之间必然有某种因果关系。态度影响行为，但未必决定行为。曾经一度有人认为，态度决定了行为，态度是行为的原因，这就好比说“人们因为喜欢看电视才看电视”。可又有谁能说“人们为看电视才喜欢看电视”这说法不对的？20世纪60年代后期人们认为两者之间没有因果关系，但最近研究发现，有一些中介变量是说明态度与行为相关一致性的重要原因。一个原因是，态度、行为越是具体，越是针对特定的事物，其间的相关程度就越高。另一个中介变量是社会压力。社会压力既可以使态度与行为保持一致，也可能使态度与行为相分离。

四、认知失调理论

我们能否从一致性原理中做出如下假设：如果我们知道了一个人对于某事的态度，就可以预测出这个人的行为？如果员工认为公司的报酬水平太低了，那么，在工资方面的明显增长能否改变他们的行为，也就是说，能否使他们工作更加努力？答案是“不一定”。

20 世纪 50 年代末，列昂·费斯廷格（Leon Festinger）提出了认知失调理论（Cognitive Dissonance）。这个理论致力于对态度和行为之间的联系做出解释。不协调意味着不一致。认知失调泛指任何情况的不和谐。例如，个体可能感受到的是两种或多种态度之间的不一致，也可能感受到的是行为与态度之间的不和谐。费斯廷格认为，任何形式的不一致都会令人感到不舒服，因此个体会努力减少这种不协调和不舒服。换句话说，个体寻求的是一种能把失调降到最低程度的稳定状态。

认知失调的方式有两种。一是认知在逻辑上的不一致。如果说所有的乌鸦都是黑的，那么如果见到某只乌鸦是白色的，则个体的认识就会产生不一致，失调就会随之产生。二是态度与行为之间的不一致，或者同一个体的两种行为不一致最容易导致失调，一个人在态度上可能反对战争，这样“我反对战争”和“我参加战争”就是两种矛盾的认知，个体也就必然产生认知失调。

当然，没有人能够完全避免失调状态。人们知道偷税漏税是不对的，但每年还会有人“蒙混过关”，并且希望不被查出来；你要求孩子每顿饭后刷牙，但你自己却不这么做。那么，人们如何处理这种认知失调呢？费斯廷格指出：个体减少失调的愿望由下面 3 个因素决定：

（1）造成失调的要素的重要程度。

（2）个体相信自己受到这些要素控制的程度。

（3）个体在失调状态下的受益程度。

由于上述 3 个因素，认知失调下的行为变得相当复杂，有认知失调并不意味着一定采取行为恢复平衡。而认知失调理论的价值就在于帮助我们预测人们改变其态度和行为的倾向性究竟有多大，尽管具体情形会是很复杂的，至少可以肯定，认知失调越大，压力就越大，想消除不平衡的欲念就越强。

五、态度的功能

人为什么要形成或保持某些态度，这是一个态度功能（Function）的问题。卡茨（D.Katz）和奥斯卡姆普等认为，态度有 4 种基本功能。

（一）适应功能

指人的态度都是在适应环境中形成的，形成后起着更好地适应环境的作用。适当的态度将使我们从重要的人物（双亲、老师、雇主及朋友等）或群体那里获得认同、赞同、奖赏或与其打成一片。对不同的人应学会有不同的态度。许多大学生发现，如果他们以对父母的态度去跟朋友打交道往往就不适应，反之亦然。所以习得的态度是为适应社会生活的一种功能。

（二）自我防御功能

人们常说：“怀有偏见的人往往是心理不健康的。”态度作为一种自卫机制，能让人们在受到贬抑时用来保护自己。比如一个知识分子看到商人赚很多钱并在生活中拥有许多物质享受，为了恢复被损伤的自尊，他常会显示出自命清高和鄙视“为富不仁”者的态度，以保持心理平衡。

（三）价值表现功能

在很多情况下，特有的态度常表示一个人的主要价值观和自我概念。比如你参与到某种群众性运动的行列，手持某一政治人物的标语牌，这表明你赞同这一运动主题，并拥有这方面的价值观，以及与某些人物认同的自我概念。

（四）认识或理解功能

态度一旦形成，就变成了一种认知客观世界的参照框架。态度如同一扇视窗，它允许人们看到外面的世界，但视窗的大小和形状限制了人们的视野，视窗玻璃的颜色过滤了信息，从而影响了认知的准确性。

六、态度的改变

态度的改变是指个体已有的态度在质或量上的变化。改变态度的方法常用的有信息沟通法、群体影响法、活动参与法。

（一）信息沟通法

通过信息沟通来说服他人改变态度是最常用的方法。信息沟通的效果受沟通者的特点、沟通方式、接受者的特点、沟通情景等因素的影响。

（1）沟通者的特点。沟通者作为信息源，本身所具有的某些特点影响劝说的效果。

1）可信性。可信性包括专长性、无私性两个方面。专长性是指沟通者是否是某领域的专家、权威。一般来说，专家传播的信息比其他人的更易被人接受、更令人信服。

2）可爱性。可爱性包括吸引力和相似性两个维度。一般而言，人们都喜欢外表、人格等有魅力的人，以及和自己有相似之处的人。同时，人们容易接受自己喜欢的人的影响。

（2）沟通方式。沟通本身的方式也制约着沟通的效果。

1）单面或双面沟通。信息沟通时是只讲自己的观点好还是同时介绍意见好呢？社会心理学家霍夫兰德发现，当接受者原有的态度与沟通者的观点一致时，单向沟通好；反之，双向沟通好。当接受者对所说问题缺乏信息或意见时，单面沟通效果好；反之，双面沟通好。

2）新颖与重复。一般而言，新颖的观点容易给人以较深的印象。但重复必不可少，因为大部分情况下，人们不太可能第一次就被新观点说服。值得注意的是，重复次数过多，会使人产生劣反心理。

（3）接受者的特点。接受者的特点如原有态度、人格特质等也影响信息沟通的效果。

1）原有态度。接受者的原有态度与沟通信息的差异制约着说服的效果。

2）人格特质。独立性强的人、智商高的人、自信心强的人不易被改变态度；反之，则容易被改变。

（4）沟通情景。沟通情景方面的一些因素或多或少影响态度改变，这些因素有强化、预先警告和分心等。

（二）群体影响法

一个人所在的群体通过规范、压力等机制约束着他的一言一行，迫使其行为和态度符合群体成员的期望。所以，运用群体的力量可以改变一个人的态度。

（三）活动参与法

通过活动可以改变一个人的态度。例如角色扮演法就是通过扮演者设身处地地理解他人的心理，来达到改变态度和行为的目的。又如让持有偏见的人与对方共同进行文体活动或游戏以促进了解，消除偏见。

第三节　工作满意度

一、定义

前面我们把工作满意度定义为：个体对他所从事工作的总体态度。工作满意度高的员工会对工作保持积极的态度；对工作不满的员工就会对工作持消极的态度，如推卸责任，逃避承担更多工作。这是一个很广义的定义，事实上，员工对自己工作是否满意的评价，常常是对大量不同工作元素进行综合的结果，那么，我们如何测量这个“度”呢？

二、工作满意度的测量与维度

（一）工作满意度的测量

（1）多重选择型问卷测量。

这是一种比较简单的测量工具，即就待测评的工作维度列出若干简短的描述性陈述句，要求被测者分别用√、×、？3种符号来表示所感受到的该陈述短句描述的该维度需要或工作满意感的确切程度，这3个符号分别表示“同意”、“不同意”与“难以置评”3种回答。

在工作满意感的测量工具中，最有代表性也最普及的当属史密斯设计的“工作描述指标问卷”(简称JDl)。它选择了“现有工作”、“现获薪酬”、“提升机会”、“直接上司”与“同事状况”这5个基本工作维度，每一维度列有4条描述短句（如“同事状况”维度，列有“讨厌”、“工作认真”、“聪明能干”和“很难说”这4条），要求被测者用上述3种符号来回答每条短句描述的准确性。此问卷简明扼要，通用性强，又抓住了能全面评价工作的5个主要方面，适合于了解员工对自己工作总的评价与态度，且已积累了大量的规范化数据，可供参照比较。

（2）量表型测量。

这类测量工具采用量表型，即利用通常分为5、7、9等奇数等级的分级标尺来测量所选定的描述性陈述短句的准确性。代表等级的各数字（或一部分数字，如各奇数或两极端与中点）各用一说明词来标注。如对一个五级量表，1代表“极不满意”（或“极不同意”），2代表“较不满意”（或“较不同意”），3代表“难表达”，4代表“较满意”（或“较同意”），5则表示“极为满意”（或“极为同意”）。

（二）工作满意度的维度

（1）工作本身：如当前的工作是否吸引人、有创造性、令人愉快、简单重复、令人厌倦。

（2）工资：如薪水是否优厚、公平、不稳定、足够维持日常支出等。

（3）晋升：如机会是多是少、是否依据能力晋升等。

（4）监督：如上司是否征求下属意见、是否内行、是否聪明等。

（5）工作同伴：如同事是否懒惰、愚蠢、忠诚、有责任感等。

三、工作满意度对员工绩效的影响

管理者对工作满意度的兴趣主要集中在工作满意度对员工绩效的影响上，下面主要分析评价工作满意度对员工的生产率、缺勤率和流动率的影响。

（一）工作满意度与工作绩效

许多人想当然地认为“快乐的工人是工作绩效高的工人”，这其实是不对的。几十年来严格的实验研究并未证明高满意导致高绩效，反而发现满意与绩效的相关参数只有+0.17左右。

近年来，大部分学者开始相信高绩效导致高满意，如图8-1所示。即绩效高的员工将得到更多的报酬，如果员工觉得报酬是公平的就会满意；反之，就会产生不满。此外，最近有研究发现，拥有较高比例满意员工的组织比拥有较低比例满意员工或高比例不满意员工的组织更有效。这一研究开辟了以组织绩效为指标考察工作满意与绩效关系的新方向。研究结论是否具有普遍性，需要进一步探索。

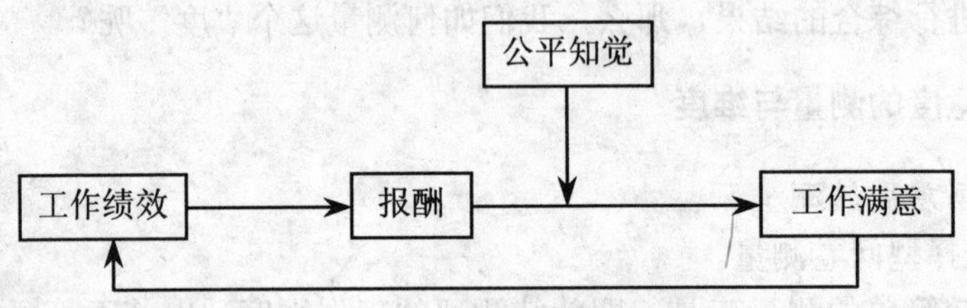

图8-1 工作绩效与满意的关系

（二）工作满意度与缺勤率

我们发现，工作满意度和缺勤率之间存在着稳定的负相关，但这种相关为中等程度——通常低于0.40。尽管不满意的员工更可能旷工，这一点从理论上也是说得通的，但是其他因素也影响着二者之间的关系，并降低了二者的相关系数。例如，还记得我们在第6章中讨论的病假工资和健康工资问题吗？组织对病假提供慷慨的福利待遇实际上就是在鼓励所有的员工（包括那些满意感很强的员工）去休病假。假设你有多种可供选择的利益，你会觉得工作很满意，但仍然愿意多休息几天以享受一个连续3天的周末，只要这些休假是免费的，而且不会受到任何惩罚。

当然，还有一些主客观因素（出勤压力），如有无生病、是否堵车、是否受到批评等，如图8-2所示。

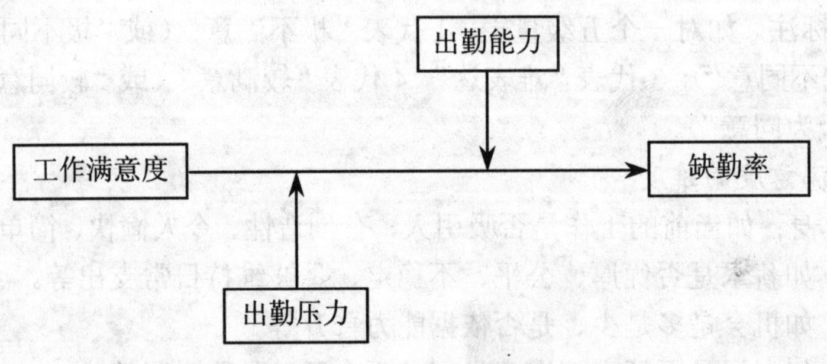

图8-2 工作满意度与缺勤率

（三）工作满意度与流动率

工作满意度和流动率之间也是负相关的，而且这种相关性比我们看到的工作满意度与缺勤率之间的相关性更高，不过，其他因素，如劳动市场条件、对其他工作机会的期望和在组织中任职时间的长短，都对员工是否离开当前工作的切实决策有着重要影响。

有证据表明，工作满意度－流动率关系的一个重要调节变量是员工的绩效水平。具体而言，在预测高业绩者的流动情况时，工作满意度并不重要。原因是什么呢？一般来讲，组织都会做出相当的努力来挽留这些高绩效的员工。他们会得到高薪、更多的表扬和认同以及更多的晋升机会等。而那些低绩效的员工得到的正好相反。组织很少会挽留这样的人，他们甚至会受到一些微妙的压力以促使他们辞职。因此，我们可以预期，工作满意度对于低绩效者的影响大于对高绩效者的影响。无论工作满意度水平如何，高绩效者更可能呆在组织里，因为他们得到了更多的认可、表扬以及其他奖励。

四、工作满意度与组织公民行为（OCB）

组织公民行为是指个体（员工）的自主性行为，其行为未被组织通常的报酬和奖励政策所包含，但却能够极大地提高组织的有效性（业绩）。自主，在这里是指个体的行为没有被岗位说明书及角色定义所强制要求，即个人与组织的雇用契约中对此没有明确的要求，这种行为完全是个人自愿选择，不被薪酬及奖励体系所标定。

假定工作满意度是员工组织公民行为（OCB）的一个决定因素，那么感到满意的员工更可能以积极的心态来谈论组织、帮助他人，所做的工作也比期望的更多。另外，感到满意的员工可能更倾向于主动承担正式要求之外的更多责任，因为他们希望回报自己的积极体验。与这种想法相一致，早期对于组织公民行为的讨论也假定它们与满意度有密切联系。然而，近来越来越多的研究证据表明，工作满意度对于组织公民行为的影响是通过公平感发生作用的。

总的来说，工作满意度与组织公民行为之间的关系仅达到中等程度的相关。但是，如果控制了公正性这一因素后，工作满意度与 OCB 之间无相关。因为工作满意感来自公平的结果、待遇、程序等概念。如果你觉得上级主管、组织程序、薪金制度是不公平的，则工作满意度可能会受到显著打击。当你感觉到组织的过程与结果是公平的，则会对它产生信任。

复习题

1. 列举价值观的类型。
2. 对比态度的认知成分和情感成分。
3. 什么是认知失调，它与态度之间有什么联系？
4. 快乐的工人是高生产率的工人吗？
5. 工作满意度与缺勤率之间是什么关系？与流动率之间是什么关系？哪种关系更有力？
6. “管理人员应尽最大努力来提高他们员工的工作满意度。”你是否同意这种观点？请说明你的理由。

【案例讨论】

三联软件公司（Trilogy Software）是网络产业中的领头羊之一。该公司于 1989 年成立，它编制软件以帮助企业解决电子商务问题，如物流管理、客户服务、关系管理和数据整合。它拥有 1500 名员工，并为很多著名客户提供服务，包括福特、联邦快递、陆之端（Lands End）、嘉信理财、摩托罗拉等公司。

乔·莱曼特（Joe Liemandt）是三联软件公司的总裁兼首席执行官，他致力于招募并留住那些能在混乱的环境中发挥才干的员工，以及那些愿意进行冒险、不怕长时间工作的人。莱曼特为公司制定的战略方针是，在已有经验的基础上，继续保持创业时期的高度热情和冲动。这项战略中的一个重要组成部分是，不断招募“那些最好的人员”——那些毕业于最好的大学和商学院的学生，或是那些来自最好的企业中最聪明和最活跃的员工。通过雇用这些最出色的员工，并从工作第一天起就请他们承担大量的责任，使得三联软件公司有充分的资源应对竞争的挑战，能够保持创业精神长久不衰，能够实现它的目标——成为充满活力和影响力的公司。

通过招聘面试后的新员工被请到奥斯汀共进晚餐，进行公司文化和娱乐的旅行，并得到极有竞争力的薪水。而后，这些新成员要经历“新兵训练营”的生活——在三联大学接受高强度的培训项目。培训课程由莱曼特及公司其他老员工主持，第一周要学习程序语言、产品规划和市场营销等内容。课程从早上 8 点开始，而且在第一个月里至少要到午夜才结束。从第二周开始，新成员分成小型工作团队，给他们 3 周时间完成项目。可供选择的项目范围很广，可以是加快某种现有产品的运作速度，也可以是根据设计思想创造一种新产品。新员工在该项目上取得的成绩将影响他们能否被最终留用，还影响他们在“新兵训练营”结束时能否得到去拉斯维加斯旅行的奖励。如果新成员通过了培训，那么其后在三联的生活可以说非常有意义和令人满足。

公司气氛是工作和娱乐相结合。三联公司让员工享有责任和资源，并帮助员工实现最高目标。三联的企业文化鼓励员工最充分地展示自己的热情、精力和承诺，而且企业根据他们的绩效进行奖励。公司福利旨在保持员工的积极性和兴奋感，它提供各种福利项目，如设备齐全的灶具、公司组织的旅行、当地体育馆的打折卡、在两个奥斯汀湖上享用公司的划艇、完整的医疗及牙科保险、人寿保险、上门家政服务以照顾家庭事务等。

思考题

（1）你能对三联公司员工的工作满意度做出一些预测吗？能做出什么样的预测？在三联公司，工作满意度是否影响到工作结果？

（2）自 2000 年以来，众多网络公司的瓦解对三联公司的员工可能有什么影响？管理层可以做些什么来塑造员工的积极态度？

第九章　激励理论

第一节　理论概述

一、激励的概念

按中文词义来说，激励就是激发、鼓励的意思，即激发人的工作动机，鼓励人的工作干劲。我们可以通俗地说，激励就是通过精神或物质的某些刺激，促使人有一股内在的工作动机和工作干劲，朝着所期望的目标前进的心理活动过程。但是，更多的行为学者对激励的概念进行了更严谨、更学术性的描述。下面列出了4种观点：

- 激励是在特定的时间、地点对人行为的方向、强度与持续性的直接影响。
- 激励与人的行为产生、行为被赋予活力而激发、行为的延续和终止以及人处于被激励状态中的主观反应有关。
- 激励是一组自变量与因变量间的关系式。该关系式在只考虑激励因子与被激励者的关系条件下，可表示被激励者行为的方向、强度与持续性。
- 激励是一个影响人面临多种选择时作出抉择的过程。

这些观点似乎各执一词、深奥费解，其实至少前3种观点都包含有3个相同的要素，这3个要素就是：①人的行为是由什么激发并赋予活力的；②是什么因素把人们已被激活的行为引导到一定方向上去的；③这些行为如何能保持与延续。

激发、导向与保持这3个要素是激励的主要组成部分。但上述4种观点中的第一和第三种还有一个共同的成分，即行为的强度（也就是幅度）——行为将以何种强度进行下去。

第四种观点虽有所不同（认为激励涉及一个抉择过程），但其实与另外3种观点也有一定相通之处。因为这里所说的抉择有3层含义：首先，抉择是在若干不同备选目标之间做出选择，这其实就是定方向；其次，决定了方向之后的下一层抉择，就是该花多大努力去实现所选定的目标，这就是强度；最后一层抉择，则是在选定方向上选定的强度应坚持多久，这就是定持续的时间。

这样，按此观点，激励代表了行为的方向、幅度与持续期这3种因素的关系，这种关系可以用下面的函数来表达：

$$M=f(Ef\times Ap\times Ps)$$

式中3个自变量分别代表对行动方向、幅度与持续期的选择。

二、激励理论的分类

组织行为学提高激励水平的一条重要研究途径是对激发动机的探索。相应的研究成果大致可以归纳为三大类：内容型激励理论、过程型激励理论、调整型激励理论。

（一）内容型激励理论

内容型激励理论是研究需要这个激励的基础的理论，是说明激励人们行为的特殊因素以及它们如何激起或引发人的行为，它着重对激励的原因及起激励作用的因素的具体内容进行研究。内容型激励理论着重对引发动机的因素，即激励的内容进行研究。主要包括：马斯洛的需要层次理论、赫兹伯格的双因素理论、阿德佛 ERG 理论和麦克利兰的成就需要理论。

（二）过程型激励理论

过程型激励理论着重探讨激励的心理过程以及行为的指向和选择，说明行为怎样产生、怎样向一定方向发展、怎样保持下去以及如何结束的整个过程。着重对行为目标的选择，即动机的形成过程进行研究。主要包括：佛隆的期望理论、亚当斯的公平理论、目标设置理论。

（三）调整型激励理论

是说明怎样引导人们改正错误的行为，强化正确的行为。调整型激励理论也称行为改造型。着重对达到激励的目的，即调整和转化人的行为进行研究。主要包括：强化理论，即学习与强化；挫折理论，即挫折与心理自卫。

三、激励过程的基本模式

激励过程主要有 3 种基本模式，如图 9-1 至图 9-3 所示。

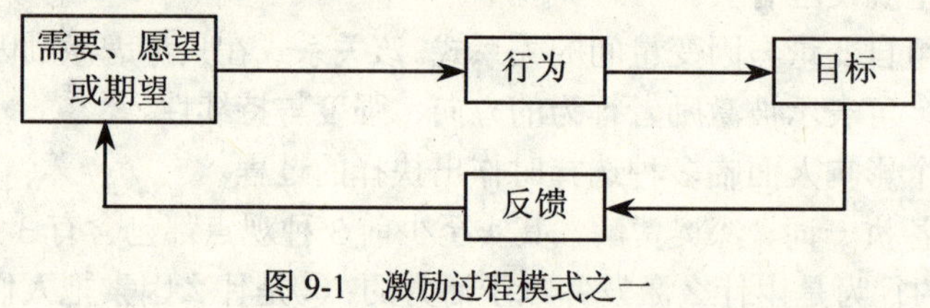

图 9-1 激励过程模式之一

图 9-1 所示模式的基本组成部分是：①需要、愿望或期望；②行为；③目标；④反馈。人们总是具有不同强度的多种需要、愿望或期望。这些需要、愿望或期望使他们产生一种感到不舒服的紧张；而某些特定的行为可以减少这种紧张感；然后，把行为实现目标的情况反馈到下一过程的需要、愿望或期望方面去。

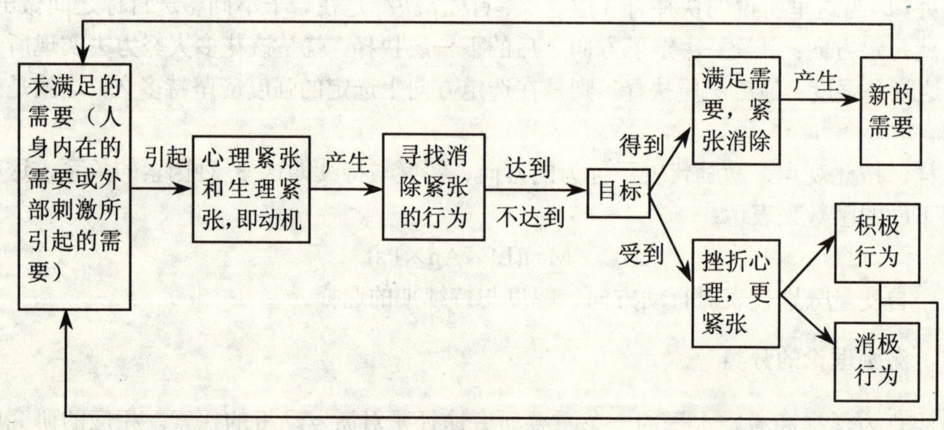

图 9-2 激励过程模式之二

图 9-2 所示模式的基本组成部分是：①需要；②动机；③行为；④目标，有得到满足和受

到挫折两种结果，而无论是得到满足还是受到挫折，又都会产生积极行为和消极行为两类。

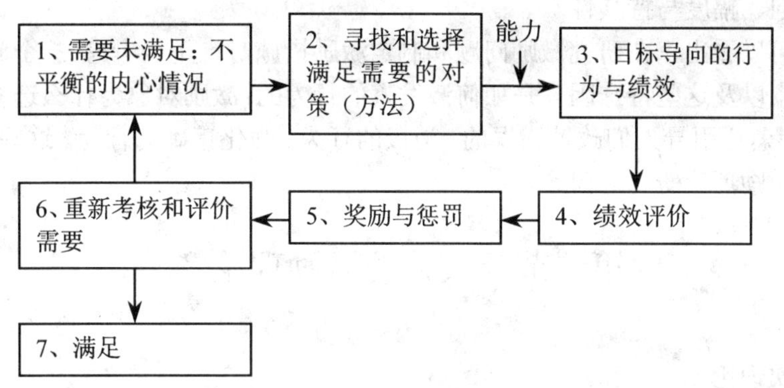

图 9-3　激励过程模式之三

图 9-3 所示模式是把需要、动机、目标和报酬观念结合起来的多阶段的激励模式。这一模式把激励过程分为以下 7 个阶段：

（1）需要的产生，在个人内心引起不平衡（心理紧张状态）。

（2）个人寻求和选择满足这些需要的对策方法，以恢复心理和生理的平衡状态。

（3）个人将按目标去行动和工作，去实行所选择的战略并满足需要。介于行为选择和实现行动之间的是一个人的能力，个人可能具备也可能不具备达到所选择目标的能力。

（4）评价个人在实现目标方面的绩效。以满足个人工作中的自豪感为目标的绩效，通常是由自己来评价；以满足经济上的需要为目标的绩效，通常由别人来评价。

（5）根据对绩效的评价给予奖励或惩罚。

（6）根据奖励或惩罚来重新考核和评价需要。

（7）如果这个激励过程满足需要，就会有平衡感或满足感；需要没有满足，激励过程还得重复，可能选择一个不同的行为。

以上 3 种基本模式虽各有不同之处，但激励过程的主要组织部分仍是基本相同的。这个激励过程都是从人的需求开始，到实现目标和满足需要告终。

四、激励理论的发展脉络及演变

在组织管理发展的不同阶段，对于激励的认识和定义是不断变化的。

在科学管理阶段，泰勒将企业员工看成“经济人”，认为员工只有对物质利益的简单追求。这个阶段的激励主要表现在“A 使 B 做 A 希望 B 做的事”。显然，这种对激励的认识带有明显的使役性质。

行为科学理论产生以后，人们对人性的认识发生了很大的变化，认为员工不仅仅是“经济人”，还是有各种需要的“社会人”，激励开始涉及到行为是怎样开端的、怎样被赋予活力而激发的、怎样延续的、怎样导向的、怎样终止的，以及在所有一切进行过程中该有机体呈现出何种主观反应等问题。

工作生活质量阶段，对激励的定义进一步考虑到激励对象的合理要求和利益，认为“激励就是引导有各自需要和个性的一个人或一群人，为实现组织的目标而工作。同时也要达到他们自己的目标”。美国一些管理学家还认为，“激励必须研究一组自变量与因变量间的关系，这种关系在人的努力、技能和对任务的理解以及环境中的各种制约条件都相等的情况下，能说明一个人行为的方向、幅度与持续性”。

从以上分析可以看出，在研究激励问题和制定激励措施时，至少考虑 3 个问题：激发人们行为的特殊因素以及这些特殊因素是如何激发人的行为的；激励对象为什么选择这种行为而不选择那种行为；怎样引导人们改掉错误的、消极的行为，强化正确的行为。这些就是内容型、过程型及调整型激励理论研究的问题。

第二节　具体的激励理论

一、需要层次理论

美国人本主义心理学家马斯洛在其 1943 年出版的《人类激励理论》一书中，初次提出了需要层次理论，1954 年又在《激励与个性》一书中对该理论作了进一步阐述。

他假设每个人内心都存在 5 种需要层次，分别是：

（1）生理需要：包括觅食、饮水、栖身、性和其他身体需要。

（2）安全需要：包括保护自己免受生理和情绪伤害的需要。

（3）社会需要：包括爱、归属、接纳和友谊。

（4）尊重需要：内部尊重因素，如自尊、自主和成就感；外部尊重因素，如地位、认可和关注。

（5）自我实现需要：使个体成为他可以成为的人的内驱力，包括成长、开发自我潜能和自我实现。

当任何一种需要基本上得到满足后，下一层需要就会成为主导需要，如图 9-4 所示，个体的需要是逐级上升的。从动机角度来看，这种理论认为，虽然没有一种需要会得到完全、彻底的满足，但只要它大体上获得满足，就不再具有激励作用了。所以，如果你想激励某个人，根据马斯洛的需要理论，你就需要了解他目前处于哪个需要层次，然后重点满足这种需要以及在其以上的更高层的需要。

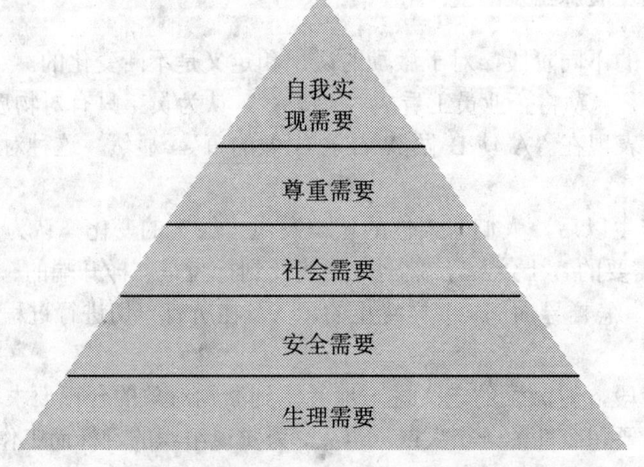

图 9-4　马斯洛需求理论

马斯洛还把5种需要分为高级和低级两个级别。生理需要和安全需要称为较低级的需要，社会需要、尊重需要和自我实现需要称为较高级的需要。区分这两个层次基于这样的基础：较高层级的需要通过个体内在的内容使人得到满足，较低层级的需要则主要通过外部使人得到满足（例如，通过报酬、工会合同、任期时间这些内容）。

马斯洛的需求理论得到了普遍认可，尤其是在从事实际工作的管理者当中。这一点应归功于该理论的直观逻辑性和易于理解的内容。遗憾的是，总体上该理论还缺乏研究证据的检验。马斯洛本人并没有提供任何实证材料，一些试图寻求该理论有效性的研究也无功而返。

二、双因素理论

双因素理论有时也称激励－保健理论，由心理学家弗雷德里克·赫茨伯格提出。赫茨伯格调查了这样一个问题："人们想从工作中得到什么"，他让人们详细描述自己感到工作中特别好和特别差的情境，然后对调查结果进行分类归档，并制成图。

根据对调查所获得大量资料的分析，他发现使职工感到不满意的因素与使职工感到满意的因素是不同的，前者往往是由外界的工作环境引起的，后者通常是由工作本身产生的。

赫兹伯格从1844个案例的调查中发现，造成职工非常不满的原因，主要是由于公司政策、行政管理、监督、与主管的关系、工作条件、与下级的关系、地位安全等方面的因素处理不当。这些因素改善了，只能够消除职工的不满，还不能使职工变得非常满意，也不能激发其积极性，促进生产率的增长。赫兹伯格把这一类因素称为"保健因素"。另外，他又从1753个案例的调查中发现，使职工感到非常满意的因素主要是工作富有成就感；工作成绩能得到社会承认；工作本身具有挑战性，负有重大的责任；在职业上能得到发展和成长等。这类因素的改善能够激励职工的积极性和热情，从而提高生产率。如果处理不好，也能引起职工不满，但影响不是很大。赫兹伯格把这一类因素称为激励因素。他认为传统的满意－不满意的观点（即满意的对立面是不满意）是不正确的，满意的对立面应该是没有满意，不满意的对立面应该是没有不满意。两者的比较如图9-5所示。

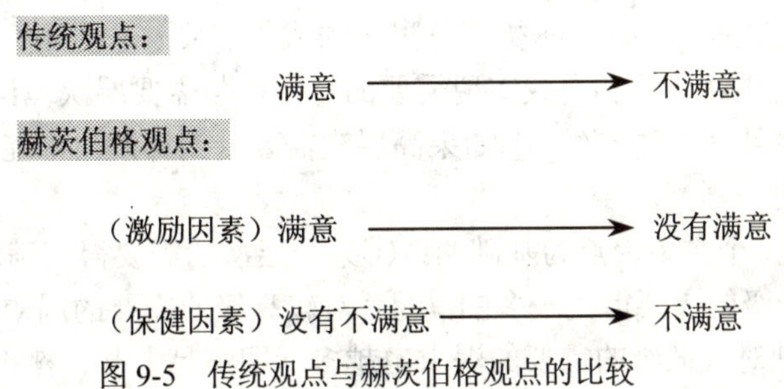

图9-5 传统观点与赫茨伯格观点的比较

因此，赫茨伯格认为只有靠激励因素来调动职工的工作积极性，才能提高生产率。至于保健因素，所起的作用是维持性的，处理得当可消除不满。激励因素与保健因素的比较如表9-1所示。

双因素理论实际上是说明了对员工的激励可分为内在激励和外在激励。内在激励是从工作本身得到的某种满足，如对工作的爱好、兴趣、责任感、成就感。这种满足能促使员工努力工作，积极进取。外在激励是指外部的奖酬或在工作以外获得的间接满足，如劳保、工资等。

这种满足有一定的局限性，它只能产生少量的激励作用。因为，人除了物质需要以外，还有精神需要，而外在激励或保健因素只能满足人的生理需要，而不能满足人的精神需要，因而只能防止反激励，并不能持久有效地激励人的积极性。

表 9-1 激励因素与保健因素的比较

项目	激励因素	保健因素
起源	人类形成的趋向	动物生存的趋向
特征	性质上属于心理方面的长期满足 满足/没有满足 重视目标	性质上属于生理方面的短暂满足 不满足/没有不满足 重视任务
满足和不满足的源泉	工作性质：对个人来说主要是内部的 工作本身 个人标准	工作条件：对个人来说主要是外部的 工作环境 非个人标准
显示出来的需要	成就 成长 责任 赏识	物质的 社交的 身份地位 方向、安全 经济的

三、ERG 理论

耶鲁大学的克莱顿·奥尔德弗重新修改了马斯洛的需求层次，使之与实证研究更加一致。经他修订的需求层次被命名为 ERG 理论。

奥尔德弗认为存在 3 类核心需要：生存（Existence）、关系（Relatedness）和成长（Growth），故称之为 ERG 理论。第一类需要是存在需要，它关注于满足基本的物质存在要求，包括马斯洛的生理需要和安全需要。第二类需要是关系需要，即维持重要人际关系的愿望。要想满足这些社会的和地位的愿望，就需要和其他人交往，这类需要和马斯洛的社会需要以及尊重需要中的外在部分相对应。最后一类是奥尔德弗分离出的成长需要——对于个人发展的内在愿望，包括马斯洛尊重需要的内在部分和自我实现需要的特征。与需要层次理论不同的是，ERG 理论还表明：①多种需要可以同时共存；②如果高层次需要受到抑制而未能得到满足，那么满足低层次需要的愿望会更为强烈。

ERG 理论是以 3 个主要论点为基础的：①某个层次的需要得到满足越少，则这种需要越为人所渴求；②较低级的需要得到较多的满足，对较高级的需要的渴望就越强；③较高级的需要越是满足得少，则对较低级的需要的渴求也越多（即满足上升、挫折倒退的规律性），如图 9-6 所示。

四、需要理论

麦克利兰把人的高级需要设定为权力、合群和成就的需要，并以成就为主导。

（1）权力需要。权力需要是影响和控制他人的欲望。具有较高权力需要的人对影响和控制别人表现出很大的兴趣，这种人总是追求领导者的地位。组织中管理者的权力可分为两种：

- 个人权力：追求个人权力的人表现出来的特征是围绕个人需要行使权力，在工作中需要及时地反馈和倾向于自己亲自操作。
- 职位权力：职位权力要求管理者与组织共同发展，自觉地接受约束，从体验行使权力的过程中得到一种满足。

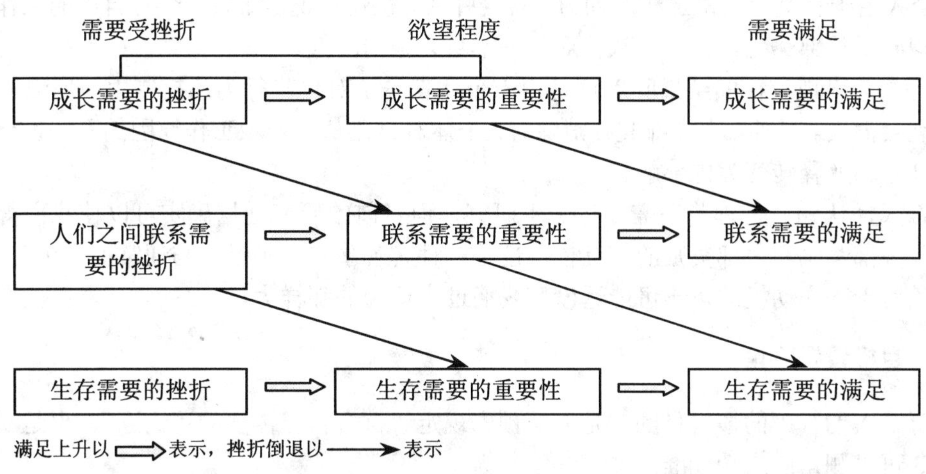

图 9-6　ERG 理论中的满足上升、挫折倒退图

（2）归属需要。指建立友好和亲密的人际关系的欲望。具有高合群需要的人努力寻求友爱，喜欢合作性的而非竞争性的环境，渴望有高度相互理解的关系。注重合群需要的管理者容易因为讲究交情和义气而违背或不重视管理工作原则，从而会导致组织效率下降。

（3）成就需要。成就需要是追求卓越以实现目标的内驱力。具有高成就需要的人对工作的成功有强烈的要求，他们乐于甚至热衷于挑战性的工作，这种人喜欢长时间地工作，即使失败也不过分沮丧。一般来说，他们喜欢表现自己。

具有高成就需要的人通常具有以下特点：

- 事业心强，比较实际，敢冒一定程度的风险。
- 有较高的实际工作绩效，要求及时得到工作的信息反馈。
- 一旦选定目标，就会全力以赴投入工作，直至成功地完成任务。
- 把个人成就看得比金钱更重要，从成就中得到的鼓励超过物质鼓励的作用，把报酬看做是成就的一种承认。

成就需要理论对于我们把握管理人的高层次需要具有积极的参考意义。对于具有高成就需要的管理者，组织可以分配给他们具有挑战性和一定风险的工作任务，以满足他们的成就需要，激发他们的工作积极性。相反，如果将毫无挑战性的工作分配给他们，则会挫伤他们的积极性。而对于低成就需要的管理者，组织可以分配给他们一些例行的工作任务。应当认识到，高成就需要并不是与生俱来的，而是在人们的实践活动中培养起来的，所以组织应尽量创造有利条件，将他们培养和训练成具有高成就需要的人。

五、认知评价理论

20 世纪 60 年代末，一名研究者提出，以前对工作努力的奖励是内在的，它导致了人们对于工作内容本身的乐趣。现在，随着对工作努力进行外部奖励的推行，则可能会降低个体动机的总体水平。这种观点被称为认知评价理论。长期以来，动机理论家们普遍假定，内部动机因素——如成就、责任、能力，与外部动机因素——如高薪、晋升、和谐的上下级关系、愉快的工作环境，是相互独立的。也就是说，对其中一方的激发并不会影响到另一方。但是，认知评价理论却不这么认为。它认为，当组织采用外部奖励作为对良好工作绩效的回报时，则内部奖励（即个人由于喜爱而从事工作的动力）就会降低。换句话说，如果一名对自己的工作感兴趣的员工得到了外部奖励，则会导致他对任务本身兴趣的降低。

为什么会出现这样的结果呢？这是由于个体丧失了对自我行为的控制力，所以原有的内部动机就会消失。另外，当外部奖励消除时，个体对自己从事一项工作原因的看法也会发生变化——从外部解释转变为内部解释。

在今天，认知评价理论还需要进一步研究，但目前的研究证据确实可以使我们得出这样的结论：外部奖励和内部奖励的相互依赖性是一种客观事实。不过，与通常的动机理论相反，这一理论对于工作动机的影响可能远没有我们过去认为的那样大。

六、目标设置理论

目标是人们行为的最终目的，是人们预先规定、符合自己需要的“诱因”，也是激励人们有形的、可以测量的成功标准。

目标设置理论认为设置达到目标是一种有力的激励，是完成工作的最直接的动机，也是提高激励水平的重要过程。最早提出这一理论的是洛克。他通过科学研究和工作实践，发现外来的刺激因素如奖励、工作反馈、监督的压力等都是通过目标来影响动机。另一管理学家休斯更认为成长、成就和责任感都要通过目标的达成来满足个人的需要。因此，重视目标和争取完成目标是激发动机的重要过程。对洛克和休斯的这种观点至今还有争论，有人认为奖励等外在因素可以是引发动机的独立力量，不一定要通过目标实现。

洛克等从实验中还发现，从激励的效果来说，有目标比没目标好，有具体的目标比空泛的号召性的目标好，有能被执行者接受而又有较高难度的目标比随手可得的目标好。心理学家还认为，遇到难度很高、庞大复杂的目标，可以把它划分为若干阶段性目标，通常称为“小步子”。通过“小步子”的逐一完成，最后达到总目标。这是完成艰巨目标的有效方法。

目标设置理论是比较新的激励理论，正引起行为科学家们广泛的兴趣，纷纷从事研究，提出不少与管理有关的观点。如伊凡赛维奇发现，设置目标的心理效果将因时间的推移而逐渐减弱，因此主张要与反馈、工作评价等其他激励因素结合使用。尤克尔和莱瑟姆认为目标甚至应与职工参与、注意个别差异和解决目标艰巨性等因素结合运用，从而提出了目标设置的综合模式（1978 年）。霍尔经过现场观察和实验研究论证了在一个成功的心理循环中目标的作用。他认为目标导致努力，努力创造工作绩效，绩效增强自尊心和责任心，从而产生更高的目标。这样循环往复，带动人们不断前进。

休斯特别就企业目标与个人关系问题进行了研究。认为：管理者使下属各级人员明确和达成个人目标是激发动机的关键，但同时要力求把组织目标与成员个人目标结合起来，并使个人目标有实现的可能。他将重视目标的人的特征和重视任务的人的特征相对照，如表 9-2 所示。

表 9-2　重视目标与重视任务的倾向对比

重视目标的个人	重视任务的个人
寻求结果的反馈和信息，需要对自己工作成绩的评价，需要具体反馈	回避反馈和评价，追求赞许而不求工作成绩的评价
认为金钱是测定成就的标准，而不是对努力工作的鼓励	金钱鼓励会直接影响工作成绩，工作随金钱鼓励相应地改变
对实现目标愿意承担个人责任	不管成功的机会如何，避免承担个人责任
能完成工作改革，喜欢创造性的工作机会	喜欢常规而不变的工作，从创造性的工作中得不到满足感
寻求有适度冒险的目标	寻求风险很低或很高的目标
从解决难题中获得成就的满足	从解决难题所获得的满足不如从完成任务所获得的满足
有指向目标的强大动力和精力	不一定有强大的动力，精力不集中指向目标
工作主动，把别人的建议看做是干扰	听从指示，接受建议
根据成功和失败的现实，提高抱负水平	抱负水平与成功失败无关

七、公平理论

（一）定义

公平理论指出，职工的工作动机，不仅受其所得的绝对报酬的影响，而且受其相对报酬的影响，即一个人不仅关心自己收入的绝对值（自己的实际收入），而且关心自己收入的相对值（自己收入与他人收入的比较）。每个人会不自觉地把自己付出的劳动所得的报酬与他人付出的劳动所得的报酬相比较，也会把自己现在付出的劳动所得的报酬与自己过去的劳动所得的报酬进行个人历史的比较。如果当他发现自己的收支比例与他人的收支比例相等时，或现在的收支比例与过去的收支比例相等时，便认为是应该的、正常的，因而心情舒畅，努力工作。如果当他发现自己的收支比例与他人的不相等时，或现在的收支比例与过去的不相等时，就会产生不公平感，就会有满腔怒气。这里的“相对值”是个人同“参照人”比较的结果。“参照人”是个人在组织中选定的可以比较的一类人。个人用“参照人”进行比较和衡量时，既考虑投入要素或每个人对组织所作的贡献，又考虑各种成果或组织给予个人的奖励。

公平理论认为，人们用投入对成果的比率把自己同“参照人”进行比较，假设 A 表示公平或不公平的个体，B 表示 A 有某种关系或 A 与之相比较的“参照物”个体，O 表示个人做某项工作所得的报酬或产出结果，I 表示个人对该项工作所付出的努力或代价，(O/I)A 与(O/I)B 分别表示个体 A、B 的所得与付出之比。

A 和 B 比较以后产生 3 种基本的心理状态：

（1）（O/I）A=（O/I）B，个人感到公平。

（2）（O/I）A>（O/I）B，个人感到不公平。

（3）（O/I）A<（O/I）B，个人感到不公平。

（二）不公平感的消除

不公平是工作不满意的原因之一。不公平感会让人不快，并使人不安。可通过下列途径来消除不公平感：

（1）改变投入。当（O/I）A>（O/I）B 时，增加投入，更努力工作；当（O/I）A<（O/I）

B 时，减少投入，工作松懈。

（2）试图改变成果。个人通过要求增加工资或得到提升来改变投入对成果的比率。

（3）调整心理。通过心理调节、自我解释、自我安慰，调整对投入与成果的感觉。

（4）改变“参照人”。包括提高或降低“参照人”B 的参照标准，选择投入成果比率比 B 高或低的人作为“参照人”。

（5）改变他人的投入或产出。说服他人（“参照人”）减少投入以达到心理平衡。

（6）改变环境。当自己无法改变投入、成果或“参照人”，长时间难以消除不公平感时，员工可能离开现有环境，寻找新的更公平的环境。

八、期望理论

期望理论是由美国心理学家佛隆在 1964 年出版的《工作与激励》一书中提出的，受到西方管理学者的极大重视。

期望理论认为，每个人都有需要，需要引起行为达到一定的目标；有需要就有动力，当目标没有实现的时候，这种需要只是一种期望，而期望本身就是一种潜在的力量，能够激励人们的积极性。因此在佛隆看来，一个人被激发出来的力量与他所追求的目标和达到这个目标的可能性是有关系的。期望理论就是研究需要（期望）与目标之间关系的规律的理论。

期望理论是以 3 个因素反映需要与目标之间的关系的，也就是说，要能激励职工把工作做好，必须让职工明确：

（1）工作能提供他们真正需要的东西。

（2）他们所欲求的东西是和绩效联系在一起的。

（3）只要努力工作就能提高他们的绩效。

期望理论可用以下公式表示：

激发力量=目标价值（效价）×期望概率（期望值）

用符号表示即为：M=V×E

目标价值（效价）是指某项工作或一个目标对于满足个人需要的价值。或者说，一个目标的价值在激发对象心目中的位置（或威望）。同样一个目标，由于各个人的需要和特征不同，所处的环境不同，因而目标在他们心中的效价也不同。目标价值存在正值、零值、负值之分，有大小、高低的不同。

期望概率（期望值）是指根据一个人的经验判断一定的行为能够导致某种结果和满足需要的概率。过去的经验对一个人的行为有较大的影响。比如，一个孩子出生于音乐世家，这孩子可能也想成为音乐家，最初他对当个音乐家的期望值很高，可是后来事实证明，他的音乐天赋比较差，在经过多次失败后，他才可能放弃当个音乐家的目标。期望概率在 0 和 1 之间，最大为 1，最小为 0（即没有可能）。因为期望的东西不等于现实的东西，期望值和现实之间往往是有差距的、有矛盾的。大体有 3 种情况：一是现实大大超过期望值，结果喜出望外；二是期望值与现实差不多，结果是中间状态，预料之中；三是期望值大大超过现实，结果受到打击，垂头丧气。因此，管理者应该加强思想政治工作，减少第二种情况，避免第三种情况，促使出现第一种情况，使现实高于期望概率，大大激发人的积极性。

显然，期望理论的公式的含义是：当一个人对某个目标的效价很高，而且他判断出自己达到这个目标的可能性也很大时，那么这个目标对他的激励作用就大。

九、强化理论

强化的概念，最早是俄国生理学家巴浦洛夫在研究条件反射形成以后，为了防止条件反射消退，必须不时伴随以无条件刺激物（食物），这就是强化。

美国心理学家斯金纳对强化的概念作了系统的论述。斯金纳把强化看成是增强某种反应、某种行为概率的手段，是保持行为和塑造行为必不可少的关键因素。

强化过程即操作性条件反射，包含有 3 个要素：第一个要素是刺激，指的是所给定的工作环境；第二个要素是反应，也就是工作中表现出的行为和绩效；第三个要素是后果，也就是奖惩等强化物。这 3 个要素的关系在心理学中被称为基本耦合，对于被强化者未来的行为模式有着显著的影响。

利用强化的手段改造行为一般有 4 种方式，其区别如表 9-3 所示。

表 9-3　4 种不同的强化类型

	令人愉快或所希望的事件	令人不快或不希望的事件
事件的出现	正强化 （行为变得更加可能发生消退）	惩罚 （行为变得更不可能发生负强化）
事件的取消	消退 （行为变得更不可能发生）	负强化 （行为变得更加可能发生）

（一）正强化

是用某种有吸引力的结果或称奖酬，如认可、赞赏、提升、增资等，对某一行为进行奖励和肯定，使其重现和加强。应用正强化有 3 个要点：

（1）所选的强化物要恰当，对于被强化对象要有足够的奖酬威力。

（2）强化要有明确的目的性和针对性，必须按所希望的行为的出现而施予。

（3）反映与强化的顺序，必须排得确能激发今后所希望的行为会再度出现。

（二）负强化

当某种不符合要求的行为有了改变时，减少或消除施于其身的某种不愉快的刺激（批评、惩罚等），从而使其改变后的行为再现和增加。负强化和正强化的目的一样，都是想维持和增加某一有利的行为。应用负强化应记住两个要点：

（1）要搞负强化，事先必须确有不利的刺激存在。

（2）通过去除不利刺激来鼓励某一有利行为，要待这一行为出现时再去除不利刺激方能奏效，以使受强化者明确行为与后果的联结关系。

（三）自然消退

自然消退有两种方式：一是对某种行为不予理睬，以表示对该行为的轻视或某种程度的否定，使其自然消退；二是对原来用正强化建立起来的、认为是好的行为，由于疏忽或情况改变，不再给予正强化，使其出现的可能性下降，最终完全消失。大量的研究表明，一种行为如长期得不到正强化，便会逐渐消失。

（四）惩罚

是用批评、降薪、降职、罚款等带有强制性、威胁性的结果来创造一种令人不愉快乃至痛苦的环境，或取消现有的令人满意的条件，以示对某一不符合要求的行为的否定，从而消除这种行为重复发生的可能性。惩罚中所包括的撤消奖酬这一措施，与消退中的撤消奖酬有所不同。消退中的撤消奖酬是针对某种不好的行为，这种行为从来没跟这种奖酬联系过。

应当指出，上述 4 种强化类型中，正强化是影响行为发生的最有力工具，因为它能增强或增加有效的工作行为。惩罚和消退只能使职工知道不应该做什么，但并没有告诉职工应该做什么。此外，负强化会使职工处于一种被动的、不愉快的环境之中，因此可能产生适得其反的结果。作为策略的运用，如表 9-4 所示。

表 9-4　4 种强化策略的比较

强化策略	说明
正强化	刺激 ——→ 期望行为 ——→ 呈现有吸引力的结果 ——→ 重复期望行为 例：增加工资　高绩效　加工资　继续高绩效
负强化（避免）	刺激 ——→ 期望行为 ——→ 移去不愉快的结果 ——→ 重复期望行为 例：因迟到而遭训斥　准时　不再训斥　继续准时
消退	刺激 ——→ 期望行为 ——→ 不呈现结果 ——→ 减少不期望行为 例：开会时讲悄悄话　经常讲话　不鼓励　开会时少讲话
惩罚	刺激 ——→ 不期望行为 ——→ 呈现不愉快的结果 ——→ 减少不期望行为 例：在办公室吸烟罚款　在办公室吸烟　罚款　在办公室偶尔吸烟或不吸烟

十、波特—劳勒模型

波特—劳勒模型是在弗鲁姆的期望理论的基础上提出来的，如图 9-7 所示。此模型的主要骨架或因果分析脉络：一个人的工作积极性（激励）高低及由此衍生的投入工作的努力的大小，取决于目标的效价，亦即通过努力想最终获得的目标（内、外在性奖酬）在此人心目中的主观价值的高低（或相对重要性的大小），以及努力绩效奖酬间的关系的主观概率，即对所投入的努力能导致想达到的绩效水准并进而获得想得到的奖酬的期望的大小。与弗鲁姆原有模型的差别或有所改进的地方是，把以赫兹伯格“保健与激励双因素”理论为基础而发展起来的外在性与内在性奖酬的概念引了进来，取代了弗鲁姆模型中单一的“二阶结果”——奖酬。

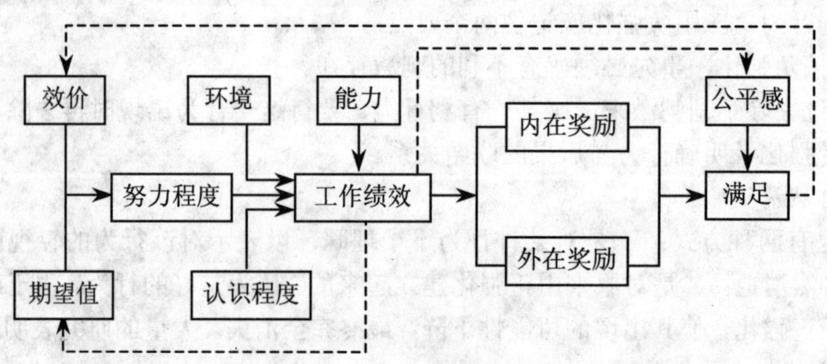

图 9-7　波特－劳勒综合激励模型

但波特与劳勒在努力与绩效之间添进了三项新的因素：一是"能力与素质"，表明只有热情而无真才实学及必要的素质，仍难实现预期的绩效水准；二是"工作条件"，指必要的人力、物力等环境因素对达到预期绩效水准也是不可或缺的因素；三是"角色感知"，这指的是对组织意图与期望的领会，因为所想获得的外在性奖酬是直接控制在组织手中的，组织将按照它的标准而不是当事者本人的标准来考核绩效，并据此发给外在性奖酬；即使内在性奖酬可由当事者自己直接从工作本身中体验和取得，但工作的安排与分派，仍得依仗组织；若对组织意图与期望领会不透彻乃至错误，则花了巨大努力，但做出的结果与领导的要求南辕北辙，甚至可能因"好心办坏事"而帮了倒忙，这样他的绩效当然不会被组织认可，他也得不到向往的奖酬，反会受罚。

综合模型中增添的最后一个因素是，奖酬与满意感之间的"对奖酬公正性的感知"。我们知道，满意感不仅取决于能否取得所想要的奖酬及其质与量，还取决于奖酬分配方式和他所信奉的公平分配价值观对照时感受到的公平性。

这个综合模型虽以期望理论为骨干，却比它更全面，并且更具实用的指导意义。它可以为管理者如何改进对下级的激励提供一个清晰的、系统的、逻辑严密的思考路线。据此模型，要想有效地激励下级，应先明确地为他们设置目标，即向他们讲清期望他们做到什么、达到什么绩效水准；并进而明确宣布达到此要求后，他们的个人目标将能得到怎样的满足。为了提高奖酬在下级心目中的效价，应进行需要摸底，使奖酬确能投其所好。同时不要忘记除了外在性奖酬外，还有一种成本低而有巨大潜在吸引力的内在性奖酬。

复习题

1. 比较马斯洛层次需求理论和赫兹伯格双因素理论。

2. 怎样运用"双因素理论"来消除员工的不满情绪，激励他们的满意情绪，调动员工的积极性？

3. 用强化理论改造行为应遵循的原则是什么？

4.《孙子兵法》指出："上下同欲者胜。"用激励理论加以说明和分析。

5. 有些领导者在管理中总是爱好"只罚懒，不奖勤"？你认为这样做是否合理？为什么？

6. 怎样运用"公平理论"来做好企业员工的计时工资和计件工资，更好地实现组织的目标？

【案例讨论】

上海某发展有限公司

上海某发展有限公司（以下简称公司）始建于 1991 年。公司创办之初非常艰难。没有资金，就向亲属借了 6 万元钱；没有场地，就从别的公司的营业场所中租了一张桌子，作为自己的营业场所；没有现成的客户，就从他们原先认识的朋友中开始介绍。整个公司就两个人，所有推销、搬运、验货、送货等全部工作都是两人亲自来干，辛苦自不必说。公司刚开始主要经营打印机，当时卖一台打印机的利润还是相当可观的，这样一年下来，经营情况还很不错。

第二年，租了一个门市，就招了一名员工帮助进货，业务量开始有起色。由于对整个市场发展的行情把握得比较好，发展速度很快，当年做得比较好的是惠普公司的外设产品。他们决定招聘一个在惠普PC和服务器产品方面有丰富经验的人加入公司，为了吸引对方的加盟，他们提出了加盟者与公司之间对所经营的惠普PC和服务器产品毛利二八分成的分配方式，并于1994年4月便开始代理惠普公司的PC和服务器产品。

1996年是公司稳定发展的一年，微机和外设的销售量都有了明显的增长，人员增加了不少，公司有了自己的独立门市，并有点HP专卖店雏形的味道了。1997年又是一个转折点，公司办公从临街门市搬到写字楼，同时又吸收一名合作者加盟，任销售部经理，他与公司毛利润二八分成。这样，整个公司的经营分成门市和写字楼两个相对独立的部分，各有一名合伙人负责，权责分明。

从公司的发展过程来看，还是比较顺利的。但随着公司业务的不断发展，公司的高层管理者也发现在公司经营中存在的问题也不少：公司各个部门之间各行其是，除去加盟者之外，其他员工士气和热情不高，公司除了物质上的刺激外，再无其他能够调动员工积极性的办法。但现实的情况是，像该公司这样的规模和经营情况的公司在物质刺激方面的余地并不大，因为利润率已经很薄了，这是该产业中硬件销售业的总体态势。其实，即使是那些平均利润率比较高的行业中的小公司也同样存在相同的问题。公司领导者常常为这类事情头痛不已。

思考题

该公司出现问题的主要原因何在？请用期望理论分析应从哪些方面着手改进？

第三篇　群体

第十章　群体行为

地位差异的出现不过是群体中自然而然出现的大量活动中的一个。对地位的理解有助于你更好地解释和预测群体中的人们的行为。对于角色、规范这些概念也是一样。本章的目标是，给你提供一些理解群体如何工作的基础知识。

第一节　群体概述

一、群体的定义与分类

（一）群体的定义

群体是为了实现某个特定的目标，由两个或两个以上个体相互作用、相互依赖而组成的集体。具体表现为以下5个方面：

（1）群体成员之间有其共同的目标。个体之所以能够组成一个群体，是因为他们之间有着需要通过共同努力奋斗才能实现的共同的目标，共同目标的实现与否直接关系到每一个个体的切身利益。

（2）群体成员存在明确的群体意识。群体成员之间彼此意识到他们同属于一个群体，并能区别于其他群体成员。

（3）群体拥有公允的规范和规则。群体内必须要有一个群体成员共同遵守的行为和道德规范，以约束群体成员。“没有规矩不成方圆”。

（4）群体存在一定的结构。群体成员有可能会变化，但群体成员之间必须具备相对稳定的关系。

（5）群体是由两个或两个以上的个体构成的。群体必须是两个以上（包括两个）的个体相互作用、相互依赖而成。只有一个个体是不能成为群体的，同样，个体之间要是没有互动也是不能成为一个群体的。

（二）群体的分类

群体的种类繁多，根据不同的分类标准可以分为很多种，下面介绍4种分类方法：

（1）按群体规模的大小可以分为大群体、中群体、小群体3种。组织行为学研究侧重于小群体的研究，在小群体中存在着直接的互动关系，一般认为5～7人的群体效率可能最高。

（2）按群体的紧密程度及发展水平可以分为：

- 松散群体：松散群体是群体发展的初期阶段。松散群体阶段人们只是在空间和时间上的结合，而且群体目标、结构和领导都不十分明确。

- 联合群体：联合群体是群体发展的中级阶段。联合群体阶段群体成员有共同的目的，约束与抵制共存，但这种活动只具有个人意义。
- 集体群体：集体群体是群体发展的高级阶段。集体群体阶段成员之间表现出很强的凝聚力，其存在具有更广泛的社会价值。

（3）按群体成员的构成可以分为同质结构群体和异质结构群体两种。

- 同质结构群体。同质结构群体中群体成员在年龄、知识、能力、专业与个性上相同或接近，因此此类群体适合完成具有复杂性、长期性、创造性方面的工作。
- 异质结构群体。异质结构群体中群体成员在年龄、知识、能力、专业与个性上存在着较大的差异，因此此类群体只能去完成那种简单易行的、短期的工作。

（4）按群体的构成原则可以分为：

- 正式群体：为完成组织任务所建立起来的正规社会群体。它具有两种类型：命令群体和任务群体。命令群体是指由组织的第一管理者和向其汇报工作的下属组成的群体。比如，一个公司的营销部经理和他的6位销售员组成的工作团体就是命令型群体。任务群体是指由为完成某项任务而共同工作的员工组成的群体。但是任务型群体并不仅仅限于直接的上下级关系中，它还可能跨越这种命令关系。因此，所有的命令型群体都属于任务型群体，但是所有任务型群体不一定都是命令型群体。总之，正式群体是由组织结构界定的、分工明确的群体，所以这类群体受到法律保护。
- 非正式群体：人们之间以利益和感情为纽带自发形成的群体，如利益型群体、友谊型群体。利益型群体是指基于共同利益而形成的群体。在利益型群体中，大家是为了特定的某个共同关心的具体目标走到一起，共同努力奋斗去实现他们的共同的利益。友谊型群体是指基于他们之间的友情而形成的群体。这种社会联盟不拘泥于工作情境之内，常常跨越工作环境之外，基于各种共同的特征，如性别一样、年龄相仿、性格相似、价值观和人生观相同等一系列共同因素而形成。总之由于非正式群体没有正式的结构，也没有固定的联盟关系，只是为了满足社会交往的需要自然形成的，所以一般不受法律的保护与行政的干预。

二、群体的发展阶段

群体的形成和发展常常需要以下 5 个阶段：形成、震荡、规范、执行、解体。通过对群体的发展阶段进行观察可以看到每个阶段群体表现出的不同形式。图 10-1 的横轴表示群体的发展阶段，纵轴表示群体的成熟程度。

（一）第一阶段：形成阶段

本阶段的主要特点就是个体对领导和其他成员开始有所了解和熟悉，建立起行为规则。在本阶段中团体成员的主要工作是确定目标、制定开展工作的程序。当个体把自己当作群体的一员时，认为群体基本形成。

（二）第二阶段：震荡阶段

本阶段的主要特征是群体内部经常出现冲突现象。如在有关工作、团体目标、由谁负责各项事务、工作方面的指导和领导的指令等均会发生冲突。在本阶段中，一些群体成员可能选择离开群体，或尽量与所产生的紧张情感保持一定的距离。所以本阶段的关键是冲突的处理，既不要试图压制住冲突，也不要视而不见、置之不理。

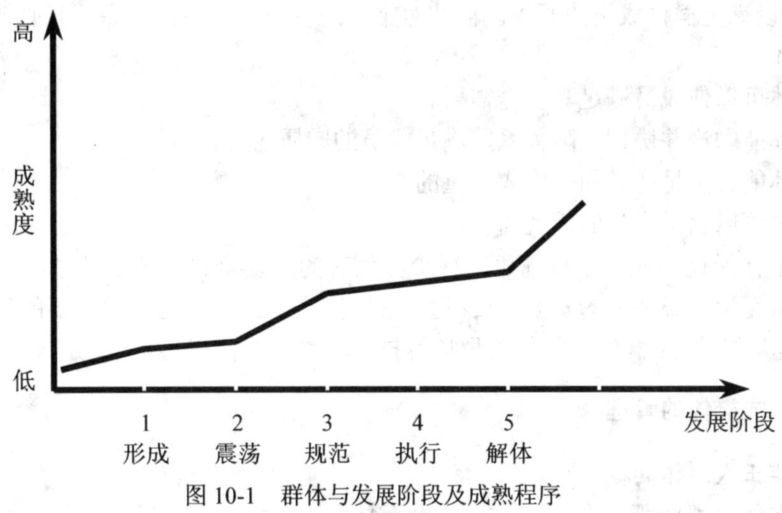

图 10-1　群体与发展阶段及成熟程序

（三）第三阶段：规范阶段

本阶段的主要特征是群体开始有凝聚力，成员开始对群体有较强的认同感和归属感，成员之间的关系变得友爱、团结，共同的责任感开始树立。同时在这个阶段，群体也会制定其赖以生存的规则。

（四）第四阶段：执行阶段

本阶段群体把主要精力致力于如何才能有效、高速地完成工作任务。群体成员间的高度认同感和对领导的高接受性有助于群体工作绩效的提高。相反极端的自私行为、无能的领导者和一些其他因素会有损于群体的运行。

（五）第五阶段：解体阶段

对于长期工作群体来说，执行阶段是其最后一个阶段，但是对于临时群体，如临时工作小组或类似的团体，由于他们是为完成某一特定任务而建立起来的，所以当任务完成时该群体解散，因此还存在着第五个阶段——解体阶段。在此阶段，群体成员之间的表现分为两种：一种是群体成员对所取得的成就兴奋不已、心满意足；另外一种是对即将失去群体生活而闷闷不乐、郁郁寡欢。

三、群体的功能

群体之所以能够产生和存在，是因为具有特殊的社会功能，对于组织和其成员发挥着重要的作用。

（1）群体把个体的力量全部汇集在一起，有机地组合成为一种新的力量。例如，在同一工种、同一研究领域中组合的群体，其成员在群体内，由于彼此互相影响、相互促进，从而提高群体成员的工作水平。同时，群体还由于把不同的工种、不同行业、不同学科的人组合在一起，可以完成个人无法完成或者单一工种、学科无法完成的工作。

（2）群体能够完成组织所分配的各种任务。群体的主要功能就是完成组织上分配下来的任务和执行所规定的职责。一个组织要想有效地实现其目标，必须通过群体的合理分工和密切的配合，把任务逐层落实到下一级部门去执行。群体对于组织来说，主要就是承担、执行和完成组织所分配的任务，以保证组织目标的实现。

（3）可以满足群体成员的要求。群体对个人的主要功能是能够满足其心理的需要，主要体现在以下 4 个方面：

- 群体可以使成员满足其安全需要。
- 群体能融洽并协调人际关系，满足成员的归属需要。
- 群体能够满足成员的受他人尊重的需要。
- 群体可以满足成员的成就需要。

例如，个体通过加入一个群体可以减少独处时的不安全感，免于孤独、恐惧，会感到自己更有力量从而满足心理上的安全需要；通过加入一个被别人认为是很重要的群体以得到别人承认，满足其尊重需要；群体能使其成员觉得自己活得很有价值，从而满足自我实现的需要等。

四、非正式群体的管理

（一）非正式群体的概述

非正式群体是那些既没有正式结构、也不是由组织指定的联盟关系，它们是员工为了满足社会交往的需要而在工作环境中自然形成的。非正式群体形成的原因是多方面的，概括起来说，主要包括 3 种影响因素：心理因素、社会因素、时空因素，所以它具有以下 4 个特点：

（1）非正式群体具有自发性和不稳定性。

（2）非正式群体的中心人物具有较强的权威性。

（3）非正式群体具有良好的人际沟通以及心理与行为的一致性。

（4）非正式群体成员的归属具有重叠性。

（二）非正式群体的管理

非正式群体对于正式群体的影响具有两面性：既有正面的、积极的影响，同时也有负面的、消极的影响。所以对于一个组织来说，对非正式群体的管理与对正式群体的管理同样重要。

（1）应努力加强正式群体的影响力，使正式群体内部具有较强的凝聚力和良好的信息与感情沟通，同时也加强对非正式群体的影响。

（2）正确认识非正式群体。

- 了解非正式群体的存在。
- 认清非正式群体的形成背景及现状。
- 分析非正式群体对正式群体或组织的影响。

（3）合理利用非正式群体为组织目标服务。

- 要做好非正式群体中心人物的思想工作。
- 增进与非正式群体成员的意见与感情沟通。
- 发扬非正式群体的优点，自觉修正管理中的不足。
- 引进竞争机制、公平机制，协调非正式群体成员的行为。

（4）要分化消极非正式群体。

- 对于那些对组织运作起着明显消极影响的非正式群体，一方面要积极引导其成员的心理和行为，使之不要越走越远。
- 另一方面还要运用一定的手段分化非正式群体的结构。
- 对于那些破坏性非正式群体则应坚决取缔。

第二节　群体结构

任何一个工作群体都是有结构的，群体结构塑造着群体成员的行为。我们可以通过群体结构来了解群体成员的行为和群体的绩效水平。所以很大程度上群体结构的优良决定了群体绩效水平。群体结构主要包括角色、地位、正式领导、群体规模、群体构成、群体行为规范、群体凝聚力 7 种。

一、角色（Role）

群体中的每一个成员在群体中都扮演着不同的角色。群体中的角色是指人们对某一社会单元中占有一个职位的人所期望的一系列行为模式。不同的群体对个体的角色要求不同。角色认同（Role Identity）指对一种角色的态度与实际角色行为的一致性。例如，王技术员由于表现出色被公司提拔为经理，后来他的同事发现王技术员的态度发生了很大的变化，从亲工友转变成为亲公司领导。角色知觉（Role Perception）指一个人对于自己在某种环境中应该做出什么样的行为反应的认识。我们在自己应该如何表现的解释基础上，做出某种行为反应。角色期待（Role Expectation）是指别人认为你在一个特定的情境中应该做出什么样的行为反应，这在很大程度上由你做出行为的背景所决定。通常教师的角色被视为燃烧的蜡烛，把自己的一切无私地奉献给自己的学生，极其富有爱心和责任感。角色冲突（Role Conflict）是指如果角色服从一种角色的要求，那么就很难服从另一种角色要求，两种角色之间必然要产生冲突。

二、地位（Status）

地位是指别人对群体或群体成员的位置或层次的一种社会性的界定。地位分为正式地位和非正式地位。正式地位是群体正式给予的，而非正式地位可以通过教育、年龄、性别、技能、经验等特征而非正式地获得。在实际的工作中使工作程序与员工的实际地位等级相符合，会极大地改变员工之间的关系和工作效率，提高企业的工作绩效。地位和群体规范的关系：经研究表明，地位较高的人，他们的自由范围比较大，易偏离群体的规范，不过只有当高地位者的行为不会严重影响群体目标的实现时，这一切才能成为现实。地位公平：首先，让群体成员相信群体中的地位等级是公平的，与正式地位相对应的外在标志对于维持公平感是重要的因素；其次，在群体内部，通常有一致的地位标准，但群体成员具有不同的背景时地位标准不同，另外群体之间的地位标准也不同。

三、正式领导

几乎每一个工作群体都有一个正式领导者。他们的头衔通常包括：部门经理、一线主管、工长、项目主管、特别行动小组组长、委员会主席。群体的领导对群体绩效有着巨大影响。下面将对领导及其对群体的影响用一个章节来进行详细的谈论与研究。

四、群体规模

群体规模是否能影响群体的行为？答案是肯定的。但是其影响程度还取决于你所关注的变量。研究证据表明，小群体完成任务的速度比大群体快。但是，如果群体成员参与了问题的解决，则相应地大群体比小群体表现得好。把这个结论转换成为具体数字可能多少有点碰运气，但我们可以提供一些参数，包括了12个及更多人的大群体更善于吸收各种不同的观点。因此，如果群体的目标是发现事实，那么应该是大群体更有效。另一方面，小群体善于完成生产型任务，因而成员在7人左右的群体在执行任务时更为有效。

与群体规模有关的最重要发现之一是社会惰化（Social Loafing）。所谓社会惰化是指一个人在群体中工作不如单独一个人工作时更努力的倾向。这个发现使点逻辑遇到了挑战，即群体作为一个整体，其生产率至少等于个体生产率的简单之和。

一般人对群体的刻板印象是，群体精神会激励其成员更加努力工作，从而提高群体的整体生产率。不过20世纪20年代末，德国心理学家瑞格曼（Ringelmann）在"拉绳试验"中发现3个人组成的群体产生的拉力只有1个人拉力的2.5倍；8个人群体产生的拉力还不到1个人拉力的4倍。而且又通过其他相似任务进行重复实验，结果基本上支持了他的发现，即群体规模的增大，与个人绩效是负相关的。

是什么导致了这种社会惰化效应的产生呢？也许是因为群体成员都认为其他人没有尽到应尽的职责。如果你把别人看做是懒惰或无能的，你可能就会降低自己的努力程度，这样你才觉得公平。另一种解释是群体职责的扩散。因为群体活动的结果不能归结为某个人的作用，个人投入与群体产出之间的关系就显得很模糊。在这种情况下，个人就会成为一个"自由者"，降低群体的努力。换言之，当个人认为自己的贡献无法衡量时，其工作效率就会降低。

五、群体构成

大多数群体活动需要各种技术和知识才能顺利进行。针对这一点，我们可以得出这样的结论：异质性群体——即由相互差异很大的个体组成的群体，更可能拥有多种能力和信息，工作效率也会更高。不少实证研究证明了这个结论。

如果一个群体在性别、个性、人格、年龄、观点和技能方面是异质的，就会增加群体有效地完成任务所需要的特质。这样的群体可能导致冲突频繁发生，同时少有舒适感。但是事实证明，在执行任务时异质群体比同质群体更为有效。其主要原因是，多样性带来了冲突，激发了创造性，并导致了决策水平的提高。

但是，种族或民族差异带来的多元化会产生什么样的后果呢？有证据证明，这种多元化有时会干扰群体的相互作用过程，至少在短期内是这样。当需要了解多种观点时，文化多样性似乎很有优势，但是文化异质的群体在学习相互合作和解决问题的过程中会遇到更多困难。不过值得庆幸的是，这种困难会随着时间的推移而消失。虽然新组成的文化异质群体的绩效比新组成的同质文化群体要差，但是这种差异大约在3个月后就会消失。原因在于，异质性群体需要一定的时间来学习如何相处，如何对待不同意见和解决问题的方法。

六、群体规范

（一）群体规范的概念和分类

任何一个群体都有规范，否则群体将难以存在下去。比如球友们规定在比赛时不得发生争执；在公共场合中，雇员不会批评他们的老板等。

一般来说，群体规范是指群体所确定的，每一个成员共同接受和必须遵守的非正式准则。群体规范告诉群体成员，在一定的环境条件下应该做什么，不应该做什么。它与组织准则不同，后者通常是正式的、书面化的。

每一个工作群体的规范都不会完全相同，但是我们可以根据其所涉及的内容来对其类型进行简单的划分和规类：

（1）与群体绩效活动有关的规范，如企业对工作时间和日生产量指标的规定等。

（2）与群体成员形象有关的规范，如对员工的言行举止、利益、着装等方面的规范。

（3）非正式的社交约定，如对群体成员交往对象、交往方式、社交场所等方面的要求。

（4）与群体的资源分配有关的规范，如人员的安排、报酬的分配方式和苦难任务的安排等。

（二）群体规范的形成

群体规范的形成是个复杂的过程。一般而言，群体规范的来源有 4 个：

（1）前例。例如，第一次群体会议时的行为往往成为以后的标准。

（2）其他情景的迁移。群体成员通常从先前经历中提取某些准则用于指导新情况下的行为。

（3）上司的明确指导，在什么情况下应当如何做，上司往往有明确的指令。这些指令停留下来成为群体规范。

（4）以往的关键事件。例如，由于某员工的泄密使组织蒙受巨大损失后，保密规范便被制定出来。

群体规范形成的关键性因素主要体现在以下 4 个方面：

（1）群体规范的形成是否能促进群体的生存。

（2）群体规范的形成是否能增加群体成员行为的可预测性。

（3）群体规范的形成是否能减少群体成员中令人难堪的人际关系问题。

（4）群体规范的形成是否允许群体成员表达群体的中心价值观。

（三）从众（压力）

所谓从众是指在群体规范的压力下，个体会改变自己的态度与行为，从而与其他成员保持一致。

关于群体对成员施加压力的方式，美国著名管理心理学家莱维特（J.Leavitt）发现，当一个群体开会讨论有关问题而出现意见分歧时，会经历 4 个阶段：

（1）合理辩论阶段。群体的每个成员可以自由发表意见，个人对他人的不同意见也能耐心听取。这样，逐渐使大家的意见分为两派，一方为多数派，另一方为少数派。这时，当个人发现自己属于少数派时，便会开始感到群体的压力，但当时的群体气氛还允许个人自由争辩，因此个人仍抱有大家能认定自己主张的希望。

（2）劝解说服阶段。多数派对持有不同意见的少数派的态度由听取意见转为规劝。拉拢，努力进行劝解说服工作，例如，好言相劝，动之以情，从而劝其放弃自己的主张，接受多数人的意见。这时，持有不同意见的少数人感到压力越来越大，有些人开始放弃自己的意见而顺从大家。

（3）攻击阶段。对仍然坚持己见不肯妥协的人进行攻击，给其扣上“执迷不悟”、“破坏合作”等帽子。这一阶段，个人会感到来自多方面的极大压力，已无法坚持自己的意见，但是碍于面子，反而此时不容易表示屈服。

（4）心理上的隔离阶段。当经过大家多次劝说、攻击之后仍有人固执己见，大家便会采取断绝交往的方法，不理他，不和他说话，使其感到完全孤立。这时个体深感自己已被群体所抛弃，那种孤独、无依无靠的感觉会使个人难以忍受。

影响从众的因素包括情境与个人两个方面。前者如群体的性质、群体成员情况、群体的气氛、群体的一致性以及群体的内聚力等。后者如智力高低、自信心的强弱、独立性的高低、情绪的稳定性等。

七、群体内聚力

群体内聚力是指成员维持在群体内的合力，通常表现为成员对群体的向心力和吸引力。对于高内聚力群体，成员之间彼此吸引，相互喜欢，接受群体的目标并愿意为之努力；相反，对于内聚力低的群体，成员之间彼此不喜欢，各自为政。

一个群体内聚力的高与低受多种因素影响：

（1）加入群体的难度。研究表明，加入一个群体越困难，这个群体的内聚力就可能越高，人们加入群体的共同经历会加深彼此的欣赏和理解。

（2）外部威胁或竞争。面对其他群体的威胁或竞争，群体成员会把以前内部的不快、冲突暂时忘记，齐心协力共同对抗外来威胁。研究表明，如果群体受到外部攻击，成员感受到外来威胁，群体内部通常会加强合作，群体的内聚力将会提高很多。

（3）成员的共同性。群体成员若具有相同的背景、共同的爱好、共同的目标和利益等，其内聚力就高。其中，共同的利益和共同的目标是最为关键的因素。

（4）群体规模。一般说来小群体的内聚力高，大群体的内聚力低，因为大群体成员之间互动比较困难。

（5）成功经验。具有光荣历史的群体内聚力较高，这是因为成功的群体有助于成员个人目标的实现。

（6）领导方式和领导压力。当领导方式较为强硬时，群体内聚力会相应增强。如当领导者强制群体成员遵守组织规定时，群体成员之间会加强团结。

早在 20 世纪 30 年代，心理学家就认识到，要提高生产率就必须强调群体成员之间关系的改善。研究表明，内聚力高的群体比内聚力低的群体更有效，较高的群体内聚力将有益于群体任务的完成。然而，群体内聚力与生产率的关系是非常复杂的。

社会心理学家沙赫特（Schachter）经过试验得出了这样的结论：群体内聚力越高，其成员就越遵守群体的规范和目标。如果群体愿意努力工作，则高内聚力的群体的生产效率就更高；如果群体倾向于限制性生产，甚至与其他群体产生冲突，那么高内聚力只会大大降低生产率，如图 10-2 所示。

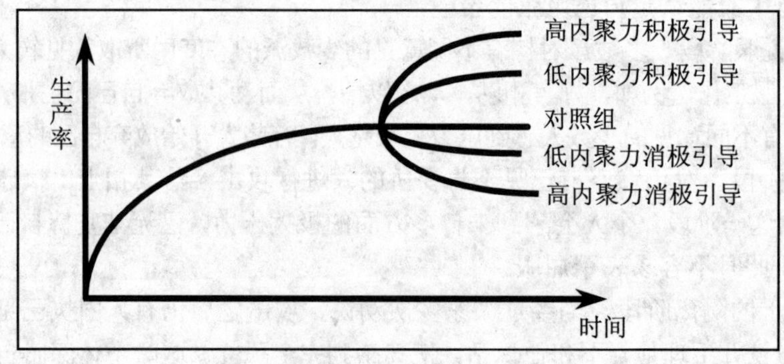

图 10-2　内聚力和生产率关系图

第三节 群体决策和群体决策技术

很久以来，北美和其他国家法律体系基于这样一个基础信念：两个人比一个人才能更多，这一点在国家的陪审团制度中表现得极为明显。现在这种信念已经扩展到一个新的领域，即组织中的许多决策是由群体、团体或委员会制定的。本章中首先讨论群体决策问题，然后再讨论群体决策的技术问题。

一、群体决策

（一）群体决策的概念

群体决策是指群体成员在一起对问题进行分析、谈论、减少分歧达成一致的决策过程。在目前的组织管理中，许多决策是由群体、团体或委员会做出的，群体决策应用范围相当广泛。

相对于个体决策，群体决策有利也有弊。它的优点主要体现在以下几个方面：

（1）群体掌握的信息和知识更加全面和系统。

（2）决策参与的人数众多，观点多样性，决策过程有异质性。

（3）增强了决策的民主性，可减少决策失误，提高决策的质量。

（4）提高了决策的参与度和可接受性，并且可降低决策结果的推行成本。

（5）提高了群体成员参与决策的责任和风险意识，加强了群体成员的主人翁意识，使其更加全身心地投入到工作中。

同样群体决策也是存在缺点的，主要有以下几方面的内容：

（1）浪费时间、人力、财力和物力。群体决策所需要的时间比个体决策要多很多，此外还有一定的人、财、物的成本在内。

（2）由于群体决策具有群体压力，可能导致从众现象，影响决策的合理性和正确性。

（3）责任不清也是群体决策的一个弊端。群体决策的参与者较多，责任意识相对于个体决策来说比较低。

（4）群体决策还存在少数人控制的威胁。群体讨论可能被个别人所控制，如果这种人水平低，群体的运行效率将受到不良影响。

（二）群体思维和群体转移

群体决策的两个副产品受到了组织行为学研究者们的高度重视与关注，即群体思维和群体转移。他们认为这两种现象可能潜在地影响群体客观地评估各种方案和达成高质量决策的能力。

（1）群体思维（Group think）。

群体思维与群体规范有关，它是指群体由于受从众压力的影响而对不寻常、少数人的或不受欢迎的观点得不出客观的评价。群体思维会对很多群体产生伤害，而且可能严重损害群体绩效。它有以下 4 个方面的特点：

1）无论实施与群体成员基本假设的冲突有多么强烈，群体成员的行为都是继续强化这种假设，并将其合理化。

2）对于那些有时怀疑群体共同观点（或大家信奉的论据）的人，群体成员对他们施加直接压力。

3）那些持有怀疑或不同看法的人，往往保持沉默，甚至降低自己看法的重要性。

4）群体中似乎存在一种无疑议的错觉，即在讨论问题时，大家常常认为“无声就是默许”，并把缺席者视为赞成者。

美国心理学家詹尼斯（I.Janis）认为，引起群体思维的前提条件有：群体凝聚力；群体与外界相隔绝；命令式的领导方式；缺乏合理的决策方法和程序；群体成员背景和价值观的相似性；外部压力；现有方案被有影响力的领导所接受而使群体放弃力图寻找更优方案；群体刚刚经历失败，自尊水平较低。

有些学者认为，群体思维不一定会给群体决策带来不良影响，也不一定会对所有群体产生危害。但是，在现实中，群体思维所造成的重大决策失误比比皆是，任何组织都要注意避免其带来的危害和不良影响。针对这些问题，詹尼斯提出了群体思维的一些具体防范措施：

1）让群体成员认识到群体思维现象及其原因和后果。

2）领导者应当保持公正，不要偏袒任何观点。

3）领导者应该鼓励每一个成员提出自己的意见（尤其是反对意见）或对别人的观点做出评价。

4）群体可指定一位或多位成员充当反对者，专门提出反对意见。

5）将群体分成小组，分别讨论问题时，然后在全体会议上交流意见。

6）对于涉及与对手群体关系的问题时，应充分研究一切警告信息，并预测对方可能采取的行动。

7）预备决议后，应该召开“第二次机会”会议，请每个成员提出自己的疑问。

8）决议形成前，请群体之外的专家参会，质疑群体意见。

9）鼓励每个成员与可信赖的外界人士交换意见，并向群体反馈。

10）每个独立的小组同时就有关问题进行决议，最后的决议在此基础上形成。

（2）群体转移（Group shift）。

群体转移是指在讨论可选择的方案、进行决策的过程中，群体成员倾向于夸大自己最初的立场或观点。在某些情况下，谨慎态度占上风，群体倾向于保守转移；但在大多数情况下，群体容易向冒险转移。

在群体讨论中，往往会出现这种现象，即群体讨论会使群体成员的观点朝着更极端的方向转移，这个方向是在讨论之前他们就已经偏离的方向。因此，保守的会更加保守，激进的会更加冒险。群体讨论会进一步夸大群体的最初观点。

事实上，群体转移可以视为群体思维的一种特殊形式，群体的决策结果反映了在群体讨论过程中形成的占主导地位的决策规范。群体决策时变得更加保守还是更加冒险，取决于在群体讨论之前占主导地位的群体规范。对于为什么会出现冒险转移现象，人们有多种解释。比如，有些人认为，群体讨论使群体成员之间更加熟悉，随着他们之间更加融洽地相处，他们会变得更加勇敢和大胆。不过，最有道理的一种说法是，群体使责任分散化。群体决策使得任何一个成员不需要承担全部的责任，因此群体决策会更冒险。

那么，如何来运用群体转移这一发现呢？你应该认识到，群体决策容易夸大每个群体成员最初的观点，朝着更冒险的方向转移。群体决策究竟转移到更保守还是更冒险，取决于讨论前群体成员的倾向。

二、群体决策技术

群体决策行为一般发生于互动的群体中。互动群体会对群体成员个人形成压力，迫使他们达成与群体大部分成员一致的意见。头脑风暴法、名义群体法、德尔菲法和电子会议法是一些能够减少传统的互动群体固有问题的有效方法。

（一）头脑风暴法（Brainstorming）

头脑风暴法是一种通过小型会议的组织形式诱发群体智慧，相互启发灵感，最终产生创造性思维的程序法，它可以帮助群体在决策时克服从众压力。在实施过程中，群体成员只需畅所欲言，他人不能对其观点加以评论。通常参与者有5～12人，时间大约为20～60分钟。问题和任务明确以后，参与者积极要求尽可能多地相处并提出多种解决方案。应该遵循的原则是：①思想越新奇越好；②不能批驳别人的观点；③结合前面的观点，尽量加以拓展、创新。

在典型的头脑风暴法讨论中，6～12人围坐在一张桌子旁，群体领导清楚明了地把问题解释清楚，让每个人都了解。然后，在既定的时间内，大家畅所欲言，尽可能地想出各种各样的解决问题的方案。在这段时间里，任何人都不得对发言者加以评论。无论是受到别人启发的观点或稀奇古怪的观点，不许任何人评论。所有观点都记录在案，直到最后允许成员来分析这些建议和方案。

（二）名义群体法（Nominal Group Technique）

名义群体法指的是在决策过程中对群体成员的讨论和人际沟通加以限制，但群体成员是独立思考的。使用名义群体法，群体成员都出席会议，但成员们首先要进行个体决策。具体方法是，在问题提出之后，采取以下几个步骤：

（1）群体成员聚在一起，但是进行讨论之前，每一个成员独立地写下他对如何解决问题的看法。

（2）经过一段沉默之后，每个成员都要向群体中的其他人阐明自己的一种观点，依次进行，每次表达一种观点，直到每个人都将自己的观点表述完并被记录为止。在所有的想法都记录下来之前不进行讨论。

（3）群体开始讨论每个人的观点，并进行评价。

（4）每一个成员独立地将这些观点进行排序，最终的决策就是排序最靠前、选择最为集中的那个观点。

名义群体法的优点在于允许群体成员正式地聚集在一起讨论问题，但又不限制每个成员的独立思维。

（三）德尔菲法（Delphi Technique）

德尔菲法是一种复杂、耗时的决策方法。但是，由于不需要群体成员面对面进行讨论，德尔菲法能够保证群体成员在群体决策中免受他人的不利影响，并能得到丰富的解决问题的方案。

德尔菲法的具体程序是：

（1）参与者先根据要求分别填写包括相关问题的问卷。

（2）问卷完成后，由组织者收回并加以统计整理。

（3）再反馈给所有参与者，让其在参考别人意见的基础上修改自己原有的解决方案。如果有必要，统计反馈步骤可以反复进行，最后得出有价值的解决方案。

（四）电子会议法（Electronic Meetings）

电子会议法是将名义群体法与先进的技术积极结合的一种定性的决策方法。只要技术条件具备，这种做法十分简单。人们围坐在马蹄形的桌旁，每个人前面只放一台电脑，而且群体的总人数不要超过 50 人。组织者通过大屏幕把问题呈现给各成员，要求他们把自己的观点输入到电脑屏幕上。每个人的意见以及投票情况都会在投影屏幕上显示出来。

电子会议法的主要优点是匿名、可靠和快速，群体成员可以采取匿名的方式把自己的观点表达出来，而且由于是匿名所以不会受到任何惩罚。同时，这种方法能够防止闲聊和偏题，而且不会打扰别人的思路。专家们认为，电子会议法比传统会议要快 55%。

但是，电子会议法也有一定的缺点。如受打字技术和速度的影响，有些人不能及时地表达自己的观点；由于是匿名，提出最佳观点的成员得不到任何奖励；会议收集到的信息和意见不如直接沟通所得到的信息那么丰富；成员之间缺少面对面的沟通等。

复习题

1. 描述群体发展的 5 阶段模型。
2. 工作群体与其所属的组织有什么关系？
3. 描述群体的功能。
4. 描述如何管理非正式群体。
5. 描述群体结构的构成。
6. 什么是群体思维？它对群体决策的质量有何影响？

【案例讨论】

凝聚力的负效应

前不久，某公司老总的第六感官觉得内部人员管理有些不对劲，但具体原因却不能确定。一专家顾问应邀前往，经过一番深入细致的摸底调查，方恍然大悟。

这是一家年轻的中美合资民营企业，主要生产微型汽车发动机的零部件，其经济效益也算不错。

调查工作从了解公司概况、参观公司全貌开始。头几天，感觉情况还不错。这里的人，不管是老总，还是白领、蓝领，大家都很随和，相处融洽，好似一个温馨的大家庭。但在接着的几天里，这个专家感觉到随着了解的逐步深入开始有了一些变化，在这融洽的表层下似乎还隐藏着什么东西，大家对此都不明示，但却都小心翼翼地维护着；专家还说不清这种东西是什么，是好是坏，于是便急于想找到能证明他直觉的事实。

恰好，公司当时搞了一个“有奖征集建议及意见”的活动，其奖励力度是到位的，活动声势也造起来了。但出乎专家意料的是，员工普遍反应冷淡，响应者甚少，且提出的仅有的那几条意见也都不过是无关痛痒的应付罢了。为什么会是这个结果？公司在各方面都尽善尽美吗？还是员工们都缺乏这种意识与能力？专家决定顺藤摸瓜，探个究竟。

对于第一个问题，答案当然是否定的，但专家还是做了调查；据观察，公司存在的问题还真不少，深层次的暂且不淡，仅表面的小毛病就很多，比如上下班考勤制度、库房管理、车间作业等都存在不少有待改善的地方。

为了回答第二个问题，这位专家与上下层广泛接触，甚至与一些人交上了朋友，最终得出了否定的答案。公司从老总到工人，年龄结构都较轻；从人员素质上看，这并不是一个僵化的群体。通过进一步的沟通，专家发现他们不时流露出对一些制度的不满，并且也都有自己的见解，这些见解都极为有利于问题的解决，但他们为什么不公开提出来呢？专家问了许多人，大家都笑而不答。最终一个刚毕业的大学生坦言道："我也知道这个建议可能很好，但你想没想过，一旦被采用执行，其结果如何？"他顿了顿，接着说："人，毕竟是群居动物！"专家终于明白了，这就是问题的关键：他们知道公司的问题可能因自己的建议而得到解决，但若因此而损害了多数人的利益，那自己，作为"群居"中的一个，就会受到群体的"惩罚"。

紧接着，专家在车间里也发现了类似的情况：工人的工作效率大都保持在相近的水平，有更强生产能力的工人宁愿多休息、做慢点也不全力以赴。因为他若不如此，将可能导致公司重新制订计件工资率，而由此引起工友的不满，最终给自己带来无尽的麻烦。

专家由此得出这样的结论：这个企业的确出了毛病。

病症：群体规范阻碍了公司的发展。

病因：凝聚力产生负效应。

处方：削弱凝聚力负效应，强化其正效应。

思考题

（1）针对该公司的病症与病因，分析凝聚力的正负效应。

（2）如果你是这位专家，你认为给该公司应提出哪些建议？

第十一章 权力与冲突

人们往往对于探讨权力和组织政治的概念感到不太自在，认为这两个名字有着情绪上的、并且常常带有负面的意思。其实并非如此，这些名词知识用来描述组织中人们的行为的特定方面，为了使管理者和员工们充分地理解组织，他们就需要了解权力与政治。

本章中，我们将告诉大家，权力决定了一个组织要追寻什么样的目标，以及组织中的资源如何在组织成员中分配。我们将进一步告诉大家，组知成员如何利用良好的政治技巧来行使自己的权力，从而影响资源分配有利于自己。

有人的地方就有冲突，团队上的冲突可能无时无刻不在发生，有些冲突显而易见，有些暗潮汹涌，有些危及企业存亡，有些不值一提。作为主管应该正确面对它、分析它、解决它，从而明朗团队气氛，提升团队产能，转危机为转机。

本章中，还将告诉大家如何正确处理冲突，调整到对组织整体最有利的方向，以产生最高业绩。

第一节 权力

权力是指个体（或群体）影响其他个体（或群体）行为的一种能力。这个定义包含以下几点：

（1）权力是潜在的，无需通过确实证明其有效性。

（2）权力是相对的，只有当其他个体或群体来自某种自愿的个体或群体时，权力才会存在。

（3）权力是动态的，权力的大小随着时空变化而变化。

权威是指由于组织正式授予的以及被员工们认为是正确和适当并予以接受的合法性权力。权力与权威从表面上看没有多少区别，都是一种命令与服从的关系，其本质是相同的，都是某种主观意图得以贯彻执行。但是从作用对象的服从方面来说却有很大的不同。权力的服从是依赖于强制力量，是建立在恐惧、害怕的基础上，担心不服会导致对自己不利的后果；而权威则截然不同，权威依靠作用对象的认同、承认和信赖。这种命令与服从关系是建立在尊敬、拥戴、自愿的基础上，职员是处于自己信仰或情感而认为应该服从。典型的就是，一些宗教组织的忠实信徒。

一、权力的来源

权力从何而来，是什么赋予个体或集体以影响他人的能力？约翰·弗伦奇（John French）和柏崔姆·瑞文（Bertram Raven）提出了5个范畴分类来回答这些问题。他们提出了权力的5个源泉或基础是：法定、强制、奖酬、专家、参照，如表11-1所示。

表 11-1　权力的 5 个源泉或基础

5 种影响力	含义	影响力类型	内容和影响方式
法定权	领导掌握支配下属的职位和责任的权力，期望下属服从法规的要求	职位性影响力	任命、罢免等权力，具有明确的垂直隶属关系
强制权	领导随时可以为难下属，下属避免惹他生气	职位性影响力	对不服从要求或命令的人进行惩罚，使之惧怕，负强化
奖酬权	领导能给下属以特殊的利益或奖赏，下属知道与他关系密切有好处	职位性影响力	对合理期望者分配给有价值资源，正强化
专家权	领导的知识和经验使下属尊重他，服从他的判断	非职位性影响力	专业知识在决策、运营等方面的影响
参照权	下属喜欢、拥戴领导，并乐意为他做事	非职位性影响力	人格魅力和社交技能，示范和模仿为主要影响方式

（一）法定性权力

在正式的组织或群体中，获取一种或多种权力基础的最经常的途径主要是组织结构中的职位。法定性权力就是根据角色在组织中所处的职位而被正式授予的权力。这种权力具体包括强制性权力、奖酬性权力等诸多权力类型，但是法定性权力的涵义要比强制性权力和奖酬性权力更为宽泛。

法定性权力在组织中具有明显的垂直隶属关系，由此形成组织内部的权力等级体制，即直线主管或直线权威都是法定性权力的一种表现形式。例如，一所医院的院长的法定性权力大于副院长，按规定可以对副院长提出要求、命令、指示。正式组织内部的结构都是由法定权确定的形式，一般表现为金字塔式的权力分层，职位越高，权力越大。

法定性权力使每个职员都明确了自己的权力地位，指导自己的归属，以及自己所具有的权力范围和指向，从而保证了组织内部的命令统一、指挥统一的原则，避免了相互推诿或职责不清的问题。

（二）强制性权力

强制性权力是建立在规则或规范的基础之上，对不服从指令的组织成员进行处罚的能力。一般来说，强制性权力的实施手段主要有这样几种：批评、训斥、降职、降级、减薪、解雇等。强制性权力是一种负强化手段，目的是为了保证组织效率而禁止某种行为的发生，或者以此来纠正偏差了的组织行为。强制性权力的行使对作用者来说，是按照组织规则对不履行责任的成员予以处罚，并使受罚者清楚偏差的代价；从作用对象来看，如果不按照操作规范行事将受到相应的惩罚。在这里，强制性权力能否起到预期的效果还取决于这种负强化物对被强化者的意义，如果作用对象得到的负强化物无所谓，就起不到预期效果。关键是相互作用的双方对负强化物有相同的认知。

强制性权力的行使是组织权力的极端形式，经常会遇到反抗、抵制，使相互关系趋于紧张，尤其当负强化物运用不当时，可能引发激烈的冲突。因此，强制性权力的有效性既取决于对违反规则的正确界定，也受制于负强化物的种类和强度的影响，如果这两方面都能被有设计和运用，职员也知道自己行为将要发生的后果，那么强制权的使用就不会产生紧张和冲突。

（三）奖酬性权力

与强制性权力相反的是奖酬性权力。人们服从一个人的愿望或指示，是因为这种服从能给他们带来益处。因此，那些能给人们带来他们所期望的报酬的人，就拥有了权力，这些报酬可以是人们认为有价值的任何东西。因此奖酬性权力是指作用者对依照组织规则和命令完成工作的职员拥有分配有价值资源的能力。它是一种正强化手段，目的是鼓励某种行为方式，而不是限制其行为。

强制性权力与奖酬性权力实际上是一对相对的概念，如果你能剥夺他人有价值的东西或给他造成消极的影响，那么你对他就有强制性权力；如果你能给他人某种积极的利益或帮助他免于消极的影响，那么你对他就拥有了奖酬性权力。与强制性权力一样，你不一定非要成为管理者才能通过奖酬性权力来施加影响。诸如友好、接受和赞扬之类的奖赏，组织中的任何一个人都可以使用，由于人们在组织中追逐这些东西，如果你具有给予或取消这些奖酬的能力，你就拥有了权力，其大小取决于人们追求这些东西的程度。

（四）专家性权力

专家性权力是来源于专长、技能和知识的一种影响能力，由于世界的发展日益取决于技术的发展，专门的知识技能由此成为权力的主要来源之一。

与其他类型的权力相比，专家性权力是一项比较容易得到普遍接受的权力。专家往往通过渊博的知识和对专业工作充分自信赢得其他成员的好感和信赖，因而常常被视为权威意见，并受到领导和成员的重视与爱戴。

但是，专家性权力在现在的组织中也存在一定的问题，即对组织权威构成威胁，往往会破坏命令统一的原则，而且过多听取专家的意见会使组织决策缓慢，容易错过绝佳的商机。专家的价值观与直线主管有着明显的区别，因此两者的有效配合是组织发展的重要基础。

（五）参照性权力

参照性权力的基础是对拥有理想资源和个人特质的人的认同。如果我喜欢、尊重和崇拜你，那么你就对我施加权力，因为我想取悦于你。

参照性权力的形成是由于对他人的崇拜以及希望自己成为那样的人。从某种意义上说，这也是一种超凡的能力。如果你景仰一个人到了要模仿他的行为举止的地步，那么这个人对你就有了参照性的权力。参照性的权力可以解释为人们为什么要花几百万美元去请名人做广告的原因。市场研究表明：像迈克尔·乔丹、伊丽莎白·泰勒等名人，能影响人们对于照相机、运动鞋和饮料商品的选择。稍加实践，你我都能掌握名人的那点推销术，但是公众对你我都没有一点反应。在组织中也是一样，如果你能言善辩、极富主见、极具魅力、极具创造性，一般来说你就具备了参照性权力的个人特质，能够影响他人去做你想做的事。

二、权力的影响因素

影响因素也叫制约因素，在一个相互作用的体系中，每个部分都在相互影响与相互制约。在组织设计原则里，如果出现没有制约的权力关系，将会对拥有权力的管理者，以及组织发展产生消极作用。组织内部制约因素通常包括以下 3 个方面：环境的确定性、资源的替代性和任务的中心性。

（一）环境的确定性

任何组织都在特定的环境中运行，环境的稳定性和易变性直接影响组织内部的权力关系。

同样，权力关系的设计与实施也可以最大限度地降低环境的不确定性。组织面临的环境一般包括外部环境和内部环境。外部环境是指组织面临的各种外部因素，包括政治、经济、文化和法律状况等；内部环境是指组织内工作的明确程度、分工的完善程度、内部规章制度的完备情况等。这两种环境中的任何一个方面的变化都可能影响权力关系。环境的不确定性破坏了组织活动的一致性、有序性和可预测性，从而增加了组织活动的成本，降低了效益，但是同时组织也只有在这种环境下才能获得较大的发展。权力的变化就是要控制环境的不确定性，控制环境的能力越强，说明组织的生存能力越强。环境的不确定因素很多，环境的可变性越大，则组织内的权力越正式，权力的分化程度也就越高。

组织环境的不确定因素与组织内角色或群体的地位密切相关。一般来说，在权力系统中地位越低，在环境中所需要控制的外在不确定性因素越少；群体和角色的权力地位越高，所面临的环境越复杂，不确定性程度越高，越有责任为组织创造一个良好的稳定的环境。因此，组织内部的高级领导者的主要任务就是保证内外权力与环境和谐。

（二）资源的替代性

组织内部影响权力的资源通常是指占有和支配人力资源、物资设备、财务预算的状况。它是权力的基础。所谓的权力支配就是支配资源的一种能力。

（1）资源状况与权力的关系。

在一个组织中，角色或群体资源的替代性同其权力地位之间存在着反向关系，即资源的替代性越低，对其他人的影响力越大，权力地位也就越高；反之，资源替代性越高，则影响力越小，其权力地位也就越低。但是，当资源替代性的差异相等时，权力的分配便趋于均等化；相反，资源替代性的差异越大，则权力等级的垂直分化也就越大。

（2）资源的替代性与组织职位的关系。

资源的替代性与组织职位有着密切的关系。如果一个职位在组织中处于核心位置，其他群体在完成任务时都要与它交换资源，则该职位在组织结构中的替代性就较低，因而它的职位权力相对重要，与其他群体是一种不对等交换关系。如组织的财务部门、办公室和经理助理等。

（三）任务的中心性

任务的中心性是指角色或群体所承担的工作在组织目标系统的中心地位，即它执行的任务在整个组织活动和成效中占有重要分量和比重。它是制约组织中角色和群体影响能力的重要因素。

任务的中心性不仅取决于任务本身的性质，它还与组织的基本目标及其他相关工作密切相关。同一项任务和工作在不同的组织中的地位和作用可能会发生根本性的变化，因而它的影响力也随之改变。例如，在医院中医护人员的工作同“救死扶伤”的人道主义医疗宗旨密切相关，处于中心任务的位置，若取消医护工作将从根本上动摇医院存在的合法性。因此，医护人员在医院中就拥有较大的权力。但是，如果医院是作为一个大学的附属部门，尽管医护人员的工作性质没有发生改变，可它与学校“教书育人”的宗旨相比，就不具有中心任务的地位，它要为其他部门提供服务，所以医护人员在这种组织内的影响力随之降低。

组织内权力体系的功能是控制内外环境中的不确定因素，实现内部资源的交换与结合，从而高效率地实现组织目标。在发挥这一功能时环境的确定性、资源的替代性及任务的中心性等因素都是组织设计权力系统的重要指标。这些因素制约着组织内部的权力类型、权力配置及其权力的强度。

第二节 冲突

冲突可以成为组织中最为严重的问题。它能造成混乱的局面，使得员工几乎无法在一起共同工作。另一方面，冲突也还有积极的一面。

一、冲突的概念

客观的世界及思维领域，到处存在着矛盾和冲突。冲突的字面意思是：抵触、争执、争斗。罗宾斯认为，冲突是一个过程，在这个过程中，一个人以某些阻挠性的行为致力抵制另一个人的企图，结果迫使另一个人在达到其目标或增进其利益方面遭受挫折。从轻微意见不合到明显的暴力行为，都属于冲突的层面。概括说就是个人和个人之间、个人和团体之间或团体和团体之间由于对同一事物持有不同的态度与处理方法而产生矛盾，这种矛盾的激化就称为冲突。冲突产生的条件有：

（1）双方存在不同的利益。

（2）双方均认为对方会损害自己的利益。

（3）觉察到双方正在采取不利于自己的行为或预测到对方将会采取类似的行为。

冲突的这一定义使其不同于竞争，竞争是指双方追求同一目标时只能有一方实现的过程。所以竞争有时候会成为冲突的根源，但不是唯一的根源。

二、冲突的分类

关于冲突的分类，有着若干不同的标准。

根据冲突的影响，可将其分为建设性冲突和破坏性冲突。建设性冲突（Constructive Conflict）又被称为有益的冲突、良性冲突，是双方目标一致，但是由于信息来源不同、认识差异或价值观念不一致等原因，使得达到目标的方法不同，从而产生的冲突。建设性冲突有3个特点：

（1）双方对实现共同目标都很关心。

（2）双方都愿意通过沟通了解对方的观点。

（3）双方冲突的目的是为了寻求更好的方法以实现共同的目标。

破坏性冲突（Destructive Conflict）又被称为有害的冲突、恶性冲突。它的特点是：

（1）双方目标不一致。

（2）彼此都不愿意了解对方行为的原因、目标。

（3）双方均只关心自己能否战胜和压制对手，实现自己的目标。

根据冲突的内容可以分为目标冲突、认知冲突、感情冲突和程序冲突4种。目标冲突（Goal Conflict）是指双方预期的结果不一致，如双方的价值观、需求互不相容等。认知冲突（Cognitive Conflict）是指双方的思想观点和意见互不相容。感情冲突（Affective Conflict）是指双方在情绪上相互对抗、互不喜欢、缺乏信任等。程序冲突（Procedural Conflict）是指双方在解决问题的程序上看法和观点不一致。

根据冲突范围可以分为人际冲突、群际冲突和组织间冲突。人际冲突（Interpersonal Conflict）是指两个或两个以上的个体之间的冲突。群际冲突（Intergroup Conflict）是指两个或两个以上的群体之间的冲突。组织间冲突（Interorganizational Conflict）是指两个或两个以上的组织之间的冲突。

三、冲突的来源

为了正确管理冲突，利用其积极的一面，限制或消除其消极的一面，必须认清冲突产生的根源。杜布林认为，产生冲突的根源有以下 8 种情形：

（1）人的“本性”。杜布林从弗洛伊德的错误的心理学观点出发，认为许多人存在着潜在的侵略意识，并总想寻找机会表现出来。战争、攻击以及球赛等现象都是这种侵略性的证据。这种潜在于人身上的侵略性是产生冲突的根源之一。

（2）价值观的不同和利益的不同。价值观的不同和利益的不同是引起冲突的根源之一。例如，销售部门往往倾向于满足顾客要求，希望生产部门加快研发速度，更新产品品种；而生产部门给予成本、质量和效率的考虑，主张控制产品种类，预定产品数量，实行标准化生产。

（3）角色冲突。在企业中，不同的角色赋予人们不同的地位、需要、利益、任务和职责。人们在工作中，可能会因为不同角色的关系产生冲突，不同的群体有不同的需要。一般认为，对组织结构正规化、程序化的依赖，生产部门最高，其次为销售部门，再次为应用研究部门、基础研究部门；对人际关系的依赖，销售部门最高，以下依次为应用研究、基础研究部门和生产部门。

（4）职责不清。工作职责和岗位描述不明确会使个人或单位之间对工作互相推诿或争相插手，许多企业都经常发生这种原因引起的冲突。

（5）组织变动。当组织发生变动时，原来的平衡会被打破，很容易出现冲突。如在并购行为中大公司试图完全控制小公司，会遭遇小公司的激烈抵制；并购后的新企业往往交织着权力的斗争和企业文化的冲突。

（6）组织风气不佳。如果组织的高层管理者之间存在着激烈和频繁的冲突，这种不良风气会影响下级，使下级之间也发生冲突。俗话说“上行下效”，人们的冲突和竞争往往同各自的上司有关。

（7）权力争夺。在企业中，冲突还可以是因为人们争夺权力而引起的。有时，群体和组织中的一些成员会为了取得某项权力，打击别人，成全自己。这种状况国内外企业中普遍存在，管理者们常常为这样的政治纷争而大伤脑筋。事实上，为追逐权力而引发的冲突往往会给企业造成严重的内耗。

（8）为有限资源而竞争。在企业中，由于资源有限，各部门常常因为争夺材料、资金、人员等而发生冲突。此外，时间也是一种稀有资源。高层管理者不可能有足够的时间来会见所有求见的人，而求见者为了解决问题或其他原因总是希望得到接见，这也孕育着冲突，是冲突的潜在原因。

四、冲突的过程

冲突是一个动态的系统的过程。我们可以把冲突的过程划分为 5 个阶段：潜在的对立、认知和个性化、行为意图、行为、结果。图 11-1 描绘了这一过程。

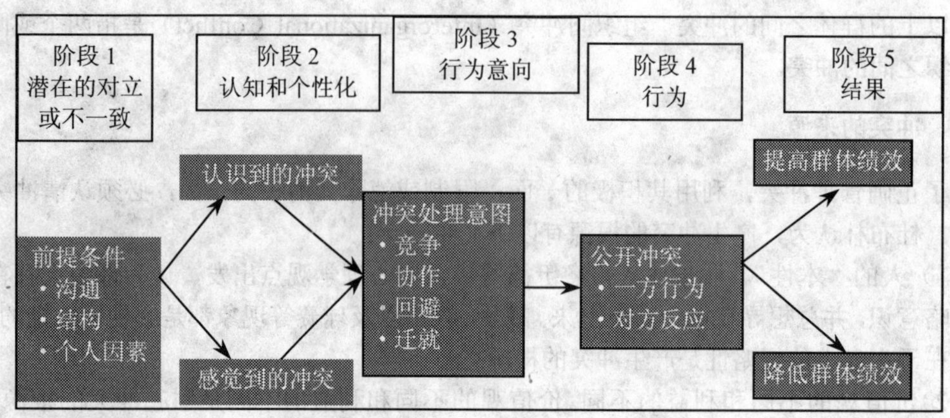

图11-1 冲突的过程

（一）第一阶段：潜在的对立

冲突过程的第一步是发生冲突机会的条件的出现。这些条件并不必然直接导致冲突，却是冲突发生的必要条件。冲突的必要条件可以分为沟通、结构和个人因素3类。

（1）沟通因素：当语言表达不清楚，或者信息交流不足，以及存在语义障碍、大量专业术语、沟通通道中的干扰，都会形成沟通障碍，这可能是导致冲突的潜在原因。

（2）结构因素：群体规模越大，分配给群体成员的任务越专门化，就越有可能发生冲突。如果一个领导刻薄霸道，也许会极大化他与下属员工的矛盾，但是如果领导过于宽松放任，下属之间就可能存在冲突的隐患。另外，当员工开始对薪酬分配感到不公平或不满足时，冲突也许就在此阶段埋下了隐患。

（3）个体因素：最重要的个人因素包括个人的价值观体系和个性特征，有证据表明具有特定的个性特质的人，例如具有较高权威、武断和缺乏自尊的人将导致冲突发生。在研究社会冲突中最重要和最容易被忽略的变量是价值观的不同，可是价值观的不同往往是产生冲突的一个重要原因之一。

（二）第二阶段：认知和个性化

如果第一阶段中提到的条件表明对其中一方关心的事情造成某种程度的消极影响，那么在第二阶段中潜在的对立就会显现出来。只有当一方或多方意识到冲突或感受到冲突时，前面所说的条件才会导致冲突。

在这个阶段有两点值得我们注意。第一，阶段二之所以重要，是因为此时冲突问题容易被明确地突现出来。在这一过程中，双方确定了冲突的性质。第二，情绪对于知觉的影响十分重要。比如，研究发现，消极情绪会导致问题过于简单化处理，导致信任感降低，针对对方表现出来的行为也会做出负面解释；相反，积极情绪则增加了针对困难问题考察其各项因素中潜在联系的可能性，采用的解决办法也更具有创新性。

（三）第三阶段：行为意图

行为意图介于个人的认知和行为外显之间，指的是个人采取某种特定行为的决策。将这一阶段独立出来，是因为行为意图将直接导致行为。很多冲突不断升级的主要原因就是一方对另一方的行为意图判断失误。此外，个人的行为意图与实际采取的行为不尽一致，个人最终表现的行为有时与其最初的意图有一定的差距。

托马斯与其他同事共同提出了处理冲突的二维模式：冲突处理中的意图包含两个维度，即一个是协力合作，即一方愿意满足对方愿望，维护对方利益的程度；另一个是坚持己见，即一方愿意满足自己利益的程度。图 11-2 所示就是冲突处理的行为意向维度。

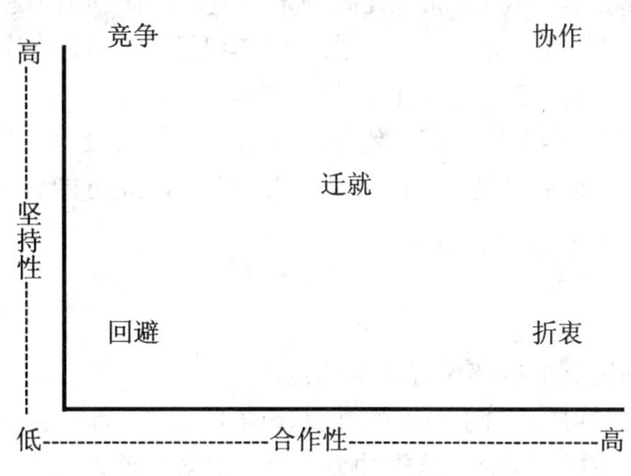

图 11-2　冲突处理的行为意向维度

（1）竞争（Competing）：当一个人只追求满足一己私利，而不顾冲突对他人的影响时，这种行为即是竞争。这种输赢分明的生存竞争将使冲突的各方耗尽所有的力量。

（2）协作（Collaborating）：当冲突双方均有希望满足各方利益时，我们就可以进行相互之间的合作，并寻求相互受益的结果。在协作中，双方的意图是找到解决问题的办法，而不是迁就不同的观点。

（3）回避（Avoiding）：一个人可能承认冲突的存在，但采取退缩或压抑的方式。

（4）迁就（Accommodating）：为了维持彼此的关系，某一方愿意自我牺牲，我们称之为迁就。

（5）折衷（Compromising）：当冲突双方都必须放弃某些事物而共同分享利益时，将形成折衷的结果。

（四）第四阶段：行为

大多数人在考虑冲突情境时，倾向于强调第四阶段，原因是在这一阶段冲突是显而易见的、公开而极端化的。行为已表现为阻止对方实现目标，成员或产生积极的攻击行为，或消极的冷漠，或办事无人性化，组织一片混乱，冲突到了非解决不可的地步。冲突行为的方法可以用冲突紧张程度连续体来表示，如图 11-3 所示。

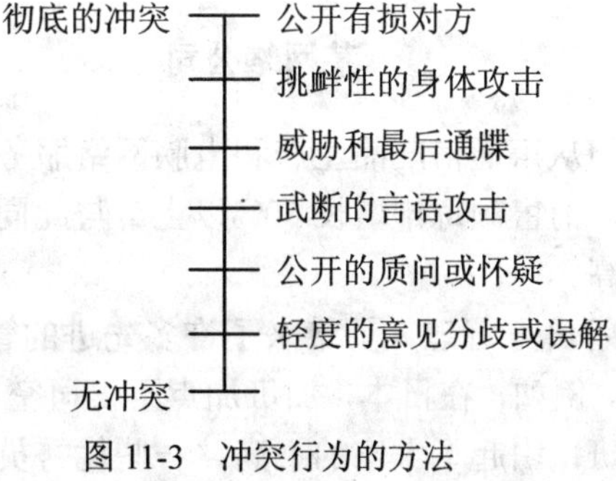

图 11-3　冲突行为的方法

（五）第五阶段：结果

在这个阶段，冲突双方之间的相互作用导致了最后的结果。冲突如能被解决则组织可以正常运作；如果没有解决，则冲突双方关系恶化，使组织陷于危机状态。

（1）功能正常的结果。当冲突能够提高决策质量，刺激创造力和创新发明，鼓励群体成员的兴趣和好奇心，提供发现问题和释放紧张情绪的渠道，并孕育一个自我评价和改革的环境时，此种冲突即具有建设性，冲突会取得良好的结果。

（2）功能失调的结果.当冲突阻碍了沟通、降低了群体凝聚力，以及将成员间的斗争置于群体目标之上时，冲突的结果将是有害的。最极端的是，冲突可能导致群体停止运转，甚至威胁到群体的生存。

五、冲突的管理

要管理和解决好冲突我们应该做好以下两点：

（1）要分清冲突的性质。对于建设性冲突，由于双方目标一致，都希望寻求实现目标的最佳途径，都愿意取长补短，因而对这类冲突应因势利导，使之成为推动工作的动力。对于破坏性冲突，由于双方目标不一致，双方关系胜败的最终结果往往是听不进对方的意见。对这类冲突要谨慎处理，做好转化工作。

（2）要针对不同类型的冲突采取不同的措施。对于个人的心理冲突，要比较优劣，尽快选择，从烦恼中走出来。对于人际冲突，要使群体成员个体敢于发表意见，使上下左右信息畅通，沟通方便，增进了解和友谊。对于群际冲突，要做好群体教育和疏导工作，提倡顾全大局和协作精神，反对本本主义。要制定高目标，动员各群体同心协力地为实现目标而积极拼搏和努力工作。对于组织间冲突，要建立良好的合作关系，为了实现双赢的目的双方都要做一些让步。

复习题

1．描述权力的来源。
2．描述权力的影响因素。
3．描述冲突的来源。
4．描述冲突的过程。

【案例讨论】

某网络公司

某网络公司是一家专门从事通信产品生产和电脑网络服务的中日合资企业。公司自 2000 年 7 月成立以来发展迅速，销售额每年增长 50%以上。与此同时，公司内部存在着不少冲突，影响着公司绩效的继续提高。

因为是合资企业，尽管日方管理人员带来了许多先进的管理方法，但是日本式的管理模式未必完全适合中国员工。例如，在日本，加班加点不仅司空见惯，而且没有报酬。亚通公司经常让中国员工长时间加班，引起了大家的不满，一些优秀员工还因此离开了亚通公司。

该公司的组织结构由于是直线职能制，部门之间的协调非常困难。例如，销售部经常抱怨研发部开发的产品偏离顾客的需求，生产部的效率太低，使自己错过了销售时机；生产部则抱怨研发部开发的产品不符合生产标准，销售部门的订单无法达到成本要求。

研发部吴经理虽然技术水平首屈一指，但是心胸狭窄，总怕他人超越自己。因此，常常压制其他工程师。这使得工程部人心涣散，士气低落。

思考题

该公司的冲突有哪些？原因是什么？如何解决该公司存在的冲突？

第十二章　领导行为与管理

对于一个组织来说，能否良性运行很大程度上与领导有直接的关系。领导是影响组织运转的重要因素。如果一个组织缺乏有效的领导者，即使组织结构设计再合理、再完美，也发挥不出它应有的功能，组织将处于慌乱之中。

第一节　领导概述

领导就是在组织结构框架内，激励员工实现目标的主体。他是组织政策的制定者和实施活动的推动者。

一、领导的概念

关于什么是领导，各个学科之间定义得都不一样。有的学科认为领导是一种影响力；有的学科认为领导是实施组织目标的过程。本书认为领导是引导和影响个人或组织，在一定条件下实现某种目标的行为过程。其中包括3个方面的涵义：

（1）领导是一种过程，不是静态而是动态的行动过程。

（2）领导是一种影响力。

（3）领导的目的在于达到群体或组织的特定目标。

领导和管理是有区别的。一般而言，领导是管理的四大主要活动之一。但是，如果一个管理者仅仅精于计划、组织与控制，他可能是一个无效的领导者。同时，领导与管理在类似活动上的侧重点各不相同。例如，管理意味着操纵事情、维持秩序、控制偏差，领导意味着前进、指挥、带领跟随者探索新领域。管理者通过计划与预算处理复杂问题，他们设置目标，确定完成目标的方法，分配资源以实现目标。相反，领导者首先规划组织的远景以引导下属的行为，然后开发创新战略需要实现的远景。

二、领导的构成要素

在现代社会，任何一个组织可以说都是一个开放的社会技术系统，都处在特定的环境之中，而环境的变化常常会对人的心理和行为产生很大的影响。领导者的行为不仅在于改变环境，还要适应环境的要求。对于被领导者来说，领导者的行为则是环境因素的重要组成部分。因此，领导这一动态过程实际上是由领导者、被领导者以及他们所处的环境3个因素所决定的复合函数，这个关系用公式表示为：

领导=f(领导者,被领导者,环境)

影响领导这个函数的变量，包括领导者、被领导者、环境这3个因素，也包括各因素之间的内在联系。也就是说，有效领导不仅仅取决于领导者的素质和领导艺术、风格，而且同时还取决于被领导者的素质和接受领导的程度，以及领导与环境条件相互制约和相互适应的情况。

（一）领导者

领导者是实行领导行为的人，即引导和影响个人或组织在一定条件下实现某一目标的行为过程者。他具有以下 3 方面的特点：

（1）权力是领导者的基本特征。

（2）责任是领导者的根本属性。

（3）服务是领导者的实质内涵。

（二）被领导者

被领导者是在领导组织、指挥和管理之下进行社会活动的人员，是领导的执行者，是领导目标的实施者。被领导者不担任领导职务、不负领导责任，有服从和自主性的特征。

（三）环境

环境是影响领导者从事领导活动的一切时间、空间条件和其他因素。它包括组织状况、组织人员的素质，以及社会政治、经济、文化、自然条件、国际条件等。它是领导工作的客观基础，具有客观性、复杂性、多变性、差异性和可塑性等特征。

三、领导的本质

领导是率领、引导和影响人们在一定条件下实现某种目标的行为过程。任何领导活动，都是借助于他人来实现的，领导工作的绩效是通过被领导者活动的绩效而表现出来的。管理的基本特征之一，即管理的核心问题是处理好人际关系，在组织的各种要素和资源中，人是最重要最活跃的要素和资源，人的要素直接或间接地影响组织的效果。因此，调动人的积极性，发挥人的创造力，处理好人与人之间的关系，成为管理的核心问题，也正是领导工作所要完成的任务。

领导工作的本质，就是领导者通过自己的行为影响一个群体尽其所能地实现目标。领导者并不是站在群体的后面推动和激励，而是要置身于群体之前学习和运用有关的理论和方法，以及沟通联络、激励等手段，对被领导者施加影响力，使之适应环境的变化，促使群体前进，鼓舞群体为实现组织目标而努力。在领导工作中，管理艺术得到了充分发挥。可以说，领导工作使技巧、科学、艺术和人的属性在实现组织目标过程中有机地结合起来了。

第二节 领导的特质论

一、早期东西方国家对领导特性的研究

早期东方和西方国家对领导特性的研究都偏重于研究个人的先天素质，不少观点带有唯心主义色彩。例如，古希腊哲学家亚里士多德认为：人从出生之日起，就决定了他是“治人”还是“治于人”。这种观点具有一定代表性。

二、近代研究

近代研究偏重于领导者个人心理素质和外部特征的分析。

（一）心理学家吉普

心理学家吉普（Gibb）认为，领导者应具备以下 7 种心理特征：

- 善言辞
- 外表英俊潇洒
- 智力过人
- 自信心
- 心理健康
- 有支配他人的倾向
- 外向而敏捷

（二）心理学家吉赛利

心理学家吉赛利（Ghiselli）认为，领导者应具备8种个性特征和5种激励特征。

这8种个性特征分别为天资、主动性、督察能力、自信心、与下级关系、决断能力、成熟度、性别。5种激励特征分别是对职业成就的需要、自我实现的需要、指挥他人的需要、对金钱的需要和对工作稳定性的需要。

总之，在早期和中期乃至近期的领导特质理论研究中，有一些不成功之处，主要原因是：

（1）领导是一个动态的过程，是一种社会现象，很多特质并非完全先天所有，而是可以在工作实践中培养而获得的。

（2）个人特征仅仅是领导工作的必要条件而非充分条件，是否可以成为领导者，还要取决于环境和机遇。

（3）组织的工作性质不同，对领导的人格特征要求也不同。

（4）缺乏有效的评价方法。

三、现代领导特质理论研究

现代领导特质理论研究更加趋向于结合组织的环境，用系统与动态观点，因地、因时、因人研究领导特质。例如在美国，一些学者提出领导工作的十大条件是：

（1）合作精神。

（2）决策才能。

（3）组织能力。

（4）精力与授权。

（5）善于应变。

（6）勇于负责。

（7）敢于求教。

（8）敢担风险。

（9）尊重他人。

（10）品德超人。

该理论的特点是突出强调领导者的品德、决策、创新、应变精神以及与上下级之间良好的人际关系。但是，仅用特质理论还不足以解释领导行为。主要的失败原因是他们忽视了环境因素。拥有某些特质只能使一个人更有可能成为一个有效的领导者，这样他必须采取正确的行为。然而，在某种情形下正确的行为，在另一种不同的环境中却又不一定正确。因此，虽然从80年代起又有许多人表现出对特质理论的兴趣，但是从40年代开始特质理论就已不再占据主导地位。40年代末至60年代中期，有关对领导的研究着重于偏爱行为风格方面。

第三节　领导的行为论

领导特质理论研究的是领导者应该是什么样的，而对于领导者来说，更重要的问题是领导者应该怎么做，即领导者的行为。领导行为论研究的正是领导者的这种行为做法，下面就介绍几种典型的领导行为理论。

一、3 种典型的领导方式

关于领导方式的研究最早是心理学家勒温（P.lewin）进行的，他通过实验研究不同领导方式对下属躯体行为的影响，他认为存在着 3 种极端的领导工作方式，即独裁式、民主式和放任式。

（一）独裁式（Authoritarian）

所谓具有独裁方式的领导者是以力服人，即靠权力和强制命令让人服从。具有以下 4 个方面的特点。

（1）独断专行，从来不考虑下属的意见，所有的决策都由领导者自己决定。

（2）主要依靠行政命令、纪律约束、训斥和惩罚，而只有偶尔的奖励。有人统计，具有独裁方式的领导者和别人谈话时有 60%左右采取命令和指示口吻。

（3）领导者很少参加群体的社会活动，与下属保持相当的心理距离。

（4）从不把任何消息告诉下属，下属没有任何参与决策的机会，而只能察言观色、奉命行事。

（二）民主式（Democratic）

所谓具有民主方式的领导者，是指那些以理服人、以身作则的领导者。他们使每一个下属自觉地努力工作、各施所长、各尽其能、分工合作。具有以下 4 个特点：

（1）所有的政策是在领导者的鼓励和协作之下，由下属共同讨论而决定，而不是由领导者一个人决定的。

（2）主要应用个人权力和威信，而不是靠职位权力和命令使下属服从。与下属谈话时多使用商量、建议和请求的口吻，命令只占很少一部分。

（3）对下属的工作，不安排得那么具体，下属有相当大的工作自由空间、较多的选择性与灵活性，且分配工作时会尽量照顾到下属的个人能力、兴趣和爱好。

（4）领导者积极参加团体活动，与下属没有任何心理上的距离，与下属建立良好的上下级关系。

（三）放任式（Laissez－faine）

所谓放任式的领导方式，是指工作事先没有任何布置，事后又没有任何工作检查与监督，权力完全下放给个人，一切由下属自己决定，毫无规章制度。

勒温根据实验认为，放任式的领导方式工作效率最低，也只达到社交的目的，而完不成工作目标；独裁方式的领导虽然通过严格的管理达到了工作目标，但是群体成员没有责任感，情绪消极，士气低落，争吵较多；民主方式的领导作风工作效率最高，不但完成工作目标，而且群体成员之间关系相当融洽、工作积极主动、具有创造性。

二、俄亥俄州立大学的研究

最全面且得到验证最多的是行为理论，是 20 世纪 40 年代末期在俄亥俄州立大学进行的研究。研究者希望确定领导行为的独立维度。他们收集了大量下属对领导行为的描述，开始时列出了 1000 多个因素，并最终归纳为两大类，即结构维度和关怀维度。

结构维度（Initiating Structure）指的是领导者更愿意界定和建构自己与下属的角色，以达成组织目标。它包括组织、工作关系和工作目标等行为。高结构度的领导者向小组成员分派具体工作，要求员工保持一定的绩效标准，并强调工作的最后期限。

关怀维度（Consideration）指的是领导者尊重和关心下属的感情与看法，更愿意与之建立相互信任的工作关系。这种类型的领导表现出对下属的生活、健康、地位和满意程度十分关心。一个具有高关怀度的领导者愿意帮助下属解决个人问题，他和蔼可亲又平易近人，一视同仁地对待每一位下属。以这些概念为基础的大量研究发现，在结构和关怀维度方面均高的领导者（高－高型）常常比其他 3 种类型的领导者（低结构、低关系，或两者均低）更能使下属取得高工作绩效和高满意度。但是，双高风格并非总能产生积极效果，比如，当工人从事常规任务时，高结构度的领导行为会导致投诉率高、缺勤率高和流动率高，员工的工作满意度也很低。此外还发现，领导者的直接主管对其进行的绩效评估等级与高关怀度成负相关。总之，俄亥俄州立大学进行的研究表明，一般来说“高结构－高关心”的领导风格能产生积极效果，但同时也又足够的特例表明这一理论还需要考虑情境因素。

三、密歇根大学的研究

与俄亥俄州立大学的研究同期，密歇根大学调查研究中心也进行着相似的研究：确定领导者的行为特点，以及工作绩效有关的行为特点。密歇根大学的研究小组也将领导划分为两个维度，称之为员工导向（Employee-Oriented）和生产导向（Production-Oriented）。员工导向的领导者重视人际关系，他们总会考虑到下属的需求，并承认个体间的差异。相反，生产导向型的领导者更强调工作的技术或任务事项，主要关心的是群体任务的完成情况，并把群体成员视为达到目的的手段。

密歇根大学研究者的结论对员工导向的领导者十分有利。员工导向的领导者与高群体生产率和高工作满意度联系在一起，而生产导向型领导者则与低群体生产率和低工作满意度联系在一起。

四、管理方格理论

美国管理学家布莱克和莫顿发展了领导风格的双维度观点，在“关心员工”和“关心生产”的基础上，于 1964 年提出了管理方格理论，它充分概括了俄亥俄州立大学的关怀与结构维度以及密歇根大学的员工导向和生产导向维度。

管理方格理论如图 12-1 所示，它在两个坐标轴上分别划出 9 个等级，从而生成了 81 种不同的领导类型。但是，方格理论主要不是为了表明生产的这些结果，而是为了表明，为达到这些结果领导者应考虑的主导因素有哪些。

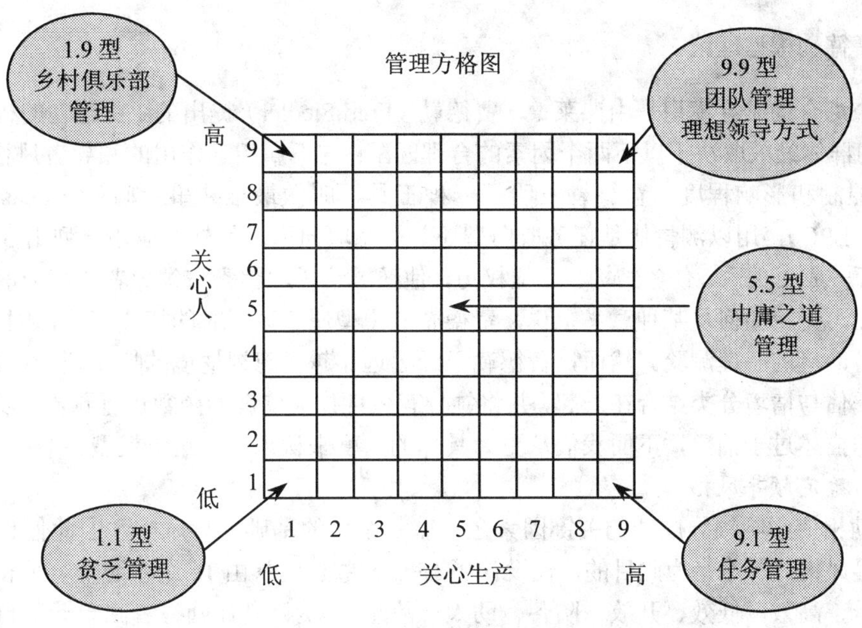

图 12-1　管理方格理论

方格中有 5 种典型的领导作风：

- 1.1 型，称贫乏型，即对员工漠不关心，领导本人也仅做最起码的事。
- 9.1 型，称任务型，领导者只抓任务的完成，对人不关心。
- 1.9 型，称俱乐部型，领导者只注意关心员工生活，但对任务的完成很少关心。
- 9.9 型，称团队型，对职工与任务都很关心，竭力把个人需要与组织目标有效地结合起来。
- 5.5 型，称中间型，领导对人的关心度与对生产的关心度能大致保持平衡，追求正常的效率和令人满意的士气。

布莱克和莫顿根据自己的研究结论，不论是与 1.9 型还是与 9.1 型对比，9.9 的领导风格工作效率最佳。不过令人遗憾的是，管理方格理论更多的是为领导风格的概念化提供了框架，并没有提供新的实质信息来说明在领导方面仍然存在的困惑，因为缺乏实质证据支持 9.9 领导风格在所有情境下的有效性。

第四节　领导的权变理论

领导权变理论是近年来国外行为学家重点研究的领导理论，这种研究比特质理论、行为理论起步要晚，从内容上说，它是在前面两种理论研究基础上发展起来的。这个理论所关注的是领导者与被领导者的行为和环境的相互影响，该理论认为某一具体领导方式并不是到处都适用的，领导行为若想有效，就必须随着被领导者的特点和环境的变化而变化，而不是一成不变的。这是因为任何领导者总是在一定的条件下，通过与被领导者的相互作用，去完成某个特定目标。因此，领导者的有效行为就要随着自身条件、被领导者的情况和环境的变化而变化。领导权变理论中比较典型的有：费德勒模型理论、途径—目标理论、领导—参与模式理论。

一、费德勒模型理论

第一个综合的领导模型是由弗莱德·费德勒（Fred Fiedler）提出的。费德勒的权变模型认为，有效的群体绩效取决于以下两个因素的合理匹配：与下属相互作用的领导者风格；情境对领导者的控制和影响程度。费德勒发明了一种工具，叫做最难共事者问卷（Least-Preferred Coworker，LPC），用以测量他是任务取向型还是关系取向型。另外，他还分列出 3 项情境因素：领导者－成员关系、任务结构、职位权力，他通过这 3 项因素与领导者的行为取向之间进行恰当匹配。无论如何从某种意义上说，费德勒的模型属于过了时的特质理论，因为 LPC 问卷只是一份简单的心理测验。然而，费德勒已经远远超越了忽视情境的特质理论和行为理论，他将个性评估与情境分类结合在一起，并将领导有效性作为二者的函数进行预测。以上关于费德勒模型的描述过于抽象，下面我们从更为具体的角度来认识一下这一模型。

（一）确定领导风格

费德勒相信影响领导成功的关键因素之一就是个体的基础领导风格，因此他首先试图发现这种领导风格是什么。为此目的，他设计了 LPC 问卷。问卷由 16 组对照形容词构成（如快乐－不快乐、高效－低效、开放－防备、助人－敌意）。费德勒让回答者回想一下自己共事过的所有同事，并找出一个最难共事者，在 16 组形容词中按 1～8 等级对他进行评估。费德勒相信，在 LPC 问卷的回答基础上，可以判断出人们最基本的领导风格。他的前提是不论你怎样描述的，这只能更多地说服你自己。如果以相对积极的词汇描述最难共事者（LPC 得分高），则回答者很乐于与同事形成友好的人际关系。也就是说如果你把最难共事者描述得比较积极，费德勒称你为关系取向型。相反，你对最难共事的同事描述得比较消极（LPC 得分低），你可能主要感兴趣的是任务，因而被称为任务取向型。

费德勒认为一个人的领导风格是固定不变的，就是关系取向型或任务取向型。我们之后就会发现，这种假设非常重要，这意味着如果情境要求任务取向型的领导者，然而在此职位上的却是关系取向型的领导者时，要想达到最佳效果，则要么改变情境，要么替换领导者。费德勒认为领导风格是与生俱来的，个人不可能改变自己的风格去适应变化的情境。

（二）确定情境

用 LPC 问卷对个体的基础领导风格进行评估之后，需要再对情境进行评估，并将领导者与情境进行匹配。费德勒列出了 3 项维度：领导者－成员关系、任务结构和职位权力，他认为这是确定领导有效性的关键性因素，具体定义如下：

（1）领导者－成员关系（leader-member relations）：领导者对下属的信任、信赖和尊重的程度。

（2）任务结构（task struc-ture）：工作任务的程序化程度（即结构化和非结构化）。

（3）职位权力（position power）：领导者拥有的权力变量（如聘用、解雇、训导、晋升、加薪）的影响程度。

费德勒模型的下一步是根据这 3 项权变变量来评估情境。领导者－成员关系或好或差，任务结构或高或低，职位权力或强或弱。他指出，领导者－成员关系越好，任务结构化程度就越高，职位权力就越强，则领导者拥有的控制和影响力也越高。比如，一个非常有利的情境（即领导者的控制力很高）可能包括：下属对在职管理者十分尊敬和信任（领导者－成员关系好），所从事的工作（如薪金计算、填写报表）具体明确（工作结构化高），工作给他提供了充分自由来奖励或惩罚下属（职位权力强）。相反，如果一个资金筹措小组不喜欢他们的主席，则为不利的情境，此时领导者的控制力很小。总之，3 项权变变量综合起来，便得到 8 种不同情境或类型，每一个领导者都可以从中找到自己的位置。

（三）领导者与情境的匹配

通过个体的 LPC 分数评估了 3 项权变因素之后，费德勒模型指出，当二者相互匹配时，会达到最佳的领导效果。费德勒研究了 1200 个工作团体，对 8 种情境类型的每一种均对比了关系导向型和任务导向型两种领导风格，他得出结论：在情境非常有利或非常不利的情况下，任务导向型比关系导向型领导干得好。如图 12-2 所示，当面对Ⅰ、Ⅱ、Ⅲ、Ⅶ、Ⅷ类型的情境时，任务取向的领导更有效；而关系导向型的领导者则在中等有利的情境，即Ⅳ、Ⅴ、Ⅵ型的情境中领导更有效。

情境类型		I	II	III	IV	V	VI	VII	VIII
情境因素	上下级关系	好				差			
	任务结构	明确		不明确		明确		不明确	
	职位权力	强	弱	强	弱	强	弱	强	弱
领导所处环境		有利			中间状态				不利
有效领导方式	关系导向型								
	任务导向型								

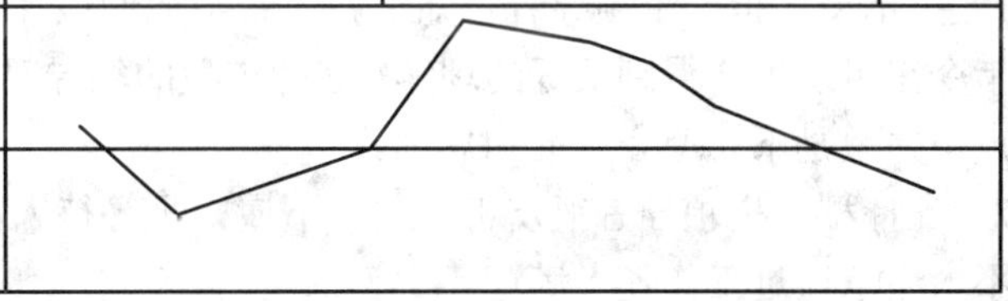

图 12-2　情境因素与有效领导方式

如何将费德勒的观点应用于实践呢？我们可以寻求领导者与情境之间的匹配。个体 LPC 分数决定了他最适合于何种情景类型，而情境类型则通过 3 项情境变量（领导者－成员关系、任务结构、职位权力）的评估来确定。但是我们要记住，按照费德勒的观点，个体的领导风格是稳定不变的，因此提高领导者的有效性实际上只有两条途径。第一，你可以替换领导者适应环境。比如，在棒球比赛中，教练可以根据击球手的情境特点而决定起用左手投球手还是右手投球手，从而获得比赛的胜利。再比如，如果群体所处的情境十分不利，而且目前又是一个关系导向型的管理者进行领导，那么替换一个任务导向型的管理者更能提高群体绩效。第二，你可以改变情境以适应领导者。通过重新构建任务或者提高或降低领导者控制的权力因素（如加薪、升职、解聘和惩罚），可以实现情境改变。假设任务导向型的领导者处于第Ⅳ类型的情境中活动，如果该领导者能够显著增加他的职权，即在第Ⅲ类型的情境中活动，则该领导与情境十分匹配，会因此而提高群体绩效。

总体来说，大量研究对费德勒模型的总体效度进行了考察，并得出了十分积极的结论。也就是说，有相当众多的证据支持这个模型。但是该模型目前也还存在着一些缺陷，也许还需要增加一些变量进行改进和弥补。另外，在 LPC 量表以及该模型的实际应用方面也存在一些问题。比如 LPC 量表的逻辑实质尚未被很好地认识，一些研究指出回答者的 LPC 分数并不稳定。最后，3 项权变变量对于实践者进行评估也过于负责、困难，在实践中很难确定领导者—成员关系有多好，任务的结构化有多高，以及领导者拥有的职权有多大。

我们的结论是，显而易见费德勒为我们理解领导绩效作出了非常卓越的贡献。他的模型曾引起很多争论，而且很有可能继续下去。实证研究还未能提供有力的支持。通过引入一些权变变量，费德勒的模型将会大有裨益。

二、途径－目标理论

途径－目标理论是由加拿大多伦多大学组织行为学家马丁・依万斯（martin E-vans）于 1968 年提出，后由其同事豪斯（R.House）教授补充和发展而成的。这一理论认为，为了达到组织目标，领导者必须采用不同类型的领导行为以适应特殊环境的客观需要。途径-目标理论是最近几年来被国内外学者关注的重要理论之一。

途径-目标理论的主要观点是要求领导者阐明工作目标，制定合理的人们所期望得到的报酬，激励部属努力工作，完成目标，达到奖酬条件。在过程中领导者支持和指导部属排除障碍明确实现目标的途径，给予部属当前或将来多种满足需要的机会。这一理论是以激励理论的期望理论和对工作及对人的关心程度的俄亥俄州立大学管理行为四分图模式为依据建立的。

通过实验，豪斯认为“高工作”与“高关系”的组合不一定是有效的领导方式，还应补充环境因素。途径－目标理论模式归纳了以下 4 种不同的领导类型：

（1）指示型。指一个领导者告知下属他希望他们做什么，并对应该怎样做给予指导，确信他的指令在组织中会得到很好的理解。这种类型的领导对要做的事进行严格的计划，坚持固定的观点，并激励下属遵守标准和规则。

（2）支持型。指领导者很友善，关心下属，平等待人，但是通常工作环境的好坏却很少关心，不太注意通过工作使人满意。

（3）参与型。这是指领导者在作出决策时，注意与下属磋商，征求他们的意见，对达成目标的各种主意采取非常认真的态度。

（4）成就导向型。它强调出色的工作表现，同时坚信下属人员能够达到规定标准的要求。这种类型的领导者常常树立一个具有挑战性的工作目标，希望下属最大限度地发挥潜力，达到这个目标。这种类型的领导者不断制定新的目标，使下属经常处于被激励的状态。

但是，途径－目标理论认为，没有一个在任何情况下都能引发下属的工作动机和满足感的领导模式。它认为对不同的环境因素应施以不同类型的领导行为。领导者究竟选择哪种领导方式，要考虑以下两个随机变化的因素：

（1）下属的个人特点。下属的个人特点包括控制、经验和知觉能力。例如下属对当前的工作有经验、领悟能力强、愿意承担责任，在此情况下，领导者可选用参与型的领导行为。

（2）环境因素。包括工作结构、正式权力系统和工作小组等。例如下属轮换新岗位，对工作任务不明确，指示型的领导行为最适宜。又如对于那些熟悉行业工作的下属，如果选用指示型领导行为，下属便怀疑领导对他的工作不信任，在此情况下，领导的指导性要低，而给予下属更多支持与关心，下属的工作满意感才能提高。一般来说基层下属比较喜欢支持型领导行为。中层或专业下属则喜欢成就型的领导行为，他们会受挑战性目标的鼓舞而感觉自豪。

有效的领导者会根据环境因素、下属的个人特点同领导行为进行恰当组合，凡增加对人的关系程度以及强调激励的关键作用的领导者都能提高领导效率，如图 12-3 所示。

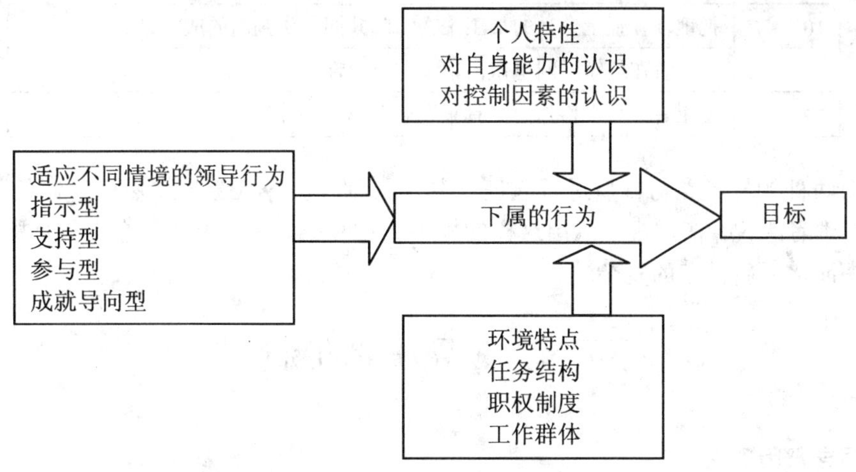

图 12-3　有效的领导者

三、领导—参与模式理论

在西方的管理世界，以西蒙为代表的“决策学派”的理论曾经风行一时，他们认为，“领导就是决策”，领导者要获得成功，必须进行有效的决策。但是如何才能使领导者作出正确的决策，行为学家维克多・弗鲁姆（Victor Vroom）和菲利普・耶顿（Philip Yetton）于 1973 年提出了一种规范化模式，试图解决这个问题，即领导一参与模式理论。该理论将领导行为与参与决策联系在一起。由于认识任务结构的要求随常规活动和非常规活动而变化，研究者认为领导者的行为必须加以调整，以适应这些任务结构。领导一参与模式理论是规范化的，它提供了不同情境类型应遵循的一系列原则，以确定参与决策的类型和程度。这一复杂的决策模型包含 7 项权变因素（可通过“是”或“否”选项进行判定）和 5 种可供选择的领导风格。

弗鲁姆和亚瑟・加哥又重新修订了该模型。新模型包括了与过去相同的 5 种可供选择的领导风格，但将权变因素扩展为 12 个，其中 10 项按五级量表评定，如表 12-1 所示。

表 12-1　领导—参与模型中的权变变量

级别	说明
1	决策的重要性
2	获得下属对决策承诺的重要性
3	领导者是否拥有充分的信息作出良好的决策
4	问题的结构化程度有多高
5	专制决策是否可以获得下属的承诺
6	下属是否可以“领会”组织的目标
7	在下属找出的所有解决方案中，相互之间是否可能存在冲突
8	下属是否拥有必要的信息作出决策

续表

级别	说明
9	时间对于领导者的制约是否限制了下属参与
10	把地理位置上分散的员工聚在一起共同作出判断的成本是否过高
11	领导者在最短时间里做出决策的重要性
12	使用者参与风格作为工具来发展下属的决策技能的重要性

对新旧两种领导者参与模型进行验证，其结果都十分令人鼓舞。然而遗憾的是，对于一个典型的管理者来说，在常规下运用这样的模型太过复杂。事实上，弗鲁姆和亚瑟·加哥运用计算机程序简化了新模型的复杂性。

第五节 领导理论的新观点

一、领导归因理论

归因是指个体对他人或自己行为的原因进行理解的过程。通过归因，个体能够弄清他人行为是基于内因还是基于外因，从而有助于解释、评价、影响他人的行为。所谓内因是指个体本身拥有的人格、能力、动机、爱好、经验、知识等因素，所谓外因是指个体之外的环境或情境因素。

米切尔（R.Mitchell）等人的领导归因模型指出，领导者对下属行为原因的解释，尤其是对下属工作绩效的归因影响着管理措施的采用。例如，归因时，领导者会先观察下属的绩效，然后试图理解为什么下属的绩效符合、超过或低于期望和要求。由于低绩效是管理控制的敏感问题，领导者将会格外认真地进行归因分析。领导者将根据区别性、一贯性和一致性3类信息对低绩效进行内因（缺乏努力、承诺、动机或能力）与外因（任务太难、时间太紧、设备陈旧、管理不善等）的区分，并根据归因的结果采取相应对策。研究发现，领导者对下属的归因常犯基本归因错误（Fundamental Attribution Error），指个体在对他人的行为进行归因时，倾向于低估外在因素的影响、高估内部因素的影响。此外，对于地位高的员工来说，领导者更可能把绩效归因为内部因素；对于地位低的员工来说，领导者更可能把绩效低归因为内部因素。

米切尔和伍德（R.E.Wood）曾经研究了护理主管对护士工作差错的归因过程，指出如果护理主管认为护士的工作差错或事故源于缺乏努力与责任，将会采取斥责和惩罚措施；如果认为差错源于能力不够，将会提供更多的详细指导。相反，如果认为护士的工作差错是由于外在因素，如工作条件差、劳动设备陈旧等造成的，将会采取其他的应对措施，如改善工作环境和添新的工具、设备或改变工作日程等。

二、领导替代理论

科尔（Steven Kerr）和杰迈尔（J.M.Jermier）创立的领导替代模型认为，在有些情况下，领导过程可能对下属没有产生影响或者被其他因素所替代，参阅表12-2。

表 12-2　支持型领导和指令型领导的替代和抵消因素

替代抵消的因素	支持型领导	指令型领导
下属的特点		
经验能力及接受的培训	替代	替代
“专业性”倾向	替代	替代
对组织提供的报酬不感兴趣	抵消	
任务的特点		
条理清晰、程序性强	替代	
自身提供反馈信息	替代	
使人产生满足感	替代	
组织的特点		
凝聚的工作群体	替代	替代
职位权力低，领导对组织报酬缺乏控制	抵消	抵消
规范化（明确的计划、目标和职能范围）	替代	
不够灵活（僵化、规则和组织秩序一成不变）	抵消	
领导远离下属，沟通渠道不畅通	抵消	

使领导过程失去作用的变量称为中和因素（Neutralizer）。例如，对领导者提供的报酬漠不关心会使领导者运用报酬影响下属的方法失败；领导者与员工之间的身体距离远，容易导致下属没有太多的机会接受领导者的指示与命令；领导者本身缺乏权力会使下属减小对领导者的依赖；组织的政策、效率太低会使下属仅仅按照工作准则办事而不求助于领导者等。

科尔等人认为，许多替代因素将使领导变得可有可无。例如，如果员工的能力强、经验多、知识多，根本就不需要任何人告诉他们应该如何工作；如果工作任务明确、工作内容有趣并具有挑战性，领导者的指导与鼓励便成了画蛇添足；如果工作团队凝聚力强、组织结构明晰（如标准化、正规化水平高），领导者可能会成为多余人员。

三、LMX 模型

乔治·格雷恩（George Graen）等人从领导者与每位下属的人际关系出发研究领导，提出了领导者—成员交换模型（Leader-Member Exchange）。该模型认为领导者和不同下属人际关系有所差异，那些和领导者关系密切的下属被称为圈内（in-group）人员，其他人员则属于圈外（out-group）人员，参阅图 12-4。圈内下属会比圈外下属得到更多的信息、信任、支持、关心以及晋升的机会。作为交换，圈内下属将会对领导者忠心耿耿，支持领导者的决策，工作也更加卖力肯干，因此工作绩效和满意度也会比圈外人员高。相反，领导者与圈外下属的关系仅仅限于正式工作关系，双方很少沟通。同时，领导者可能会认为圈外下属的工作能力都比圈内下属差。

图中，S 表示下属。研究表明，领导者一般早在和某位下属交往之前就将其区分为圈内或圈外。至于为什么有人成为圈内下属，有人成为圈外下属，目前还没有得出结论。根据观察，在年龄、性别、观点、态度等方面与领导者的相似性，以及具备某些才能、人格特征与社会背景等是决定某一位下属是否能成为圈内人士的关键因素。不过，圈内与圈外的下属不是固定不变的，他们之间是可以相互流动的。

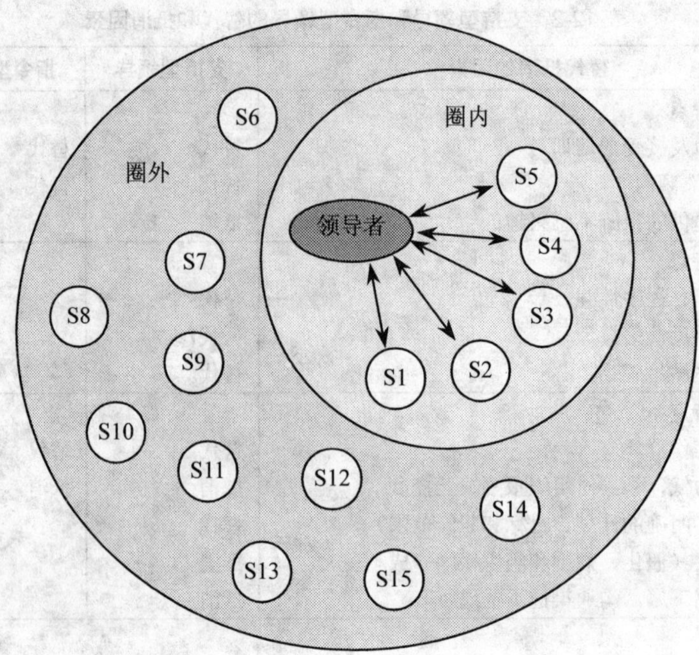

图 12-4　领导者和不同下属的人际关系

格雷恩等人提出领导者和下属关系模型经过了 3 个阶段：

（1）陌生阶段，此时双方的相互关系严格限定于组织角色的范围内，彼此交换的质量很低。

（2）熟悉阶段，此时双方开始共享资源与信息，彼此的关系开始超越工作职责的界限，尝试建立相互信任与尊重。

（3）成熟伙伴阶段，此时双方交换的质量很高，彼此高度信任、关心和尊重。领导者可能会让下属承担一些额外任务，下属也可能要求领导者给予更多的支持与帮助。

LMX 模型认为高质量的领导者－成员交换将导致员工流动率低、绩效评估高、晋升频率高、组织承诺高、事业发展快、工作态度佳等良好结果。因此，开发与每位下属质量的交换关系将有助于群体与组织绩效的提高。这意味着应当让所有的下属都觉得自己是圈内人员。完全做到这一点很难，但应当尽最大努力。

四、转变型领导

以社会学家伯恩斯（James MscGregor Burns）和管理学家豪斯（Robert House）的研究为起点，巴斯（Bernard Bass）构建了转变型领导模型。

巴斯认为，领导有两类：交换型领导和转变型领导。所谓交换型领导，是指领导用下属所需要的报酬来换取自己所期望的下属的努力与绩效。领导者与追随者之间的交换关系是不少领导理论（如 LMX 模型、路径－目标理论）研究的核心。所谓转变型领导，是指领导者通过改变下属的动机与价值观来促进绩效的提高和整个组织的变革。毫无疑问，转变型领导对下属的影响比交换型领导要大得多，如图 12-5 所示。

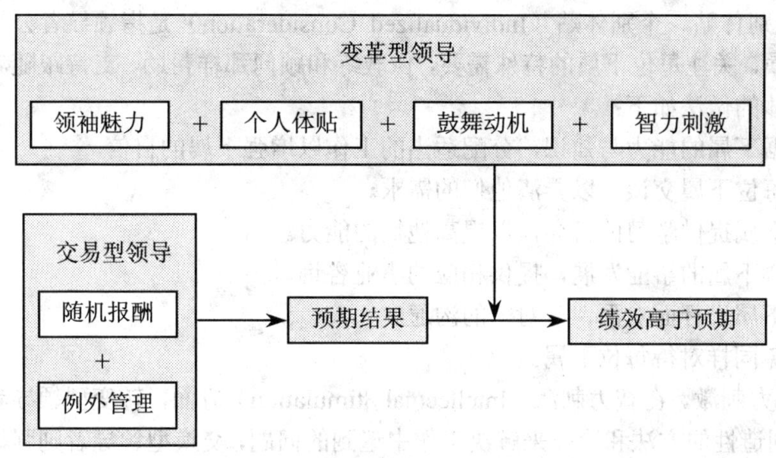

图 12-5　转变型领导的影响

（一）交换型领导

交换型领导主要包括以下两个维度：

（1）随机报酬。随机报酬（Contingent Reward）是指领导者根据努力状况和绩效水平奖罚下属。随机报酬的原则是：

- 清晰表述与解释目标。
- 指出与目标相关的具体行为和结果。
- 主动监控、测量与目标相关的行动与结果。
- 经常提供正或负的绩效反馈。

（2）例外管理。例外管理（Management by Exception）是领导者仅在下属工作出现失误的情境下才进行干预。例外管理有主动与被动之分。主动例外管理是指领导者仔细观察和寻找下属的错误与偏差，并及时采取纠正措施。被动例外管理是指领导者只在被告知下属违反了规则、没有完成预定任务后才出面惩处。

（二）转变型领导

转变型领导涉及以下 4 个方面的维度：

（1）领袖魅力。领袖魅力（Charisma）是指领导者所具有的能对跟随者产生巨大、超凡影响的个人吸引力。具有领袖魅力的领导者是指能对下属产生不同寻常影响的领导人，如毛泽东、罗斯福、甘地等。值得说明的一点，具有领袖魅力的领导者是在特定条件下产生的。在组织遭受严重危机的情况下，人们期待着超人的出现，以带领他们摆脱现状。所谓超人，其实就是具有领袖魅力的领导者。

（2）鼓舞动机。鼓舞动机（Inspirational Motivation）是指领导者对追随者表达很高的期望，利用口号等鼓励下属付出更大的努力去实现组织的远大目标。具体的做法有以下 5 个方面：

- 强调使命的重要性，激发个体的自豪感。
- 使用鼓励性言语鼓舞士气。
- 身体力行，为下属树立榜样。
- 通过完成某些困难任务培养下属的信心。
- 和下属共同排除组织面临的各种障碍。

（3）个别体贴。个别体贴（Individualized Consideration）是指领导者公平而有差别地对待每一位下属，关注每位下属的特殊需要，像教练和顾问那样帮助、支持跟随者完成任务和实现自我。具体的做法如下：

- 根据下属的能力与知识，分配适当的工作以增强下属的自信。
- 和每位下属交谈，以弄清他们的需求。
- 为下属提供学习的机会，以提高他们的能力。
- 关心下属的事业发展，提供相应的事业咨询。
- 和下属进行面对面、一对一的沟通。
- 避免同样对待每位下属。

（4）智力刺激。在智力刺激（Intellectual Stimulation）方面，转变型领导者鼓励下属尝试用崭新的、创造性的方法和途径来解决工作中遇到的问题，交换型领导者则强调政策连续性和维持原状。巴斯开发了一种名为多因素领导问卷的工具来测量转变型领导。测量发现，转变型领导比交换型领导更有效。

复习题

1. 描述领导的构成要素。
2. 描述领导的本质。
3. 阐述领导特质论的优点和不足。
4. 什么是结构维度？什么是关怀维度？
5. 什么是方格理论？
6. 费德勒的三项权变变量是什么？
7. 途径—目标理论中的权变变量是什么？

【案例讨论】

有效的领导者应具备什么样的素质

卓琳今年22岁，即将获得哈佛大学人力资源管理的本科学位。在过去的两年里，她每年暑假都在康涅狄格互助保险公司打工，填补去度假员工的工作空缺，因此她在这里做过许多不同类型的工作。目前，她已接受公司的邀请，毕业之后将加入互助保险公司成为保险单更换部的主管。

康涅狄格互助保险公司是一家大型保险公司，仅卓所在的总部就有5000多名员工。公司奉行员工的个人开发，这已成为公司的经营哲学，公司自上而下都对所有员工十分信任。卓将要承担的工作要求她直接负责25名职员。他们的工作不需要什么培训或具有高度的程序化，但员工的责任感十分重要，因为更换通知要先送到原保险单所在处，要列表显示保险费用与标准表格中的任何变化；如果某份保险单因为更换通知的答复而将被取消，还需要通知销售部。

卓工作的群体成员全部为女性，年龄跨度为19～62岁，平均年龄为25岁。其中大部分人是高学历，以前没有工作经验，她们的薪金水平为每月1420～2070美元。卓将接替芬妮的职位。芬妮为互助保险公司工作了37年，并在保险单更换部做了17年的主管工作，现在她退休了。卓去年夏天曾在芬妮的群体里工作过几周，因此比较熟悉她的工作风格，并认识大多数群体成员。她预计除了库纳之外，其他将成为她下属的成员都不会有什么问题。库纳今年 50 多岁，在保险单更换部工作了 10 多年。而且，作为一个“老太太”，她在员工群体中很有分量。卓断定，如果她的工作得不到库纳的支持，将会十分困难。

卓决心以正确的步调开始她的职业生涯。因此，她一直在认真思考一名有效的领导者应具备什么样的素质。

思考题

（1）影响卓成功地成为领导者的关键因素是什么？

（2）你认为卓能够选择领导风格吗？如果可以，请为她描述一个你认为最有效的风格；如果不可以，请说明原因。

（3）帮助卓赢得或控制库纳，你有何建议？

第十三章　沟通、谈判

在本章中，我们将表明，良好的沟通对于任何群体和任何组织的有效运作都十分重要。研究表明，沟通不良可能是导致人际冲突的最主要原因。人们用将近 70%的清醒时间进行沟通（包括听、说、读、写 4 个方面），因此，有人认为，阻碍群体工作绩效的最大障碍在于缺乏有效的沟通，这样说不无道理。

谈判几乎渗透到组织和群体中每个人的相互作用之中。有一些谈判是很明显的，如劳资双方进行的谈判；另外一些谈判则不那么明显，如管理者与上司、同事、下属之间的谈判，销售人员与客户之间的谈判，采购代理与供应商之间的谈判；还有一些谈判十分微妙，如一名工人经过很短时间的利弊权衡后决定接一个同事的电话。在今天以团队为基础进行工作的组织中，成员们越来越发现自己与共同工作的同事之间没有直接的权力关系，他们甚至可能不归属同一名上司来领导，此时谈判技能就变得十分关键了。

第一节　沟通

一、沟通的基本原理

（一）沟通的定义

在组织行为学中，沟通可以理解为通过一套公共符号系统进行思想交流的过程。在这个过程中，必须具备 3 个要素：信息的发送者（信息源）、信息的接收者、需要传递的信息。沟通发生前，必须存在一个意图，我们称之为“需要传递的信息”。它在发送者（信息源）与接收者之间传送。需要传送的信息首先发送者进行编码，转化为信号形式，然后通过媒介物（信息通道）传送至信息的接收者，由接收者对收到的信号进行解码（转译回理解的形式），并作出反应反馈给信息的发送者。这样信息就从一个人那里传到了另一个人。这就是信息沟通的基本过程，其沟通过程模式如图 13-1 所示。

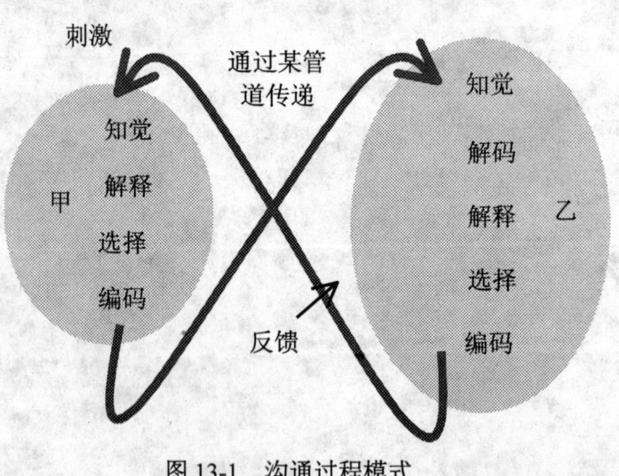

图 13-1　沟通过程模式

（二）沟通的功能

在社会或家庭中，缺少沟通交流会导致人际关系不协调和家庭关系不和谐。在商业领域也是一样，缺少沟通会降低一个组织的工作效率和工作成果。因此，沟通对于一个组织来说意义重大。

在群体或组织中，沟通有 4 种主要的功能：控制、激励、情绪表达和提供信息。

沟通可以通过几种方式来控制员工的行为，即通过让员工遵守组织中的权力等级和正式指导原则实现对员工的控制与管理。比如，员工首先与直接主管沟通工作方面的不满和抱怨；要按照工作说明书工作；要遵守公司的规章制度等，通过沟通可以实现这种控制功能。另外，非正式沟通也控制着员工的行为。比如，当一个人在群体中的工作表现非常好，使其他群体成员相形见拙时，群体中的其他人会通过非正式沟通的方式控制该成员的行为。

沟通可以通过明确告诉员工应该做什么、怎么做、如果没有达到标准应如何改进来激励员工。组织中具体目标的设置、对实现目标过程的反馈、对理想行为的强化等过程都有对员工激励的作用，而这些过程又都离不开沟通。

工作群体对于很多员工来说是其主要的社交场所，员工们通过群体内的沟通来表达自己的满足感和失落感。因此，沟通给员工提供了一种释放情感的表达机制，并满足了员工的社会需要。

沟通的最后一个功能就是通过传递资料为个体和群体提供了决策所需要的信息，使决策者能够通过其提供的信息确定、评估各种备选方案。

二、沟通的基本类型

沟通，可以是通过工具之间的沟通，如通讯卫星与地面接收站之间的沟通；可以是人与机器之间的沟通，如人机对话；也可以是人与人之间的沟通，如直接对话。沟通的形式与种类非常繁多，可以按照不同的依据从不同的角度进行分类。

（一）按性质分

（1）正式沟通。

正式沟通指通过组织明文规定的渠道进行的与工作相关信息的传递和交流。如组织与组织之间的公函往来，组织中上级的命令、指示按系统逐级向下传达，下级的情况逐级向上级报告，一级组织内部规定的会议、汇报、请示、报告制度等。正式沟通的优点较多，效果较好，有较强的约束力，易于保密，重要的信息一般都采用这种沟通方式。其缺点是，因为依靠组织系统层层传递，因而速度较慢，而且不够灵活。

正式沟通是信息传递的基本方式之一，它是按照规则建立起来的沟通形式，沟通过程中不允许掺杂任何感情因素，每个角色的行动都具备可预测性，它是组织效率得以保证的前提条件。此外，正式沟通还包括发现问题、控制偏差、收集信息等所有工作内容。组织的统一行动和相互协调也有赖于正式沟通的健全和畅通。

亚利克斯·贝弗拉斯于 1948 年进行了用交流网络来模拟大群体沟通过程的研究，把沟通网络基本上分为 5 种类型：链式、Y 式、轮式、环式、全通道式，如图 13-2 所示。

1）链式（Chain）沟通。这种方式多表现于纵向“层层传达”、“层层汇报”的沟通过程中，因此易失真，但对分权、授权管理较有效。

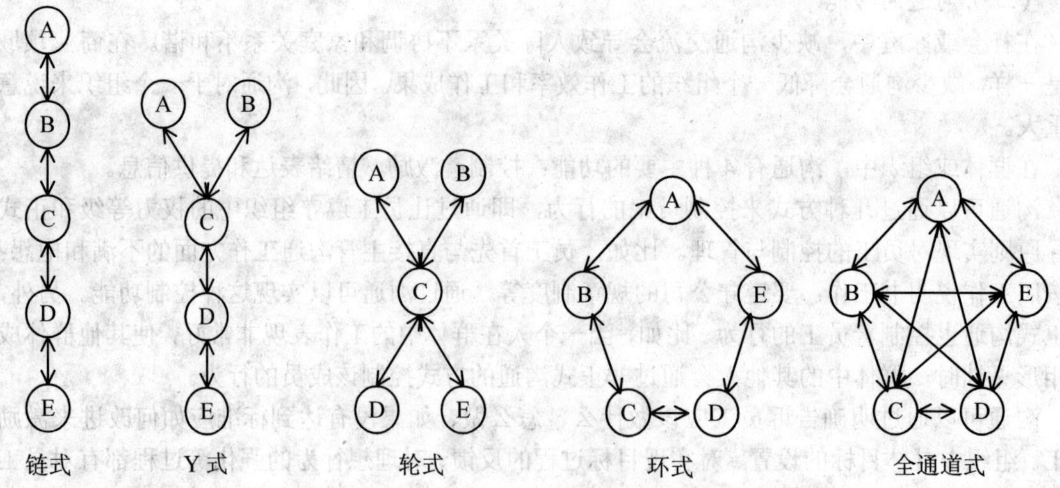

图 13-2 沟通网络的类型

2）环式（Circle）沟通。这种方式由于每个人均可与左右沟通，故有较一致的满意度，适于在组织需要创造一种高昂士气时使用。

3）Y 式沟通。这种方式集中度较高，沟通较快，便于控制，但仍可能产生信息失真。

4）轮式（Wheel）沟通。这是一种控制型沟通网络，适于需要快速作出决策又需要加强控制的组织。

5）全通道（All Channel）沟通。这是一种开放网络，适于需要增强合作、提高士气、解决复杂问题的场合，只是沟通渠道太多，易造成混乱，影响效率。

（2）非正式沟通。

非正式沟通是指通过非正式渠道传递非正式信息。这种传递信息的方式不是组织规定的，而是组织成员在长期相互作用中形成的一种互动方式，常常会对组织效率产生负面影响。非正式沟通具有两种表现形式：

- 当正式沟通的渠道无法满足或妨碍了必要的信息沟通时，需要借助非正式沟通的方式来满足必要的沟通。在一个大型组织中，工作人员常常会遇到这样的情况，如果按照正式渠道提出某一申请报告或协调某项工作，往往要花费很长的时间和精力，而且还可能由于长期的公文旅行与烦琐的手续，仍然得不到满意的答复或等到反馈回来信息后早已错过了大好时机。每当这时，为了组织的效率和效益，人们往往通过非正式渠道传播信息。例如，直接找到关键的办事人员，或越级汇报工作，或根据具体情况找熟人自行协调。
- 通过非正式沟通来补充和丰富正式沟通的信息，这是一种有意识地利用非正式沟通的方式弥补正式沟通的不足。其表现形式主要是“小道消息”的传播。小道消息是指组织成员出于好奇心而私下传递某些意见，他们所传播的信息属于那种不能或无法通过正式渠道进行传播的信息。小道消息具有传递信息的不确定性、传递和扩散的飞快性、信息来源模糊性、信息传递的弹性较大、现实性与新闻性的特点。

非正式沟通在各类社会组织中都是一种客观存在，也是无法避免和消除的。非正式沟通既有消极作用，也有积极作用。如果人们对于非正式沟通保持清醒的认识和敏感，将有助于组织内的信息传递，协助管理者了解组织的真实情况，改善组织活动的质量。

（二）按沟通的流动方向分

（1）下行沟通。即组织内最常见的将高阶层拟定的组织目的、管理政策、工作程序传达至属下各阶层，如职工教育训练、技术指导等皆属于此种类型。传统的组织皆偏重于下行沟通。

（2）上行沟通。此为职工向上级报告工作情形、提出建议，或在工会刊物以及士气调查表上表达自己的意见、态度。现在组织都鼓励职工的上行沟通。例如，很多主管都以“开放门户”或设立“建议箱”的方式欢迎部属随时与他交谈或提出建议。

（3）平行沟通。也就是横向联系，同阶层主管人员间的沟通，如各种委员会及各部门之间的信函与备忘录的传递，在工作上的交互作用及工作之外的来往交谈。组织扩大后这种横向的联系非常重要，否则各部门之间容易产生隔阂，各自成为一个独立单位，影响整个组织的统一与团结。

（三）按沟通的方法分

（1）书面沟通。书面沟通是指用书面形式进行的信息传递和交流，它使口头商定的内容成为正式的文本形式。在组织内，书面沟通有布告、通知、备忘录、公报、壁报、刊物、专题报告、职工手册、建议书及士气调查问卷等；对外则有市场调查问卷、刊登广告、职工招募启事及发布新闻等。书面沟通的优点是具有准确性、比较正式、信息可以长期保存、便于查看核对，可以减少因一再传递、解释所造成的信息失真。其缺点是不够灵活，难以获得及时反馈，不便于随时修改。书面沟通通常用于传递重要的、需要长期保存的信息。

（2）口头沟通。口头沟通指运用口头表达的方式来进行的信息传递和交流。在组织内有面对面的晤谈，各种讨论会，会议，教育训练中的授课、演讲、电话联系等；对外则有街头宣传、推销访问、口头调查、与其他组织间的洽谈、向外发表演说等。口头沟通的优点是比较灵活、简便易行、速度快、有亲切感、双方可以自由交换意见。便于双向沟通，而且在交谈时可借助于手势、体态、表情来表达思想，有利于对方更好地理解信息。其缺点是受时空的限制，人数众多的大群体无法直接对话，沟通过后保留的信息较少。沟通时收受者如果不专心、不注意或心里有困扰，则因口头沟通一过即逝，无法回头再追认。口头沟通通常用于传递一般性的、暂时性的、有关例行工作的信息。

（四）按是否借助语言符号分

（1）语言沟通。语言沟通是指借助于语言符号系统而进行的沟通，包括口头语言、书面语言等。研究表明，组织成员在面对面的直接交往中，通常所用的是口头语言，是由“说”和“听”构成语言交流信息的。比较有效的语言沟通方式为口头和书面混合的沟通，效果最为理想。

（2）非语言沟通。非语言沟通是指借助于非语言符号系统，即运用表情、体态和行为所进行的信息沟通。研究结果显示，在面对面的成功交流中，言语本身并非是信息沟通的主要部分。实际上，成功的信息沟通中只有 7%与言语有关，35%由语音语调所致，剩下的都是非语言符号系统的功劳，如身体动作（手势、体态、表情、动作）、眼神接触、空间运用（方位、距离）、图像等。因此，非语言沟通包括身体动作、说话的语调或者用词的重音、面部表情以及发送者与接收者之间的身体距离。

三、沟通的主要障碍

尽管组织内部的信息沟通是经过周密设计的，而且严格按照规则运行，但是仍不能取得令人满意的效果。这是因为大量存在的沟通障碍都会阻碍或歪曲有效的沟通。下面主要介绍一下影响有效沟通的主要障碍因素。

（一）感知障碍

感知是一个人对现实世界的看法与观点。感知作为人们认识、选择和理解外部环境刺激的过程，在很大程度上受到个人心理、生理、生活经历等众多因素的影响。即使是在同一环境、对于同一信息，不同的人由于感知的不同，也会按照自己的参照系理解这个信息。没有两个人具备完全相同的心理和生理条件，也不存在完全相同的生活经历。因此，每个人实际上都是一个认识中心，都会从自身的角度看待事物。尽管组织结构、规则具有普遍性和统一性，但是由于感知差异而产生各种不同的意见，它是信息沟通的最大的障碍。具体表现在环境与知识背景的差异、组织成员的特性、组织成员的偏好、感知遗漏等。

（二）语言歧义

组织内的信息沟通尽管有很多类型，但是大部分沟通依然是通过语言来完成的。组织规则的实际执行也是通过语言的解释来得到确认和理解的，语言互动具有不确定性和难以控制的特点，尤其是跨文化的语言沟通是现代社会的一个最大问题。20 世纪 50 年代以来，由于电子技术和国际互联网的发展，导致全球化的趋势日益明显，不同文化、不同国家和种族之间交往越来越频繁和必要。但是由于文化、习俗和习惯等方面的差异，使这种沟通变得困难。因此，语言也是沟通的主要障碍之一。

在组织沟通中，人们之间传递的任何文字和语言，从文字上解释都存在多种含义。每个人在进行语言沟通时，都会按照自己的情况给所用的语言赋予特定的含义，这就存在着被误解或曲解的可能。语言歧义就是指人们在沟通过程中对语言产生歧义性的理解与认识。

（三）信息过量

在组织沟通过程中，信息的质量和数量对于组织结构能否良性运转起到关键性的作用。信息占有量大、信息质量高对于组织沟通起很大的作用，但也并非信息量越大越好，过多的信息不但无助于组织的沟通，反而会妨碍正常的组织沟通。信息过量是指大量信息和信息沟通蜂拥而至，使组织活动陷入繁重的沟通之中，从而影响了正常的组织工作。信息过量导致越来越多的管理者和专业技术人员在抱怨他们承受着信息超载的苦恼。

（四）地位差异的冲突

组织结构是由不同的职位和部门构成的一个互动体系。在这个体系中每个职位上的人都具备特定的地位，由此导致了他们对组织各项事物的相同和不同看法。这种相同或相异程度主要取决于他们在组织内的地位差别。通常，自然和谐的沟通是在相同地位上进行的。如果地位不同的人进行沟通有可能产生冲突。冲突的原因主要有以下 3 个方面：

（1）地位不同产生压抑感，然后导致冲突。地位的差异意味着权力与资源的占有情况不同，处于低等地位的职员常常会感受到压抑，不能充分发表自己的意见或进行有效的沟通。

（2）人们常常根据地位的高低来判断信息的准确性。通常，人们都愿意相信地位较高的职员会提供相对准确的信息，而对于地位较低者提供的信息人们总会有许多疑问。在这里被注重的因素不是信息本身，而是信息发送者和接收者的地位。由于这种差异导致认知上的不同，从而产生冲突。

（3）人们愿意与地位高的人进行信息沟通，面对地位较低者的意见不够重视，甚至否定，因此经常发生冲突。经过研究表明，与比自己地位高的人进行沟通时，认为这种沟通是有价值的、令人满意的、令人感兴趣和精确的沟通，而与比自己地位低的人进行沟通时，认为这种沟通是没有任何意义和价值而言的。所以地位相对较低者不会积极地与上级进行沟通，甚至产生冲突与矛盾。

除上述影响沟通障碍的因素外，还有许多因素可能成为有效沟通的障碍。比如，时间因素、环境因素、利益因素等。

四、当代沟通问题

（一）跨文化沟通

（1）跨文化沟通概述。

信息是否失真受发送者和接收者克服障碍能力的影响，这种障碍我们称之为“沟通干扰”。跨文化沟通之所以会出现问题，是因为在跨文化背景下有一种额外的干扰，这种干扰是信息发送者和接收者不同文化的函数。萨莫范（Samovar）和波特（Porter）在《文化间的沟通》一书中将跨文化沟通定义为：“文化认知力和符号系统截然不同的人之间的沟通，这种不同要大到足以改变沟通活动。”本质上说，跨文化沟通是人际沟通的更复杂形式。它之所以更复杂是因为可能成为障碍因素的变量更多。

要减少跨文化沟通干扰，一个可以采取的步骤是，认识参与跨文化交流活动的频率。这一步骤很有价值，因为它可以凸现出我们的互动活动中有多少是跨文化的，多少是受与文化有关的障碍因素影响的。

（2）跨文化沟通的类型和问题。

我们经常会遇到跨文化的交流活动。我们可能会进入一个来自不同国家、不同种族或有不同宗教信仰的人居住的社区，我们可能会和本国但代表不同地区的人进行交流，我们可能会和那些有着相同宗教信仰但是来自不同教派的人进行交流。

下面列出了不同类型的跨文化交流活动，并向我们显示出跨文化沟通在我们的日常生活中有多么普遍：

- 一位美国黑人与一位高加索人进行交谈。
- 一位美国黑人与一位印度人谈话。
- 一位公司的经理与监督机构的成员交流。
- 一位英国人与一位巴西人谈话。
- 一位美国公司的总裁与一位西班牙总裁交流。
- 一位乡下阿肯色人与一位市中心的纽约人谈话。
- 一位哈西德教的犹太教徒与一位革新派犹太教徒谈话。
- 一位来自旧金山的美国人与一位来自纽约的美国人交流。
- 一位同性恋者与正常恋爱者交流。
- 一位市区的富人与一位郊区的穷人交谈。
- 男人和女人交流。
- 一位诺贝尔奖获得者与一位初出茅庐的学生交流。

所有这些都是跨文化沟通的例子，因为在每一种情况下，文化因素都有可能给沟通制造一些额外的障碍。由于组织中（和其他地方）跨文化沟通很普遍，组织中的男男女女会会偶尔遇到一些与文化差异有关的挑战。

例如，索非亚市一位伊斯兰教徒，他在斋月之前拿着一份请求走向了经理。在斋月中，她想请几天假去当地的清真寺祈祷。她声称，在这段时间内她必须这么做。假设索非亚是组织的一个重要成员，如果她离开办公室，经理在她缺勤期间将不得不花钱雇员来完成她的任务。进一步假设在这家公司里，如果不是因为疾病或家庭紧急事故而是因为个人愿意请假是不受人尊重的。

如果你是这家公司的经理，你如何处理这些情况？如何作出反应？如何就作出的反应与索非亚进行沟通？

（3）跨文化沟通的壁垒。

1）理解的差异。

辛格尔将理解定义为个人选择、评价并组织外部刺激的过程。在任何人家交流中，理解所固有的选择过程会产生或减少沟通干扰。在跨文化的背景下，选择性的理解和保持力是不同信仰和价值观体系的函数。

假设你在高三阶段遇到了一个美国学生，假设你开始和这位新认识的外国朋友探讨高中后的计划。更进一步假设，你对她说你已经“迫不及待”地想让高中生活结束，因为你想“离开家”，并“离开父母”。

在美国人的价值观里认为家庭和对父母的尊敬是信仰价值体系中神圣不可侵犯的，你的这套言论不会让人认为你的独立性强，而会让人认为你不负责任。在跨文化的背景下，你的信息可能会失真，因为文化背景不同的信息接收者会有不同的理解。你可能是打算很清楚地表示自己想离开家去读大学，但是可能你在不经意间让你的朋友认为你是个百无一用、没有责任心的家伙，很快就会变成社会的垃圾。当然，你是不可能变成社会垃圾的，因为你所表达的愿望在你们自己的文化中是很正常的。

总之，文化定位能影响理解力。按照辛格尔的说法，“我们认识的这个世界并不是它原来的样子，而是经过我们感官加工的世界。”文化影响了我们的感官接受力。

2）民族优越感。

阻碍跨文化交流的一个祸根叫做“民族优越感”，它也是业务向全球扩展的一个壁垒。民族优越感是指认为自己的世界观比别人的世界观优越。卡西勒（Cushner）和布鲁斯林（Brislin）将民族优越感定义为：“人们用自己的文化视角判断他人的倾向，他们相信他们自己的世界观才是唯一正确的。”

有这种观点的人在信仰和价值体系与别人不同时，总是认为不同意自己观点的人是错误的。如果一个人总是有意识或无意识地认为某个文化团体的世界观比别人的高明，当他与另一个团体的成员交往时，沟通中不可避免地充满干扰。带着民族优越感进行沟通会怀疑另一方观点的标准太低。没有人喜欢别人说自己的文化定位比较低，因此民族优越感不可避免地会导致不和谐的冲突因素。

3）语言的作用。

另一个影响跨文化沟通的明显壁垒是语言问题。道理非常简单，如果一个日本人与德国人不说共同语言，那么他们很难交流。语言问题不仅仅牵涉到使用通用语言的问题，还包括使用俚语、地区性表达方式和高抽象术语等问题。一个文化团体的思维方式之所以与众不同，是因为他们的语言与众不同。语言差异是造成沟通障碍的最基本、最重要的因素。

4）非语言性差异。

非语言的信息受文化的影响差异很大。很多研究跨文化沟通的文献都充斥着肢体语言的例子，这些肢体语言在一种文化中是一种含义，在另一种文化中却大相径庭。例如，美国人普遍使用的“OK”手势会随着国家的不同而有不同的涵义，在法国这个手势的意思是阿拉伯人熟悉的‘0’；在日本，它是钱的标志；在巴西，它表达的是一种庸俗的涵义。

战胜跨文化沟通的壁垒是一项艰巨的任务，任重而道远。解决方案并不难找到，事实上，解决方案只是一些很基础的东西。下面简单介绍如何克服跨文化壁垒。

首先，了解其他文化，包括增强多文化竞争力和技巧（如外语）；了解世界范围内的人际关系和价值观；思考要超越局部的理解，打破陈规，对人要持积极的观点和态度；处理人员的多样性时，要变得具有开放性和灵活性。

其次，认清文化团体内部的多样性。进行文化的特定性训练或想学习其他团体的文化时，学习者可能会错误地认为那个文化中的所有个人都遵从同一个价值观体系。对文化差异保持敏锐的头脑是很重要的，认识到个体与规范间存在差异也是很重要的。

最后，采取平均主义。如果缺少了平等主义的视角，对其他文化的语言、习俗、态度和风俗的理解只能发挥有限的作用。有跨文化沟通的基础架构要求从一开始就承认所有人生而平等，文化本身并不是决定人品质的因素。我们没有必要为了平等地对待别人而放弃自己的文化视角，同时，采用平均主义的框架也并不意味着你必须尊敬和赞扬一个行为应受谴责的人。它的真正的含义是，不要把某团体中特定个体具有的所有特点强加到其他人身上。文化统治的根源可能是无知和理解的差异，但它的推动剂却是无知和与生俱来的个体文化的优越感。

（二）性别差异造成的沟通障碍

男性与女性之间存在着沟通的障碍吗？德博拉·泰南博士对此进行了研究。其研究表明，女性使用的语言是建立联系和亲密性的语言，强调融洽和共性；男性使用的语言是建立地位和独立性的语言，强调不同和差异。对于大多数男性来说，交往主要是保护独立性和维持自己在社会格局中等级地位的手段。而对于大多数女性来说，交谈则是寻求融洽关系的谈判。这导致了男性与女性在沟通中存在着差异。当然，她的结论并不适用于每一位女性或每一位男性。她指出，这些结论指的是“作为一个群体，男性或女性中有较大的比例以某种特定的方式交谈。或者说，男性或女性个体更可能以某种方式交谈。”

（三）电子沟通

从 20 世纪 80 年代开始，新型的电子技术极大地改变了组织中的沟通方式，主要表现在 BP 机、传真机、录像机、移动电话、电子会议、电子邮件和语音信箱的应用方面。所谓的电子沟通就是利用先进的电子技术作为沟通手段，与他人进行交流。它与传统的沟通方式比较具有速度快、精确性、反应快、成本低等优点，缺点主要体现在保密性没有传统沟通方式那么强。

电子沟通从根本上改变了信息在即时输出和即时回收方面的能力。但是电子沟通不能像面对面会议那样提供非语言沟通线索，也不能像电话交谈那样在传递语言意义的同时传递细腻的情感差别。另外，虽然录像会议和电子会议都能提供工作支持，却缺少传统会议所能提供的两个人们不易察觉的目标服务：满足群体归属感需要和作为一个任务完成情况的仲裁机构。因此，对于社会交往方面有较高需要的人来说，过分依赖电子沟通可能会导致较低的工作绩效。

（四）危机沟通

一旦危机发生，即使是那些盈利良好且管理完善的公司也会碰到各种各样的难题，这些难题甚至有可能摧毁一个企业。当危机发生时，组织被迫要与不同类型受众沟通，此时沟通质量对于组织的成功至关重要。处于危机时，草率沟通可能会给组织带来灭顶之灾，而有效的危机沟通则能将不利的局面扭转为有利的局面，使公司起死回生。

那么到底危机沟通是什么呢？危机沟通包括内外部的沟通受众，发生危机时他们最需要获取各种信息。危机沟通需要构想、创建和传播信息给这些内外部受众，同时对他们的回答作出反馈。有时危机沟通和危机管理被用来表示一个意思。但事实上这两者并不完全一致。危机管理包括沟通，但不仅仅是沟通。类似地，危机沟通和形象管理也不是同一含义。危机中需要维护和重建形象，并且沟通往往是恢复被损形象的最佳方法。然而，沟通还包括更多的含义，重塑企业形象只是对外部受众来说的。概括地说，有效的危机沟通有助于重塑企业形象，危机沟通是危机管理的一部分。

第二节 谈判

一、谈判的定义

谈判是指双方或多方互相交换产品或服务，并试图对他们之间的交换比率达成协议的过程。谈判是双方自愿的活动，任何一方都可以拒绝进入谈判或在任何时间退出谈判。谈判始于双方希望改变现状并认为必须达成某种双方均满意的协商后才能行动。此外，只有当结果是各有所得时，谈判才能算是成功的。作为一个企业的管理者必须了解谈判的过程，熟悉谈判的策略，掌握谈判的技巧。

二、谈判的策略

谈判策略有很多种，根据谈判人员的输赢导向，可以将谈判分为综合谈判和分配谈判。综合谈判（Integrative Negotiation）是指谈判一方或双方把谈判当作是一种双赢的情景，追求双方均有所得。而分配谈判（Distributive Negotiation）是指谈判一方或双方把谈判当作是一种不赢即输的情景，自己得到的同时意味着对方失去。比较两种谈判策略的特点，如表13-1所示。

表13-1 两种谈判策略的特点

谈判的特点	分配谈判	综合谈判
可以利用的资源	进行分配的资源数量固定	进行分配的资源数量可变
主要动力	我赢，你输	我赢，你赢
主要利益	相互对立	相互融合或相互一致
关系的焦点	短时	长时

在分配谈判中最常引用的例子是，劳资双方对工资的谈判。一般情况下，工人代表在谈判桌前总是想从资方那里尽可能多地得到钱。由于在谈判中工人每一分钱的增加都提高了资方

的开销，因而谈判双方都表现出攻击性，并把对方视为必须击败的敌手，其谈判的结果往往是利于一方的。

三、谈判的过程

图 13-3 所示是谈判过程的简化模型，它表明谈判包括 5 个阶段：准备与计划、界定基本规则、阐述与辩论、讨价还价、结束与实施。

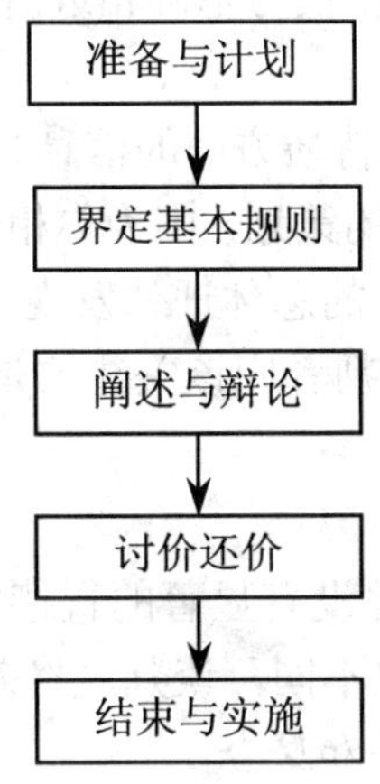

图 13-3　谈判过程的简化模型

（1）准备与计划。在谈判前，应该首先确定谈判的目标，包括顶线目标、底线目标和现实目标。谈判通常应该在顶线目标和底线目标之间讨价还价，双方都在努力使协议接近自己的顶线目标。其次，收集一切与谈判相关的数据材料，即谈判信息。对于商务谈判来说，谈判信息主要包括市场信息、技术信息、金融信息、政策法律信息等。最后，选择谈判人员。谈判成功与否很大程度上决定于谈判人员的素质、技能，以及合作精神。优秀的谈判人员应该具备良好的职业道德、良好的心理素质、较强的沟通能力，并掌握有关商务和技术知识。

（2）界定基本规则。制定出计划并发展策略后，就可以和对方一起就谈判本身界定其基本规则和程序。谁将进行谈判？谈判在哪里进行？谈判期限是多长？谈判中的哪些问题需要限定？如果谈判陷入僵局，应该遵循什么具体程序？在这一阶段中，双方将交流他们的最初报价和需求。

（3）阐述和辩论。相互交换了最初观点后，你和对方都会就自己的提议进行解释、阐明、澄清、论证和辩论。但是，这个阶段不一定就是对抗性的，它可以成为双方就以下问题交换信息的机会：为什么这些问题很重要？怎样才能使双方达到最终的要求？此时，你会给对方提供所有支持你观点的材料。

（4）讨价还价。讨价还价阶段的主要内容包括相互让步和打破僵局。谈判过程实际上是一个为了达到协议而相互让步的过程，谈判双方毫无疑问都需要做出让步。

（5）结束与实施。谈判过程的最后一步是将已经达成的协议规范化，并为实施和监控制定出所有必要的程序。对于一些重要谈判，需要在订立正式合同时敲定各种细节信息。不过，大多数情况下，谈判过程仅仅以握手言别结束。

四、谈判中的若干问题

（一）谈判中的性别差异

在谈判中，女性比男性更为合作和愉快，这是很多人普遍持有的观点，相信这些观点和看法可能受到性别因素的干扰，以及大多数大型企业组织中女性通常缺乏权力这一事实的影响。研究表明，不论性别如何，低层级的管理者会安抚他们的对手，并使用委婉的说服策略而不是直接的对质和威胁。当女性与男性在权力基础相近时，他们的谈判风格并没有明显的差异。

（二）人格特质在谈判中的作用

如果你知道一些有关谈判对手人格特质方面的信息时，你一定会通过其人格特质预测其谈判战术，而对其进行针对性的谈判战术的策划，因为你相信人格特质与谈判策略有直接的关系。

但是通过对于人格与谈判之间关系的总体评估发现，它们之间没有明显的直接影响关系。这一结论告诉我们每次谈判事件中，谈判者应该关注的是事件本身和情境因素，而不是谈判对手的人格特点。

（三）注意文化差异对谈判风格的影响

尽管在人格特征与谈判风格之间并没有显著的直接关系，但是文化差异与谈判风格却似乎很有联系。经过研究表明，民族文化不同，谈判风格差异很大。

（四）启用第三方来帮助解决差异和磨合

一般情况下，谈判采取双方直接的谈判方式。但有时候，谈判中的个体或者群体代表会陷入僵局，而且无法通过直接谈判解决他们的分歧。在这种情况下，他们会寻求第三方的帮助以找到一种解决办法。谈判的第三方主要担当4种基本角色：调停人、仲裁人、和解人和顾问。调停人（Mediator）是中立的第三方，他使用劝说、讲道理、建议其他解决方案等方法来促成谈判协议。这种方法在劳工谈判和民事纠纷中得到广泛应用。仲裁人（Arbitrator）是运用权威来达成协议的第三方，仲裁可以是强制的，也可以是自愿的。和解人（Conciliator）是受到谈判双方信任的第三方，他在谈判双方之间提供非正式的沟通渠道。顾问（Consultant）是专业技术纯熟且公正无偏的第三方，他试图通过沟通与分析，并借助自己在冲突管理方面的知识敦促问题得以解决。

复习题

1. 指出沟通在群体或组织内的各种功能。
2. 对比自上而下的沟通和自下而上的沟通。
3. 什么是非语言沟通？它会促进还是会阻碍语言沟通？
4. 描述谈判的过程。
5. 描述谈判中的若干问题。

【案例讨论】

我们这里有沟通问题吗

“我不想听你的任何借口，你要做的就是把那些飞机送上天！”吉姆·塔克曼（Jim

Tuch-man）冲着他的经理大吼道。身为美国航空公司驻墨西哥城机场的运营官，塔克曼对于当地员工所表现出来的态度十分不满。3个月前塔克曼从达拉斯调至墨西哥城，他很不适应墨西哥人的工作风格。“我对这些人太苛刻了吗？你一定以为我是这样。但我说的话他们从来不听。他们觉得现在这样做就很好，而且对我所建议的每一个变化进行抵制。他们根本不认为遵守时刻表十分重要。”

塔克曼是否对他的墨西哥城员工太苛刻了，员工的回答是一致的。他们普遍不喜欢他。这里有一些他们对于老板的匿名意见：“他对我们的需求无动于衷。”“他以为他这么吼来吼去，事情就会有所改观，但我们并不这么认为。”“我在这里工作了4年。他来之前，这里是很好的工作场所。现在再也不是了。我总是担心自己会受到严厉指责。我常常十分焦虑，甚至在家里也一样。我的先生已开始抱怨了。”

塔克曼之所以被调到这里，主要是为了加强墨西哥城的管理工作。在他的工作目标中位列前茅的是：改善墨西哥城工作准时的记录；提高生产率；改善顾客服务。当问到塔克曼，他认为与员工之间有什么困难时，他回答：“是的。我们似乎根本就没有过什么交流。”

思考题

（1）吉姆·塔克曼存在沟通问题吗？请解释你的理由。

（2）你能否给吉姆提出一些建议，来帮助他改善管理效果？如果有，请具体说明你的建议。

第十四章 团队管理

团队是一个部门或企业组成的基本单位，现代管理所面向的主要是团队，而不是散漫的个人。个人有个人的行为，团队有团队的行为，对团队行为的研究，是组织行为学的重要内容之一。

第一节 团队概述

一、团队的定义

团队是指由两个或两个以上的个体组成，其成员在工作中相互依附、技能互补、彼此协作共同完成某一任务的特殊群体。团队与群体的区别是：

（1）群体的绩效仅仅依赖于每一个成员的贡献；而团队的绩效既依赖于个体的贡献，同时也依赖于集体的协作成果。

（2）在群体中，工作成果由个体自己负责；而在团队中，工作成果既要个体负责，又要团队负责。

（3）团队不仅要像群体那样具有共同的兴趣目标，而且还要有共同的承诺。

（4）群体一般由管理者严密监控；而团队常常具有比较高的自主权。

二、团队的类型

团队的类型有很多，常见的主要有以下几种：

（1）问题解决型团队。它是团队的初级形式，致力于解决责任范围内的某一特殊问题，成员的任务是提出解决方案，但采取行动的权力有限。问题解决型团队经常讨论的是质量或成本问题。成员通常是某一具体部门的员工，他们每周至少开一两次会议，每次会一小时左右。团队又执行自己的方案，如果执行自己的方案，应不涉及其他部门的方案的重大变化。

（2）自我管理型团队。它是团队的中级形式，一般由生产一种完整产品或提供一项完整服务或经常在一起工作的员工组成。其特点在于承担一系列管理任务：①制定工作计划日程；②实行工作轮换；③采购原材料；④决定团队领导者；⑤设置主要团队目标；⑥编制预算；⑦雇佣员工；⑧评估员工工作绩效。

（3）多功能型团队。它是团队的高级形式，多功能型团队一般由来自同一个等级、不同工作领域的员工组成，他们到一起的目的是完成一项任务。团队的形成因为任务，任务完成团队即解散，这是多功能型团队的一大特点。该形式使组织内不同领域的员工之间交换信息，激发新的观点，解决面临的问题，协调完成复杂的项目。

三、团队建设

团队就是为了达到共同的目标一起工作的一群人，可能是要执行某项特殊的任务，建立一项平稳运行的功能。显而易见，建立一个团队就是要保证成员真正具有共同的目标，并且能够为达到目标在一起工作。下面介绍团队建设的 4 种具体方法。

（1）人际法。它集中建立社会和团队成员个人之间高水平的了解，强调的是团队工作中的人际特征。暗含的观点是，如果人们相互之间能够了解，将会有效地在一起工作。它根植于人文主义心理学的这一思想，作为对机械的行为心理的反应，出现于 20 世纪 50 年代。在组织工作中，它曾具有很多不同的形式，处于组织机构中的不同地位，但根本上讲，其原则是开放而公正的关系，产生一种相互信任的气氛并建立有效的团队。

（2）角色定义法。团队建设以角色定义为基础，倾向于强调将群体成员的角色和角色期望进行归类，早先通常包括非常直接的人与人之间的相互讨论。由哈里森（Harri-son）建立的角色商议法中，包括了每一个团队成员直接陈述他们的工作情况，并确定可以由其他人来帮助做的有利于提高效率的事情。角色定义法与人际法的主要区别在于前者强调的是成员自己应该做什么和需要别人做什么，而后者强调的是成员之间的相互关系。角色定义法的主要价值在于让团队成员“从外部”来看待他们自己的方法，让团队成员思考他们自己交往的个人风格，这有助于团队作为一个整体更加有效地运行。

（3）价值观法。这种建设方法同样注重建立团队成员之间的相互理解，但是这里强调的重点是团队成员对于他们从事的事情所持的态度和价值观，而不是每个人的个性或者他们在团队中担任的角色。例如，韦斯特（West）提出了一种团队建设模型，其中最重要的因素是，团队应该建立清晰的对价值观与目标共有的理解。在这个模型中，团队管理最基本的一个特征是，由所有可能加入这支团队的人来讨论与共享“使命陈述”的发展报告。通过确保团队中每个人具有共同的价值观以及使团队的工作目的能够真正地反映他们的价值观，可以感受到团队成员能够有效地在一起工作，并且能够体会到自己个人的行为对团队共同的目标和所反映的价值观的贡献。

（4）任务导向法。团队建设的任务导向法强调团队必须执行的任务，在这种方法中，团队成员们需要弄清任务意图，并鼓励明确揭示出挑战背后的含义。典型的做法是，给予他们鉴别与提炼任务所需的特殊技能的学习经历，鼓励他们建立特殊的目标来协调完成团队任务的过程。这种方法认为团队被期望完成的组织任务极为重要，并假设所有的团队成员都这样认为。个人感受、“地下议程”等都不能被看做团队行为的合法部分，即只有完成工作任务才是唯一一件重要的事情。所以，团队建设行为也强调特殊任务来帮助达到目的，定义时间表和次级任务，训练决策技能，建立克服障碍的战略。

四、团队绩效的影响因素

下面简单介绍一下影响团队绩效的主要因素。

（1）团队规模。首先看一下团队规模对团队绩效的影响。实证得出，小团队完成任务的速度要比大团队快，且善于完成生产性任务。但是，如果团队的目标是调查事情的真相，则大团队更有效。因此，成员在 7 人以上的团队在执行任务时，会更为有效。有关团队规模的研究可以得出两个结论：第一，成员总数为奇数的团队比成员总数为偶数的团队更好，因为成员总数为奇数时，可以降低投票时发生僵局的可能性；第二，5～7 人的团队在执行任务时，比更大团队或更小团队都有效。

（2）成员结构：技术专长、决策专长、人际关系专长。

（3）成员角色：创造者（革新者）、探索者（倡导者）、评价者（开发者）、推动者（组织者）、总结者（生产者）、控制者（核查者）、支持者（维护者）、汇报者（建议者）、联络者。

（4）共同承诺：目标、宗旨、共识、承诺、保证。

（5）具体目标：具体、可衡量、现实可行、有挑战性。

（6）领导的组织作用：工作分配、日程安排、冲突协调、决策修正。

（7）绩效评估：克服社会惰化，提高责任感，倡导公平奖励。

（8）培养相互信任精神：高度的相互信任，正直，能力，一贯，忠实，开放，共同利益，互相支持，开诚布公，客观公平，感情交流，目的一惯性，保密承诺，表现才干。

（9）团队成员的塑造：选拔（培训、招聘、辞退）；培训（价值观念、问题解决、技能学习）；奖励（不仅鼓励有本事，更要鼓励能共事）；机会（提供个人发展机会，推动成长）。

第二节　虚拟团队管理

一、虚拟团队的概念和特征

现代管理越来越注重团队这一概念。当团队应用通信网络和信息管理技术手段之后，其组织模式有了新的发展方向，成为一种更灵活、更有效的全新的管理模式，即团队虚拟化的模式。“虚拟”源于计算机术语，它是指借用外部共同的信息网络及通道提高信息数据存储量和存取效率的一种方法，引用到团队管理中，就是借用外部力量，整合外部资源，突破行政组织限制，最大限度地为我所用，可形象地称为“站在巨人的肩膀上攀登新的高峰”。目前有关“虚拟团队”的定义很多，大多数人认同这样的一种说法：所谓虚拟团队，是指分散在不同地域的人员，为了完成共同的目标和任务，通过现代通讯和信息技术连接在一起，并密切配合共同进行工作的群体。

从上述的定义中可以看出虚拟团队具有如下特征：团队成员具有共同的目标；团队成员地理位置的离散性；采用网络通信技术沟通方式；宽泛型的组织边界。此外，虚拟团队还有5项显著特征：

（1）成员间相互信任。虚拟团队是一个包含多重文化，需要相互信任才能获得成功的经济组织。信任是虚拟团队建立和发展的基础。因为虚拟团队的成员可能散居世界各地，并可能来自不同的国家、种族和组织，每一个成员都可能有自己独特的文化背景、价值观念和行为方式，所以文化差异问题尤其突出，这将会从不同侧面影响组织目标的顺利实现。这就要求虚拟团队的组建和维系必须充分了解和尊重各成员的文化差异，在相互沟通、理解、协调的基础上求同存异，努力形成一个共同认可、目标一致的联盟文化，从而消除成员之间的习惯性防卫心理和行为，建立良好的信任合作关系。信任度高的团队容易形成凝聚力，便于快速地组织工作，管理效率也会大大提高；缺乏信任则会使跨组织、远距离团队的形成和发展更加困难。

（2）以合同关系为基础。虚拟团队的成员是按地理分布、团队功能、任务安排和成员文化背景的需求，通过电子环境连接起来的，所以虚拟团队是一种更加松散的耦合系统，成员之间的协调和控制是通过正式和非正式合同来进行的，通过合同来整合不同地域的团队成员的核心竞争力，来实现团队目标。

（3）资源的重组性。组建虚拟团队的目的往往是为了完成某项临时任务，所以组织形式经常发生重新配置。在动态的团队协作中，成员角色是流动的和渗透的，同一成员可在不同团队工作，他们在不断变换的工作环境中，分享信息、交换信息、相互接纳。

（4）组织的柔性化。虚拟团队大多数是临时性的，团队相对不稳定，成员往往随项目的进展而随时增加和减少；一旦合作的目的达到了，虚拟团队就可能被解散。另外，团队成员也具有流动性，一个成员可以同时参加几个虚拟团队。不仅团队成员是一种柔性的组合，就其工作模式而言，也是极具弹性的，团队成员可以利用虚拟远程网络进行远程办公、在家办公、流动工作、链系办公、旅馆办公等。

（5）相对独立性。在空间和时间上，虚拟团队都必须拥有很大的运作自由度，具有相对独立性。虚拟团队需要自我组织、自我结盟和自我负责。它不必依赖外部的管理者，而是通过整合内部的每个团队成员的核心竞争力来实现团队目标。

建立虚拟团队的前提是企业建立综合信息集成环境以及良好的外部通信环境。一个企业的资源包括实物资产、人力资源和金融资产 3 个基本资源，实物资产通常决定了组织的主要业务，由原材料、在产品或在运品、库存项目，以及组织的工艺、生产设施和设备等。人力资源包括工作职能岗位上的人员，从生产工人到行政人员，从专业技术人员到管理人员。金融资产包括现金、信用、应收款项、费用、负债等。没有综合信息集成能力的企业，会削弱对实物资产、金融资产和人力资源的管理。在传统企业中，通常对这 3 个基本资源分别采用独立的系统进行信息管理，造成数据处理、工程和生产以及行政支持上出现组织管理障碍。职能与系统部分的重叠导致了冗余和低效，在组织中只是有限的人在使用系统，信息数据不能被多数人接触到，妨碍了决策。同时这些系统主要关注组织内部，忽视了企业与供应商和顾客的联系。虚拟团队建立的前提条件就是综合信息集成化，使信息这一宝贵的资源在系统中得到良好的共享和应用。

二、虚拟团队的类型

（1）网络式虚拟团队。团队和组织边界模糊，团队成员具有较高流动性。

（2）并行式虚拟团队。团队成员构成明确，团队和组织边界明确，在短期内构建的为改善某一过程或系统而设计方案的临时性组织，任务完成时自动解散。

（3）项目产品开发团队。团队界限明确，团队成员具有一定的流动性，团队任务具有长期性、非常规性，团队具有决策权。

（4）工作团队。团队界限明确，成员确定，完成常规的、单一功能的任务，通过内部 Intranet 进行沟通、共享信息。

（5）服务团队。由提供网络维护、技术支持的跨地域的技术专家组成，根据不同地区的时差轮流工作。

（6）管理团队。由跨国公司的高层管理人员组成，利用网络信息技术协同工作以指导公司目标的实现。

（7）行动团队。对紧急情况、突发事件提供快速反应。

三、成功虚拟团队的关键要点

虚拟团队要想取得成功，必须做好以下 9 方面的工作：

（1）认真选拔团队成员，团队成员必须具有自我开拓意识、较强的沟通能力和其他较高的虚拟团队技能。

（2）保持项目任务为中心，使团队成员能测定自己的工作进程，明白自己是否处于目标方向之中。

（3）保持团队的积极互动和行动取向。

（4）公共协议的标准化。

（5）建立清晰的团队目标。

（6）恭贺目标的达成。

（7）建立共享空间。共享空间能超越工作范畴，实现团队成员的互动。

（8）识别成员需要克服的协作障碍。

（9）明确危机发生时团队成员应该做什么、应与谁联系和决策的等级层次。

四、虚拟团队在管理上的问题

虚拟团队既然不同于实体团队，那么它也就具备自己的特点。虚拟团队在管理上经常出现以下几个问题：

（1）团队成员的行政隶属与项目隶属。

每一个团队成员首先属于公司某一具体部门，在业务上受该部门的领导，这是行政隶属。其次，每一个成员又在项目上受到项目经理的指导，这是项目隶属。这种双头领导的现象必然在一定程度上导致管理效率的降低。

（2）沟通过度与沟通不足。

对于一个真正的团队，经常性的“团队会议”是必不可少的。对于以项目为中心的“虚拟团队”来讲，每个成员涉及到项目的时间、深入程度不同，对于项目进展信息的需求也就不同。频繁的“团队会议”会造成大量的时间浪费，沟通过度。如果团队没有及时地进行有效的沟通，成员之间的配合就会出现问题，又会导致沟通不足。

（3）绩效考核。

员工在不同时间参与不同项目，对于每个项目的贡献也不尽相同。如何客观地考核员工的绩效？很多企业对于员工绩效考核的依据来自于其行政隶属部门的工作评价。而存在虚拟团队的企业里，往往项目经理能够更清楚地知道虚拟团队成员的项目贡献有多大。

复习题

1. 描述团队的类型。
2. 描述团队绩效的影响因素。
3. 描述成功虚拟团队的关键要点。
4. 描述虚拟团队在管理上的问题。

【案例讨论】

高绩效团队

某公司生产管理部经理钱文硕这几天心情想好却好不起来。

钱经理所在的是一家合资的日用消费品生产制造企业，这家企业近几年发展迅速，平均每年都有 10%以上的销售增长。虽然近两年竞争越来越激烈，但是由于公司在前几年打下了扎实的管理基础，公司仍能继续保持平稳发展的势头。

但最近钱经理越来越感到本部门的创新氛围大不如以前。现在部门成员对本职工作都非常熟悉，工作完成情况较好，但就是感到他们都有一种不思进取的态度。另外，部门成员对待其他部门的态度看法也与以前不同，平时言谈中总是流露出不满的情绪，诸如某某部门的人员如何如何“没有理念”啊，“没有思路”啊，自满懈怠的情绪在部门成员间平时的交谈中表露无遗。钱文硕感到一种可怕的东西在笼罩并渐渐吞噬着自己的这个团队。他觉得现在到了该好好想想本部门问题的时候了。

钱经理于五年前进入此公司并在生产管理部门担任部门负责人，生产管理部共有四位员工，他们是当时进入公司刚满一年的李文先生，田甜小姐，进入公司三年的郭林先生与吴晓敏小姐。

在进入此部门两星期后，经过观察，钱经理发现李文做事有条理，交给他做的事总能有计划地完成，但缺点是在工作中主动性不够；田甜天性活泼开朗，经常在工作中会提出一些新鲜点子，但是做事条理性欠缺，老是丢东落西的；郭林先生从公司刚成立就已在此部门工作，经验丰富，而且工作积极主动；吴晓敏与郭林同为公司资深员工，工作经验丰富，且人脉活络、人缘很好，在公司各个部门都有朋友。

在四年前公司 ERP 系统成功上线后，经过业务流程重组，钱文硕负责的生产管理部门主要包括以下这些工作职责：①制作生产计划；②制作产能计划；③安排日常生产排程；④制作采购计划；⑤制作分销资源计划。

钱文硕利用业务流程重组的机会，将手下 4 位员工的工作职责进行了重新划分，经验丰富的郭林被安排负责制作生产计划与产能计划，同样经验丰富的吴晓敏负责制作分销资源计划，李文负责安排日常生产排程，田甜负责制作采购计划。

由于公司采用了目标管理工具，每个员工都要参与制定每个人各自的工作目标，所以大家都清楚地知道个人及上级的工作目标，钱文硕为生产管理部制定的目标是生产计划达成率为 90%以上；原辅料、半成品、成品的库存控制在 4000 万人民币以下；客户订单的交货期为 5 个工作日以下。

而此目标又分解到部门其他 4 位员工，如田甜负责采购计划，她的目标是原料库存在 2500 万人民币以下，缺料率在 2%以下，主要原料缺料率为 0%。由于每个人都有落实到自身的具体数字目标，都可衡量，且 ERP 系统保证了所有的数据都可随时提供，绩效反馈非常有效，公司的激励制度也得以有效实施。

公司各方都对这个部门的工作满意度较高。由于本部门工作完成情况要与其他部门配合，所有的工作都需要与人沟通才能完成，如要完成生产计划，不仅要与本部门生产排程、采购计划、分销计划充分沟通，还需要与市场部、财务部、研发部、技术部、工程部等部门进行有效的沟通，所以钱文硕在部门内一直强调沟通的重要性，并积极提倡协同配合，使大家都明了每个人的工作都需要部门内其他人员的帮助才能完成，大家逐渐地形成了互相信任、互相帮助、开诚布公的氛围。钱文硕要求各成员将各自的具体工作细节写成流程，供部门内所有人员参考；相互学习后，部门内所有人都具备了单独完成各项工作的能力。

过去，在钱文硕的倡导下，部门中一直活跃着创新观念，如“鼓励提出不同意见”、“不能提出改进意见，就不要反对别人的观点”、“不提出改进意见，就完全按别人意见做”等小口号都是他们总结出来的。

经过这几年的成长，生产管理部已成为一个工作绩效高、学习能力强、工作满意度高、内部凝聚力强的团队，部门内的成员都以在这个团队中工作为荣。然而，当前在这个团队中出现了诸如篇头提及的一些不和谐的现象，下一步钱经理该怎么办呢？

思考题

（1）该公司这个团队过去之所以能够塑造成功的原因有哪些？

（2）钱经理下一步该如何办？

参考文献

[1] （美）斯蒂芬·P·罗宾斯著．组织行为学．孙健敏，李原译．北京：中国人民大学出版社，2005．

[2] 许玉林主编．组织设计与管理．上海：复旦大学出版社，2003．

[3] 时蓉华主编．社会心理学．杭州：浙江教育出版社，1998．

[4] 张积家．普通心理学．广州：广东高等教育出版社，2004．

[5] 孟昭兰．情绪心理学．北京：北京大学出版社，2005．

[6] 张春兴．现代心理学．上海：上海人民出版社，2005．

[7] 王重鸣．管理心理学．北京：人民教育出版社，2001．

[8] 凌文辁，方俐洛．领导与激励．北京：机械工业出版社，2000．

[9] 苏东水著．管理心理学．上海：复旦大学出版社，1998．

[10] 孙彤主编．组织行为学教程．上海：中国物资出版社，1990．

[11] 马斯洛著．激励与个人．北京：中国社会科学出版社，1988．

[12] （美）克特·W·巴克主编．社会心理学．天津：南开大学出版社，1984．

[13] （美）哈罗德·孔茨，海因茨·韦里克著．管理学．郝国华等译．北京：经济科学出版社，1993．

[14] （美）凯茨·大卫斯著．组织行为学．欧阳大丰译．北京：经济科学出版社，1989．

[15] 竺乾威，邱柏生，顾丽梅主编．组织行为学．上海：复旦大学出版社，2005．

[16] 罗锐韧，曾繁正．管理沟通．北京：红旗出版社，1997．

[17] 苏勇，罗殿军．管理沟通．上海：复旦大学出版社，1999．